高等职业教育电子商务专业系列教材

网上支付与安全

主　编　纪　琳
参　编　程　娅　周芳菲

U0361214

机械工业出版社
CHINA MACHINE PRESS

本书结合国家劳动技能考核标准与电子商务行业相应岗位所必需的电子商务从业人员的能力要求，以培养职业能力为核心，采用理论与案例相结合的方式，全面阐述网上支付与安全的相关理论知识与实践操作方法，并力图把网上支付的理论分析与实践紧密结合起来，培养学生分析问题和解决问题的能力，为学生日后的实际工作奠定坚实的基础。

本书共7个模块，包括网上支付与结算概述、网上支付的安全使用、网上支付工具、网上银行、第三方支付、其他支付结算方式与系统、网上金融等内容。每个模块由若干单元构成，每个单元设置"情境导入"，使学生了解单元的实际背景、相关知识与技能的实际应用，从而提高学生的学习兴趣。同时，全书注重学习引导，每个模块都针对其自身内容提出了"应知目标""应会目标"以及"实战训练项目"，使模块内容有一个统一的主题；每个单元后设置了"单元小结""课堂训练与测评""知识拓展"，以加深学生对课堂内容的理解，巩固所学的知识与技能。

本书可作为高职专科和高职本科电子商务专业、经济管理专业及相关专业的教材，也可作为电子商务管理和应用人员的参考用书。

图书在版编目（CIP）数据

网上支付与安全/纪琳主编．—北京：机械工业出版社，2022.6（2024.10重印）
高等职业教育电子商务专业系列教材
ISBN 978-7-111-70494-2

Ⅰ．①网…　Ⅱ．①纪…　Ⅲ．①电子银行—支付方式—高等职业教育—教材　Ⅳ．①F830.49

中国版本图书馆CIP数据核字（2022）第055121号

机械工业出版社（北京市百万庄大街22号　邮政编码100037）
策划编辑：孔文梅　　　　　　责任编辑：孔文梅　张美杰
责任校对：张亚楠　李　婷　　封面设计：鞠　杨
责任印制：郜　敏
北京富资园科技发展有限公司印刷
2024年10月第1版第3次印刷
184mm×260mm · 18.25印张 · 384千字
标准书号：ISBN 978-7-111-70494-2
定价：54.00元

电话服务　　　　　　　　　网络服务
客服电话：010-88361066　　机　工　官　网：www.cmpbook.com
　　　　　010-88379833　　机　工　官　博：weibo.com/cmp1952
　　　　　010-68326294　　金　书　网：www.golden-book.com
封底无防伪标均为盗版　机工教育服务网：www.cmpedu.com

　　作为电子商务的关键环节，网上支付与安全在电子商务的快速发展中愈发显示出其重要性。为了应对来自社会的电子商务人才需求，我国高等职业院校正纷纷建立电子商务专业，开设了"网上支付与安全"课程。"网上支付与安全"是融电子商务专业知识和专业技能为一体的实践性很强的综合性应用科学，涉及电子商务、计算机网络、网络安全等学科的基本原理与基本知识的运用。通过本课程的学习，学生可以对有关网上支付与结算以及支付安全的基本理论和知识有一个全面的了解，并掌握一定的从事网上支付业务操作的技能。因此，本课程对于电子商务专业及相关专业培养目标的实现具有重要的意义。

　　有关全面叙述网上支付与安全内容的专业教材非常缺乏，多数是把相关网上支付的内容编成一章或一节放在有关电子商务安全或技术类书籍中，叙述简单，有很大的局限性。

　　有些教材从网上支付的技术角度出发，包括的技术知识和内容几乎涵盖了计算机科学技术目前所关注的尖端研究领域，成为一本计算机专业知识的教材，缺少电子商务从业人员所需的网上支付与安全相关内容，而老师和学生对真正的网上支付操作和流程并不了解，致使老师难以教授学生必需的网上支付与安全知识，也使学生难以掌握相关的网上支付与安全技能。Internet的飞速发展，也促进了网上支付技术的飞速发展。现有的网上支付与安全相关教材的数据与案例相对比较陈旧，使这类教材运用起来不能得心应手。因此，很有必要结合岗位能力的要求，从电子商务从业人员实践能力的角度来编写教材，使其符合电子商务行业相应岗位的要求，也真正适应高等职业院校电子商务专业学生的需要。

　　近年来，国家大力推进以服务为宗旨、以就业为导向的职业教育改革，并取得了一定的研究成果，尤其是在课程改革环节，提出了工作过程导向、项目导向、任务驱动等一系列新理念、新方法、新理论。目前，"以培养职业能力为核心，以工作实践为主线，建立以行动体系为框架的现代课程结构，重新序化课程内容，做到陈述性知识与程序性知识并重，将陈述性知识穿插于程序性知识之中，理论与实践一体化"的课程改革思路，已得到大多数专家和学者的认可。

近年来，网上支付与结算方式不断变化与丰富，本书在各个模块中新增了电子商务网上支付的新型支付方式，如和包、云闪付以及央行数字货币等，使内容及时反映市场需求，紧跟市场变化。其次，网上支付的飞速发展对网上支付的安全性要求也越来越高，因此本书将网上支付安全内容不仅局限于某一模块，而是贯穿全书各个支付系统与工具的学习中。

基于以上原因，本书结合国家劳动技能考核标准和电子商务行业相应岗位所必需的电子商务从业人员的能力要求，全面阐述网上支付与安全的相关理论知识与实践操作方法。本书力图把网上支付的理论分析与实践紧密结合起来，培养学生分析问题和解决问题的能力，培养学生树立专业意识，提高学生的专业素养，为学生日后的实践工作奠定坚实的基础。

本书在知识的选择、模块的设计中积极融入课程思政元素，关注教学创新，拓宽学生视野，激发学习兴趣，培养科学精神。例如，本书每个模块中的单元设置"情境导入"，使学生了解本单元的实际背景、相关知识与技能的实际应用，从而提高学生的学习兴趣。单元内容学习完成后的"课堂训练与测评""知识拓展"鼓励学生查阅行业专业资料，提出新观点，加深学生对课堂内容的理解，巩固所学的知识与技能，同时拓展培养学生了解行业、专业的发展历程、网上支付前沿技术、职业道德素质，从而引导学生树立正确的价值观。

本书的编写团队由电子商务教学一线的拥有丰富企业实践经验的教师、中青年专家组成。纪琳担任主编，负责全书的整体设计、策划和统稿工作，程娅、周芳菲参与了部分模块的编写。

在本书的编写过程中，编者参考了国内外相关出版物与网站资料，在此向相关作者表示衷心的感谢。由于网上支付正处于快速发展之中，编者学识所限，书中难免存在不妥之处，恳请广大同行与读者提出宝贵意见。

为方便学习，本书在相应任务中配有二维码，读者可扫码观看视频，自主学习。另外，本书配有电子课件等教师用配套教学资源，凡使用本书的教师均可登录机械工业出版社教育服务网www.cmpedu.com下载。咨询可致电：010-88379375，服务QQ：945379158。

编　者

二维码索引

（续）

序　号	名　　称	二　维　码	页　码
11	银联手机闪付与云闪付的区别		116
12	网上银行安全使用方法		159
13	支付宝账户充值方式		194
14	如何避免移动支付中的安全风险		209
15	云闪付的使用方法		220
16	Q币充值方法		227
17	Q币网上支付方式		228
18	网上证券模拟买入操作		258
19	网上证券模拟卖出操作		258
20	网上保险投保流程		270

Contents 目录

Module 1

模块一
网上支付与结算概述

　　作为电子商务关键环节的网上支付与结算，在电子商务的快速发展中愈发显得重要。随着技术的进步和日益迫切的电子商务需求以及人们传统观念的革新，越来越多的安全、可靠的网上支付手段正不断地被研发出来并且投入实践。网上支付结算方式相对于传统的支付结算方式更加快捷、成本更加低廉，而且实现了对网上交易者来说更加方便的支付，网上支付与结算是金融电子化的发展趋势，也是新时代商务支付结算方式的发展趋势。

　　本模块比较完整地介绍了网上支付的基本理论，如网上支付的产生与定义、功能与特点，重点描述了网上支付的运作体系结构、网上支付的支撑平台、网上支付的基本流程以及网上支付的系统模式，并分析了国内外网上支付方式的发展状况与发展趋势。

应知目标

◎ 了解网上支付与结算的定义、特点。

◎ 了解网上支付与结算体系的基本构成。

◎ 了解网上支付的支撑网络平台。

◎ 了解网上支付的基本模式以及不同模式下网上支付的基本流程。

◎ 了解国内外网上支付的发展情况。

应会目标

◎ 能够对网上支付方式的类型进行判断。

◎ 能够用图文叙述网上支付的基本运作流程。

单元一　网上支付与结算的基础知识

情境导入

"网上支付"的出现不仅降低了银行的经营成本，更为重要的意义在于：它构成了整个电子商务的核心环节。一个典型的电子商务交易由三个阶段组成，分别是信息搜寻阶段、订货和支付阶段以及物流配送阶段，其中第二阶段就涉及了网上支付问题，即如何利用互联网以安全、快捷的方式实现交易双方的资金划拨，以确保电子商务交易的顺利进行。从三个阶段来看，网上支付是最关键的，因为网上支付一旦完成，物流的配送就是顺理成章的事，也就意味着整个网上交易的确定。而网上支付若不进行，电子商务就停留在信息搜寻或者至多草签协议阶段，无法进入实质的交易阶段。目前，国际上流行的网上交易模式 CtoC（消费者对消费者）、BtoC（企业对消费者）和 BtoB（企业对企业），无一不对网上支付阶段存在很强的依赖。可以说，没有有效的网上支付就不能很好地完成完整的电子商务交易，由此可见网上支付的重要性。

究竟什么是网上支付与结算？网上支付与结算又是怎么产生的？网上支付系统由哪些角色组成？网上支付有什么特点与功能？网上支付的支撑平台是什么？本单元将介绍网上支付与结算的相关基本知识。

通过本单元的学习，大家可以对以 Internet 为主要平台的网上支付与结算的基本知识有一个全面的认识，为以后学习网上支付应用体系与网上支付实际操作打下坚实的理论基础。

一、网上支付与结算的产生与定义

支付结算就是最终实现将现金的实体从付款人传到收款人的商务过程。

传统支付是指为了偿清商务伙伴间由于商品交换和劳务活动引起的债权、债务关系，由银行所提供的中介金融服务业务，通过银行的信用流通工具为商务伙伴之间办理转账与结算，主要利用传统的纸质媒介进行资金转账，纸质媒介包括现金与纸质单据（银行汇票、银行支票等）。

20 世纪 70 年代，随着计算机和网络通信技术的普及和应用，银行的业务开始以电子数据的形式通过银行电子信息专用网络进行办理，诸如信用卡、电子汇兑等一些电子支付方式开始投入使用。电子支付也称电子支付与结算，用英文一般描述为 Electronic Payment，或简称 E-Payment。它是通过电子信息化的手段实现交易中的价值与使用价值的交换过程，即完成支付结算的过程。电子支付在支付结算业务中发挥着重要的作用，并且随着信息网络技术的不断进步，出现了很多新型电子支付与结算方式。

随着 20 世纪 90 年代 Internet 在全球范围内的普及和应用，电子商务的深入发展标志着信息网络经济时代的到来，一些电子支付与结算方式逐渐采用费用更低、应用更为方便的公用计算机网络，特别是以 Internet 作为运行平台，网上支付与结算方式应运而生了。

网上支付（Internet Payment）也称网络支付，它是指电子交易的当事人，以金融电子化网络为基础，以商用电子工具和各类交易卡为媒介，采用现代计算机技术和通信技术作为手段，通过计算机网络特别是 Internet，以电子信息传递形式来实现资金的流通和支付。网络支付的各种支付方式都是采用数字化的方式进行款项支付的；而传统的支付方式则是通过现金的流转、票据的转让及银行的汇兑等物理实体流转来完成款项支付的。

网上支付是基于电子支付发展起来的，它是电子支付的一个新的发展阶段，比流行的信用卡 POS 支付结算、ATM 存取款等基于专线网络的电子支付方式更新、更先进、更方便。网上支付将是 21 世纪网络时代支撑电子商务发展的主要支付手段。

二、支付体系的基本构成

1. 传统的电子支付系统

电子支付系统（Electronic Payment System）最早出现于 20 世纪 60 年代。美国率先开发出全球首个电子资金转账系统（Electronic Funds Transfer System，EFTS），随后英国和德国也相继开发出自己的电子资金转账系统。1985 年，世界上出现了电子数据交换技术（EDI），并在电子支付中得到了广泛的应用。随着电子资金转账技术的推广，产生了各种各样的电子支付系统，例如用于零售业务的银行卡授权体系、自动清算所，以及 20 世纪末发展起来的网上支付和移动支付系统也在迅速发展。电子资金转账系统缩短了银行之间支付指令传输的时间，并减少了在途流动资金。然而，EFTS 并没有改变支付系统的基本结构。支付革新致力于减少银行成本、加快支票清算速度以及减少欺诈，而消费者很少与 EFTS 进行交互。电子商务中的支付创新改变了消费者处理支付的方式，消费者电子支付系统正在迅速地完善，包括网络支付和移动支付在内的支付形式，与以往各种电子支付方式相比，无论在技术上还是在经营理念上均有巨大的差异。传统电子支付系统中，应用比较广泛的主要有 ATM 系统、POS 系统、电话银行系统以及电子汇兑系统。

（1）ATM 系统。ATM 系统即自动柜员机系统，是利用银行发行的银行卡，在自动取款机（Automatic Teller Machine，ATM）上执行存取款和转账功能的一种自助银行系统。该系统深受客户的欢迎，有效地提高了银行的效率，降低了银行的运营成本，是最早获得成功的电子资金转账系统。

ATM 是无人管理的自动、自助的出纳装置，客户可直接在 ATM 上自行完成存取款和转账等金融交易。ATM 既可安装于银行内，也可安装于远离银行的购物中心、机场、工厂和其他公共场所。按其安放的位置和方式，分为大堂式和穿墙式两种。通过 ATM 系统，银行可把自己对客户的服务扩大到银行柜台以外的地方，因此 ATM 系统是银行柜台存取款系统的延伸。由于 ATM 系统可在广泛的场所为客户提供全天候（7×24h）的日常银行业务服务，因此该系统一经推出，就深受广大客户的普遍欢迎和喜爱，并迅速得到推广和应用。

一次典型的 ATM 交易过程通常包括三个步骤：

1）客户将银行卡插入卡片入口，然后机器提示客户在数字键盘上输入其密码。

2）客户输入正确的密码后，可选择交易的类型，机器会进一步提示客户用数字键输入交易额。

3）客户输入交易额之后，系统将检验持卡人身份和权限，送往系统后台进行授权，若检验通过，客户则可以得到要求的服务，并获得相关凭证。

一笔典型的交易所用的时间在 30 ～ 60 秒，口令输入错误不得超过 3 次，软件预制的交易时间不得超过 2.5 分钟。一旦超过此时限，机器就退回银行卡，拒绝受理此交易，并返回初始状态。

ATM 机作为现代商业银行不可或缺的服务业务，从出现至今已有五十多年的历史。在五十多年的历史中，ATM 机成功发展至世界各个国家、各大银行机构，实现了从无到有、从有到多的转变。随着互联网支付及移动支付方式的盛行，全球 ATM 机数量在急剧下降，表明了网络支付兴起后带来的明显替代效应。

（2）POS 系统。POS 的英文全称是 Point of Sales，是指安装在商户收款处的用于接受消费者使用支付卡支付的售货终端。POS 系统的发展经过了几个阶段，从最早使用借记卡的专有系统，到共享的联机系统，再到现在能够完成网上购物、网上支付和电子转账的 POS 系统。自 19 世纪 70 年代开始，我国开始探索商用 POS 机业务，1981 年商业部组织北京市商业部门率先引进日本欧姆龙（Omron）公司 528 型收款机，分别用于北京市各大商场，POS 机行业开始启动。发展至今，我国 POS 机行业已逐步成熟。

随着支付方式的转变以及市场的需求，POS 机逐渐向智能化方向发展。2021 年末，我国联网 POS 机具数量为 3 893.61 万台，每万人对应的 POS 机具数量为 275.63 台，跨行支付系统联网商户数量增加至 2 798.27 万户。

从消费者向商户出示支付卡到消费者当场收到支付凭证完成支付，一笔成功的 POS 支付大致需要经过以下几个步骤：

1）POS 终端的读卡机从消费者支付卡中解读出数据，然后将这些数据与有关特约商店、购物的货币价值等信息整合在一起创立一个新的电子信息，随后接通由收单行（该商店的交易账户所在的银行）维护运行的计算机。

2）收单行的计算机将与信用卡组织网络中心的计算机取得联系。当信用卡组织的计算机中获得该信息，将与发卡行（发给消费者支付卡的银行）的计算机取得联系，以检查消费者的账户中是否有足够的资金或者信用额度为此次购物进行支付。当资金足够时，发卡行的计算机就会向信用卡组织的计算机发回授权该笔交易的通知。信用卡组织的计算机再把这条指令传递给收单行的计算机，由收单行的计算机再传回给 POS 终端。

3）终端打印出应由消费者签字的收据，消费者签过字后支付过程就完成了。通常，整个交易授权过程只需花费几秒钟即可完成，其支付流程如图 1-1 所示。

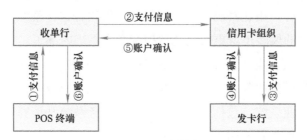

图 1-1　POS 支付流程

接下来的一段时间内（通常为 2 ～ 3 天），消费者的支付卡的发卡行将通过信用卡组织的计算机网络与商户的收单行完成清算和结算。如果消费者使用的是信用卡，消费款项将记入消费者的账户，由消费者按月向发卡行缴纳；如果消费者使用的是借记卡，消费款项将直接从消费者的账户中扣除。通常，商户只能得到消费款项的 98% 左右，其余的 2% 统称商户折扣（Merchant Discount），它以交换费、收单行收益和信用卡组织收益的形式在发卡行、收单行和信用卡组织之间进行分配。

（3）电话银行系统。电话银行中心是通过最新的数字处理技术以及软硬件技术的结合，将电信网络紧密地融合在一起，利用电话、手机、计算机等通信方式向客户提供金融服务的机构。电话银行中心提供的服务可以实现与客户沟通的渠道多样化、服务方式自动化、服务过程个性化、服务管理科学化，受理通过电话、手机、计算机、传真、电子邮件等多种通信方式发出的业务请求，不受时间、地域的限制，向客户提供 365 天每天 24 小时不间断的金融服务。

从业务角度而言，电话银行系统可分为以下几个子系统：

1）客户管理系统。该系统包括客户开户、账户管理、更改客户号等。客户需通过电话语音平台申请开户，取得一个客户号后，才能通过该系统进行有关业务。客户号可连接若干张已入网的银行卡卡号，通过客户指定的银行卡方可进行支付。

2）自助电话缴费系统。客户可通过系统选择缴费项目、缴费金额、银行卡种类及密码，缴纳各种费用，并将缴费结果实时通知收费单位。

3）综合查询。系统查询客户号所连接的银行卡账户余额。

4）网上购物、电话支付系统。作为电子商务的过渡形式，即客户通过互联网进行商品的选购、订购，再通过电话进行银行卡的支付。

电话银行系统具有较高的安全性。客户通过电话输入的信息都是以文字形式传到系统主机的，为了防止客户卡号和卡密码在电话中泄露，系统在设计上要求客户必须先在系统开户后才能使用。客户在交易时输入客户号和部分卡信息（如卡号后四位）、卡密码，由系统找到相应卡号，再结合卡密码一起打包发送给银行，这样就防止了客户的卡号和卡密码同时出现在电话中，客户信息即使在电话中泄露，风险也完全控制在本系统内，不会对其他系统造成危害。经过以上处理，可将客户卡号从电话交易中屏蔽掉，出于进一步的安全考虑，应将客户卡密码也屏蔽掉，即客户在开户时，由系统分配一个初始密码，以后交易时客户用此密码，而不直接用卡密码，这样就将系统与其他电话交易系统完全隔离，客户的风险也就更安全地被控制在本系统内部了。

（4）电子汇兑系统。电子汇兑（Electronic Agiotage 或 Electronic Exchange）是利用电子手段处理资金的汇兑业务，以提高汇兑效率，降低汇兑成本。电子汇兑系统泛指行际间各种资金调拨作业系统，包括一般的资金调拨业务系统和清算作业系统。一般的资金调拨作业系统，如托收系统用于行际间的资金调拨；清算作业系统用于行际间的资金结算。电子汇兑系统是银行之间的资金转账系统，它的转账资金额度很大，是电子银行系统中最重要的系统。通常，一笔汇兑交易，由汇出行发出，至汇入行收到为止。图1-2为电子汇兑系统的运作模式示意图。

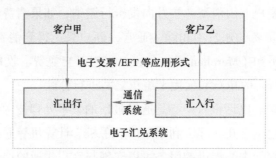

图1-2 电子汇兑系统的运作模式示意图

一般将汇兑作业分成两类：联行往来汇兑业务和通汇业务。联行往来汇兑业务是指汇出行与汇入行隶属同一银行的汇兑业务；通汇业务的资金调拨作业需要经过不同银行多重转手处理才能顺利完成，因此通汇业务实际是一种行际间的资金调拨业务。

电子汇兑系统由于功能和作业性质的不同可分为如下几大类：

1）通信系统。该系统负责为银行、资金调拨系统或清算系统提供信息服务，为其成员金融机构传送同汇兑有关的各种信息。成员行接收到信息后，若同意处理，则将其转送到相应的资金调拨系统或清算作业系统内，再由后者进行各种必要的资金转账处理。最著名的通信系统是国际环球同业银行金融电讯协会（SWIFT）。通信系统的存在，可以解决没有资金往来历史的银行间的汇兑问题，在国际贸易交易中，这类系统的存在是十分必要的。

2）资金调拨系统。这类系统是典型的汇兑作业系统，它们的功能比较齐全。这类系统有的只提供资金调拨，有的还提供清算服务。代表性的系统包括美国的清算所银行同业支付系统（Clearing House Interbank Payment System，CHIPS）、联邦电子资金转账系统（Fedwire）和日本全国银行数据通信系统。我国各商业银行的电子汇兑系统以及中国人民银行的全国电子联行系统均属此类。

3）清算系统。当汇入行接受汇出行委托，执行资金调拨处理，导致行际间发生借差或贷差，且两家银行又无直接清算能力时，则需委托另一个适当的清算系统进行处理。以美国为例，CHIPS 除可做资金调拨外，还可兼做清算，但对象仅限纽约地区的银行。纽约以外的银行清算要交给具有清算能力的 Fedwire 来处理。我国的异地跨行转汇，必须经过中国人民银行的全国电子联行系统才能得以最终清算。

2. 网上支付与结算体系的基本构成

电子商务中的网上支付系统利用计算机技术，借助于 Internet，实现在线支付，支付过程涉及了客户、商家、银行或其他金融机构、商务认证管理部门之间的安全商务互动，因此支撑网上支付的体系可以说是融购物流程、支付与结算工具、安全体系、认证体系、信用体系以及现在的金融体系为一体的综合大系统。网上支付与结算体系的基本构成如图 1-3 所示，其中涉及七大构成要素。

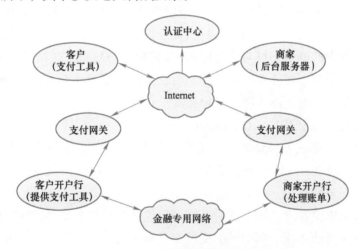

图 1-3 网上支付与结算体系的基本构成

（1）客户。客户是指在 Internet 上与某商家或企业有商务交易关系并且存在未清偿的债权、债务关系的一方（一般是债务）。客户用自己已拥有的支付工具（信用卡、电子支票、电子现金等）发起支付，它是网上支付体系运作的原因和起点。

（2）商家。商家是指在 Internet 上拥有债权的商品交易的另一方，可以根据客户发起的支付指令向金融体系请求获取货币给付，商户一般设置专门的后台服务器来处理这一过程，包括协助身份认证及不同网上支付工具的处理。

（3）客户开户行。客户开户行是指客户在其中拥有资金账户的银行，客户所拥有的网上支付工具主要是由开户行提供的。客户开户行在提供网上支付工具时，同时提供一种银行信用，即保证支付工具是真实并可兑付的。在利用银行卡进行网上支付的体系中，客户开户行又被称为发卡行。

（4）商家开户行。商家开户行是指商家在其中开设账户的银行，其账户是整个支付过程中资金流向的目的地，商家将收到的客户支付指令提交给其开户行后，就由开户行进行支付授权的请求以及进行商家开户行与客户开户行之间的清算等工作。商家开户行是依据商家提供的合法账单（客户的支付指令）来工作的，因此又被称为收单行或接收行。

（5）支付网关（Payment Gateway）。支付网关是银行金融专用网络系统和 Internet 网络之间的接口，是由银行操作的将 Internet 上传输的数据转换为金融机构内部数据的一组服务器设备，或由指派的第三方处理商家支付信息和客户的支付指令。网络支付的电子信息必须通过支付网关进行处理后才能进入安全的银行内部支付结算系统，进而完成安全支付的授权和获取。支付网关可确保交易在 Internet 用户和交易处理商之间安全、无缝地传递。支付网关将 Internet 传来的数据包解密，并按照银行系统内部的通信协议将数据重新打包；接收银行系统内部传回来的响应消息，将数据转换为 Internet 传送的数据格式，并对其进行加密。即支付网关主要完成通信、协议转换和数据加解密功能，以保护银行内部网络。

（6）金融专用网络。金融专用网络是指银行内部及银行间进行通信的专用网络，它不对外开放，因此具有很高的安全性。金融专用网络包括中国国家现代化支付系统（CNAPS）、中国人民银行全国电子联行系统、商业银行电子汇兑系统、银行卡授权系统等。目前我国传统商务中的电子支付与结算应用，如信用卡 POS 机支付结算、ATM 资金存取、电话银行、专业电子资金转账系统等，均运行在金融专用网络上。银行的金融专用网络发展迅速，为逐步开展电子商务网上支付提供了必要条件。

（7）认证中心。认证中心（Certificate Authority，CA）与传统商务中的工商局的作用有点类似，是一个第三方公证机构，主要负责为 Internet 上参与网上电子商务活动的各方（包括客户、商家、支付网关、银行）发放与维护数字证书，以确认各方真实身份，保证网上支付的安全性。

除以上七大构成要素外，网上支付系统的构成还包括网上支付时使用的网上支付工具以及遵循的支付通信协议。其中网上支付工具有银行卡、电子现金、电子支票、网上银行等。支付通信协议是指支付的安全通信与控制模式，主要对交易中的购物流程、支付步骤、支付信息的加密、认证等方面做出规定，以保证快速、有效、安全地实现支付与结算，如 SSL 协议与 SET 协议。

三、网上支付与结算的特点

相对于传统支付结算时普遍使用的"一现三票一卡"（现金、支票、本票、汇票和信用卡）方式，以 Internet 为主要平台的网上支付结算方式表现出更多的优点，其特点如下：

1. 数字化

网上支付以计算机技术为支撑，采用先进数字技术、数字流转来处理有关存储、支付和流通，即以数字化的方式完成相关支付信息传输。与传统支付通过现金、票据等实物流转来实现有很大的不同，传统支付结算方式是通过纸质现金的流转、纸质票据的转让和银行的汇兑等物理实体的流转来完成款项支付。

2. 网络化

网上支付的工作环境为开放的网络平台 Internet，并结合了银行专用网络，而传统支付往往只利用封闭的银行专用网络系统。

3. 方便、快捷、高效、经济

网上支付具有方便、快捷、高效、经济的优势。由于 Internet 应用的特点就是兼容性较强，因此网上支付客户对软、硬件设施要求并不是很高，联网与应用均十分便捷。用户只要拥有一台能上网的 PC（Personal Computer）或手机，便可以足不出户，在很短的时间内完成整个支付与结算过程。支付费用仅相当于传统支付的几十分之一，甚至几百分之一。传统的支付方式，由于票据传递迟缓和手工处理的手段落后形成了大量在途资金，无法做到银行间的当天结算，因而交易双方的资金周转速度很慢。网上支付系统可以直接通过 Internet 将资金转账到收费者的银行账户，这比邮寄或第三方转账大大缩短了付款时间，提高了资金的周转率和周转速度，既方便了客户，又提高了商家的资金运作效率，也方便了银行的处理。同时，接入非常简便，使得普通消费者与小公司也有机会使用网上支付系统。

4. 轻便性、低成本性

网上支付具有轻便性和低成本性。与电子货币相比，一些传统的货币如纸质货币和硬币则愈发显示出其"奢侈"性。网上支付方式，会使电子信息系统的建立和维护开销都很小，且 Internet 的应用费用很低。例如，据咨询公司 Booz 所做的调查，在美国，一桩通过 Internet 完成的网络支付结算成本仅为 1 美分，而通过 POS 专线支付或营业员柜台操作完成结算的成本分别高达 27 美分与 1.07 美分。

5. 安全性、一致性

网上支付的安全性是保护买卖双方不会被非法支付和抵赖，一致性是保护买卖双方不被冒名顶替。网络支付系统和现实的交易情况基本一致，而网络支付协议充分借用了尖端加密与认证技术，其设计安全可靠。所以，网上支付远比传统的支付结算更安全可靠。

6. 提高资金管理水平

网上支付可以提高开展电子商务的企业资金管理水平。银行和商家发现通过 Web 页面或 E-mail 向客户散发宣传资料是一条很好的促销渠道。采用网上支付方式以后，不仅可以做原有的网络广告宣传，而且能够十分方便地利用收集的客户信息建立相关的决策支付系统，如进行账单分析、市场趋势估测、新举措费用预算等，为企业进行科学的决策，降低经营风险等提供有力支持。同时，网上支付的高效率，可使企业很好地进行资金处理和结算，有效地防止拖欠的发生，这对于提高资金管理和利用水平有很大的帮助。由于网上支付工具和支付过程具有无形化、电子化的特点，它将传统支付方式中的面对面的信息关系虚拟化，因此对网上支付工具的安全管理不能依靠普通的防伪技术，而是通过用户密码、软硬件加密和解密系统及防火墙等网络安全设备的安全保护功能实现。为了保证网络支付工具的通用性，还要制定一系列标准与规则。因此，网络支付能使企业资金管理的复杂性逐渐降低。随着网上各种资金检测系统的研发应用与电子商务发展的逐渐成熟，系统的自动处理能力越来越强，复杂性将逐渐降低。

当然，就目前的技术水平而言，网上支付还存在一定的安全性以及支付环境、管理规范不完善等问题，但这些问题在传统支付结算中也存在。随着电子商务的蓬勃发展，电子货币和网上支付的发展已经呈现加速趋势。网上支付和电子货币的出现使得在全球范围内统一货币成为可能，货币的统一将进一步推动全球经济的一体化进程，货币交换速度的提高也将加快社会经济的增长速度。

四、网上支付与结算系统的基本功能

虽然网上支付体系的基本构成和方式在不同的环境不尽相同，但安全、有效、方便、快捷是所有网上支付方式或工具追求的共同目标。对于一个实用的网上支付与结算系统而言，它至少应该具有以下七种基本功能：

（1）能够通过数字签名和数字证书等实现对网上商务各方的认证，以防止支付欺诈。为实现网上交易与支付的安全性，对参与网上贸易的各方身份的有效性进行认证，通过认证机构或注册机构向参与各方发放数字证书，以证实其身份的合法性。例如，经常有一些网上黑店、网上钓鱼网站利用 Internet 的漏洞来进行网络诈骗。

（2）利用较为尖端的加密技术，对相关支付信息流进行加密。可以采用对称密钥加密与非对称密钥加密技术进行信息的加密和解密，可采用数字信封、数字签名等技术加强数据传输的保密性与完整性，以防止未授权的第三者获取信息的真正含义，如防止网上信用卡密码被黑客破译窃取。

（3）能够使用数字摘要（数字指纹）算法确认支付信息的真实性，防止伪造、假冒等欺骗行为。为了保护数据不被未授权者建立、嵌入、删除、篡改、重放等，完整无缺地到达接受者一方，可以采用数据摘要技术（Hash 技术）。

（4）当网上交易双方出现纠纷，特别是有关支付结算的纠纷时，系统能够保证对相关行为或业务的不可否认性。网上支付系统必须在交易的过程中生成或提供足够充分的证据来迅速辨别纠纷中的是非，可以用数字签名等技术来实现。例如，当客户运用信用卡在某月 10 号支付完毕，可是商家因为自身的某些原因而故意认为在该月 20 号才收到货款而延迟发货，甚至根本否认收到客户的网上支付款项，从而产生纠纷，此时系统便可明辨是非，保护客户权益。

（5）能够处理网上贸易业务的多边支付问题。由网络支付体系的基本构成可知，支付结算牵涉客户、商家和银行等多方角色，传送的购货信息与支付指令信息还必须连接在一起，因为商家只有确认了某些支付信息后才会继续交易，银行也只有确认支付指令后才会提供支付。同时，为了保证安全，商家不能读取客户的支付指令，银行不能读取客户的购货信息，这种多边支付的关系能够借用系统提供的诸如双重数字签名等技术来实现。

（6）整个网上支付与结算过程对网上贸易各方，特别对客户来讲，应该是方便易用的，手续与过程不能太烦琐，大多数支付过程对客户与商家来讲是透明的。

（7）能够保证网上支付与结算的速度，即应该让商家与客户感到快捷，这样才能体现电子商务的效率，发挥网络支付与结算的优点。例如，开通网上支付方式，通过网络购买证券或基金，如果下单后，资金迟迟不能到账，便会造成经济损失。因此，网上支付与结算如果处理太慢，则会误事，甚至引起很多纠纷。当然，在保证网上支付与结算快捷的同时，应注意稳定性。

五、网上支付的支撑网络平台

包括网上支付在内的电子支付是一种通信频次大，数据量不定，实时性要求较高，分布面很广的电子通信行为，因此电子支付的网络平台通常为交换型、通信时间较短、安全保密性好且稳定可靠的通信平台，它必须面向全社会，对所有公众开放。

电子支付的常见网络平台有电话交换网 PSTN、分组交换数据网、EDI 专用网络平台以及近年发展起来的大众化网络平台 Internet 等。最早的电子支付网络平台主要有 PSTN、X.25 和 X.400 网络等，后来出现 X.435、X.500 等网络平台。随着网络时代的到来，这些网络的普及面及速度明显跟不上当前业务发展的需要，特别是不能支撑以 Internet 为平台的电子商务下网上支付结算的需要。

网上支付的支撑网络平台主要有两类：一类是传统成熟的专用网络支付平台，另一类是大众化网络平台 Internet。它们各有优缺点和应用环境，随着 Internet 在社会各行各业的大规模普及应用，EDI 已从专用网络逐渐向 Internet 转移，如 Web-EDI 的发展就是支付平台的关注热点，也体现出上述两个平台的融合趋势。

1. 电话交换网 PSTN

当前我国的电话普及率几乎达到了 100%，电话交换网 PSTN 的网络规模非常庞大，这为开展以 PSTN 为平台的电话支付结算业务提供了支持。发达国家的许多银行早在 20 世纪 70 年代就开展了这种电话转账、查询业务，近几年，在我国各地包括转账、支付、查询在内的电话银行业务也逐渐开展起来。基于 PSTN 的网络平台，用户入网比较方便灵活，相关技术比较成熟。随着电子支付用户的大量增多和交易量的大幅度增加，基于模拟电话网的电子支付业务便暴露出一些问题，如直观性差、交易时间长、"重拨"现象明显、接通率低、可靠性较低、保密性较差、误码率高等，使电话银行的业务受到影响，更不能满足电子商务的需求，因此现代化大容量的电子支付与电子商务下的网上支付需要数字化、安全、可靠、快捷的网络平台来支撑。当然，现在的移动电话（手机）已经非常普及并且处理事务非常方便，基于无线通信网络的移动电话支付是非常有发展潜力的，特别是对小额的个体消费支付。比较高级的移动支付实质上已经不是语音服务而是数据服务，它主要借助无线网络来处理数据业务，如现在的 WAP 服务就为手机上网后进行支付提供了支持，它实际上也是基于 Internet 的支付，只不过是无线的 Internet 平台。

2. 分组交换数据网

分组交换数据网主要有 X.25、X.400、X.435、X.500 网络等，以 X.25 网络为典型代表，也就是包交换（Package Exchange）或帧交换网络，网络通信协议遵循 ISO 的 OSI 七层模型，非常规范。分组交换数据网应用上有很多特点，本身非常适合业务量较小的异步数据传输。例如：虚拟电路的灵活设置适用于多台终端同时与银行主机通信，且扩容变得非常容易，带宽的统计复用消除了原来因中继线争用带来的通信不畅；通信协议的多层纠错功能保障误码率比电话交换网低很多，基本能使商务伙伴间支付结算等交易数据准确无误地被传递；组网模式也可以与原有的 PSTN 模式兼容，以便分别发挥各自的优势。我国已形成了覆盖全国的公用分组交换等数据网络设施，这为实现全国范围内电子支付网络打下了物质基础。

用户应用分组交换数据网络毕竟是专网租用，比较昂贵，而且在应用人群的普及面上还比较窄，与支持电子商务开展的 Internet 在技术上还有不同。这些都不能满足电子商务中即时、经济、方便、快捷的网上支付与结算需要。现在银行的金融专用网还采用分组交换数据网络技术或专线 DDN 技术，支持 POS 支付、ATM 服务等。

3. EDI 专用网络平台

EDI 是 Electronic Data Interchange 的缩写，中文译为"电子数据交换"。EDI 业务出现在美国 20 世纪 70 年代初，最早应用于物流企业的贸易服务，经过多年发展，现已成为国际贸易的主要模式之一，广泛应用于各行各业。EDI 是一种在贸易企业之间借助通信网络，以标准格式传输订货单、发货通知单、运货单、装箱单、收据发票、保险单、进出口申报单、报税单、缴款单等贸易业务文件的电子文本，可以快速交换贸易双方或多方之间的商务信息，从而保证商务快速、准确、有序并且安全地进行。可以说 EDI 是一种以网络为平台的基于电子处理的商务形式，被称为企业间的"无纸贸易"。EDI 业务代表了电子商务真正的开端，只不过网络平台是 EDI 专用通信网，而非 Internet。

在 EDI 系统中交易的信息需要根据国际标准协议进行格式化，形成标准电子版本，通过计算机通信网络对这些数据进行交换和自动化处理，从而有机地将商业贸易过程的各个环节（包括海关、运输、银行、商检、税务等部门）连接起来，实现包括电子支付在内的全部业务，在效率上较传统手工或传真商务有很大的优越性。EDI 系统具有一整套成熟的安全技术体系，能够有效防止信息的丢失、泄密、篡改、假冒、商务抵赖和拒绝服务等。

随着 Internet 的进一步发展，目前 EDI 与 Internet 有相互结合的发展趋势，即 Web-EDI 的出现。所谓 Web-EDI，就是把 EDI 系统建立在 Internet 平台上，而不是原来的专用网络，而 EDI 运作规则与标准基本不变。这样，Web-EDI 就能大大减少中小企业实现 EDI 的费用，允许中小企业只需要通过 Web 浏览器和 Internet 连接来执行 EDI 信息交换，大大拓展了 EDI 的应用范围。

银行 EDI 系统是 EDI 应用的重要部分之一，其特点是业务数据量大，单证种类多，处理复杂，涉及面广（如涉及商业、制造业、海关、运输业、保险业等重要行业）。银行作为经济活动中的主要角色，在商业贸易中承担着将商业信用变为银行信用的任务，由于银行的介入，增强了买卖双方成交的信心，同时为买卖双方提供了融资的可能性。EDI 的全球发展要求采用统一的国际标准，Un/Edifact 已经成为事实上的国际统一标准。因此，银行 EDI 系统全面采用了 Edifact 标准，包括数据源、报文标准及语法规则，Edifact 已经制定了涉及银行结算业务的报文标准格式，如开证申请书、证实书、托收申请书、通知书等。

一般银行 - 商户 EDI 系统均由两大部分组成：其一是银行内部国际结算等相关业务处理系统，包括进口、出口、汇入、汇出、托收等子系统；其二是银行与商户进行网络数据交换的 EDI 系统，主要包括接口软件、翻译软件和网络通信服务软件。其中，网络通信服务软件和翻译软件通用性强，目前不乏大量的成熟产品。

4. 大众化网络平台 Internet

在传统通信网和专用网络上开展网上支付结算业务，由于终端和网络本身的技术难以适应电子商务业务量的急剧上涨等一些局限性因素，使用户面很难扩大，且使用户、商家和银行面对昂贵的通信费用。因此，寻求一种经济、易用的且对大中小型企业与普通消费者都能适用的大众化平台，成了当务之急。全球飞速发展的 Internet 就顺其自然地成为焦点。与此同时，与网上支付结算相关的技术、标准和实际应用系统也不断涌现，使得基于 Internet 进行网上支付已经成为现代化支付系统，特别是支撑电子商务支付结算的发展趋势。

Internet 网络支付平台并不只包括 Internet 部分，大众化 Internet 网络支付平台要由 Internet、支付网关、金融专用网络三个部分组成，其网络结构如图 1-3 所示。支付网关的作用是特殊而重要的。它是位于 Internet 和传统的银行专用网之间，用于连接银行专用网络与 Internet 的一组专用服务器。设置支付网关的主要目的是安全地连接 Internet 和银行专网，完成两者之间的通信、通信协议转换和进行相关支付数据的加密、解密，将目前不安全的开放的 Internet 上的交易信息传给内部封闭的安全的银行专网，起到隔离和保护银行内部网络的作用。正是有了支付网关，整个 Internet 网络支付平台才是一个安全可靠的平台，大大方便了商家与客户对网络支付系统的应用，因为支付网关的运作对商家与客户来讲均是"透明"的，它由第三方或银行来研发运作。

支付网关的主要应用过程简略描述如下：

1）将从 Internet 传来的相关支付数据包进行解密，按照银行系统内部的通信协议将数据重新打包，完成协议转换，发送至银行内部业务处理服务器。

2）接收从银行内部业务处理服务器传回的响应或反馈信息，将此数据转换为外部 Internet 网络使用的数据格式（TCP/IP 包），并对其进行加密，防止失密。

3）支付网关将经过加密的 Internet 数据包转发相关商家或客户，这样一次支付结算的信息处理流程结束。后面继续这个处理流程，直至客户的一次网上支付结算业务处理完毕。

在 Internet 这个大众化的网络支付平台中，认证中心也是一个很重要的角色，它是安全支付的控制与管理中心。在完成网上支付结算时，客户、商家、支付网关甚至银行服务器均需频繁地与认证中心进行信息交互，如数字证书的验证、数字签名的辅助运作等，因此可以说它是保证安全可靠的网上支付结算的核心。

单 元 小 结

本单元比较完整地介绍了网上支付的产生、定义、特点、功能以及网上支付的支撑平台，详细描述了支持电子商务发展的网上支付与结算体系的基本构成。通过本单元的学习，大家可以对网上支付的相关基本理论有一个全面的认识。

课堂训练与测评

结合网上支付与结算体系的基本构成，分析我国目前网上支付运作体系的特点。

知 识 拓 展

登录中国互联网络信息中心官方网站（www.cnnic.cn），查看互联网发展研究报告，了解更多关于网上支付的发展数据。

单元二　网上支付的基本流程和分类

情境导入

1999 年前，我国进行过一场"72 小时网络生存测试"，参赛者需要在封闭的房间内待上三天三夜，房间内没吃没喝，所有用品都只能通过互联网购买。当时国内电子商务才刚起步，参赛者下了购物订单，能成功送上门的货物却不多，参赛者就像现代版的

"鲁滨孙漂流记"那样想方设法从互联网获得生存的物资，而时至今日，网络购物却已经成为很多网民生活中必不可少的一环。三年前，小王从 CtoC 网站上以一半市场价购买到一个相机三脚架，此后其网上购物瘾便一发不可收拾，不仅数码产品从网上购买，连化妆品、健身器材，甚至小吃都"网购"，所有的网上开销都通过他的银行信用卡支付，一分钱现金都不用。这还不止，小王每次出差、旅游要坐飞机时，所有的机票也都是通过航空公司的网站去买，起飞前一天的晚上再买机票也不迟，机票款也用信用卡来支付，支付成功后小王的手机便会收到银行发来的提醒确认短信。网上购物、网上支付用得越多，小王对这种新的消费方式便越是依赖，现在小王家里的水费、电费、煤气费都改用了网上支付，再也不用每个月自己去营业厅排队缴费了。今天，像小王这样"网络化生活"的年轻人不在少数。现在大家享受的是网络购物足不出户的便捷，而不再是昔日"鲁滨孙式"的生存烦恼，这一切都要归功于网上支付途径的日益完善。

既然在网上支付更容易也更方便了，那么网上支付的基本流程是什么？目前又有哪些种类的网上支付形式？我们马上就来学习网上支付的基本流程与分类。

本单元主要结合支撑网上支付的大众化网络平台 Internet，细致描述了网上支付的基本流程，并通过对国内外网上支付方式的调研与分析，从支付数据流的内容性质、网上支付金额的规模、业务模式三个方面叙述了目前网上支付方式的分类，以帮助大家从不同角度了解电子商务下的网上支付方式。

一、网上支付的基本流程

网上支付系统借鉴了很多传统支付方式的应用机制与过程，只不过流动的媒介不同：一个是传统纸质货币与票据，大多手工作业；一个是电子货币且网上作业。可以说，基于 Internet 平台的网上支付结算流程与传统的支付结算过程是类似的。如果熟悉传统的支付结算方式，如纸质现金、支票、信用卡 POS 机等方式的支付结算过程，将有助于对网上支付结算流程的理解。例如，用户通过 Internet 进行网上支付的过程是通过 PC、Internet、Web 服务器作为操作和通信工具，而信用卡 POS 机支付结算使用专用刷卡机、专用终端、专线通信等。

基于 Internet 平台的网上支付一般流程如图 1-4 所示。

（1）客户连接 Internet，用 Web 浏览器进行商品浏览、选择与订购，填写网络订单，选择应用的网上支付结算工具，并且得到银行的授权，如信用卡、电子钱包、电子现金、电子支票或网上银行账号等。

（2）客户计算机对相关订单信息，如支付信息进行加密，在网上提交订单。

（3）商家服务器对客户的订购信息进行检查、确认，并把相关的、经过加密的客户支付信息等转发给支付网关，直至银行专用网络的银行后台业务服务器确认，以期从银行等电子货币发行机构验证得到支付资金的授权。

（4）银行验证确认后，通过建立起来的经由支付网关的加密通信通道，给商家服务器回送确认及支付结算信息，有时为进一步确保安全，通过 Internet 或手机短信给客户回送支付授权请求。

（5）银行得到客户传来的进一步授权结算信息后，把资金从客户账户转拨至开展电子商务的商家银行账户，借助金融专用网络进行结算，并分别给商家、客户发送支付结算成功信息。

（6）商家服务器接收到银行发来的结算成功的信息后，给客户发送网络付款成功信息和发货通知。至此，一次典型的网上支付结算流程结束。商家和客户可以分别借助网络查询自己的资金余额信息，以进一步核对。

图 1-4 所示的网上支付一般流程只是对目前各种网上支付结算方式的应用流程的普遍归纳，不同网络支付结算工具的流程也有差别，但大致遵守该图示流程。

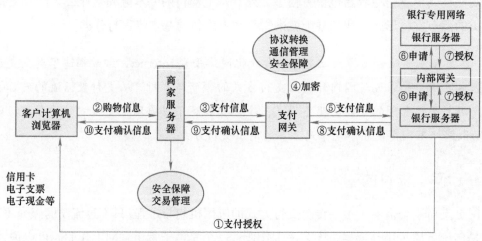

图 1-4　基于 Internet 平台的网上支付一般流程

二、网上支付方式的分类

发展中的以 Internet 为主要运作平台的网上支付方式有多种分类，而且随着电子商务的发展与技术的进步，更多更新的网上支付工具被不断地研发出来并且投入应用，又会产生新的分类。

本单元主要介绍以下三种网上支付方式分类。

1. 按支付数据流的内容性质分类

进行网上支付时，用电子支票与用电子现金支付在网络平台上传输的数据流的内容性质是有区别的，正如用纸质现金支付与用纸质支票支付传递的信息性质不同一样，收到 100 万元的纸质现金给人的感觉是收到了真的 100 万元"金钱"，而收到了 100 万元的纸质支票只是收到了可以得到 100 万元"金钱"的指令。因此，根据电子商务流程中用于网上支付结算的支付数据流内容性质不同，即传递的是指令还是具有一般等价物性质的电子货币本身，可将网上支付方式分为如下两类：

（1）指令传递型网上支付方式。支付指令是指启动支付与结算的口头或书面命令，网上支付的支付指令是指启动支付与结算的电子化命令，即一串指令数据流。支付指令的用户从不真正地拥有货币，而是由他指示银行等金融中介机构替他转拨货币，完成转账业务。指令传递型网上支付方式是现有电子支付基础设施和手段（如 ACH 系统和信用卡支付等）的改进和加强。

指令传递型网上支付方式主要有银行网络转拨指令方式（EFT、CHIPS 与 SWIFT、电子支票、网络银行、金融电子数据交换等）、信用卡支付方式等。其中，金融电子数据交换（Financial Electronic Data Interchange，FEDI）是一种以标准化的格式在银行与银行计算机之间、银行与银行的企业客户计算机之间交换金融信息的方式。因此，FEDI 可以较好地应用在 BtoB 电子商务交易的支付结算中。

（2）电子现金传递型网上支付方式。电子现金传递型网上支付是指客户进行网上支付时在网络平台上传递的是具有等价物性质的电子货币本身，即电子现金的支付结算机制。其主要原理是：用户可以从银行账户中提取一定数量的电子现金，且把电子现金保存到一张卡（如智能卡）或者用户计算机的某个软件中（如一台 PC 或个人数字助理 PDA 的电子钱包），这时消费者便拥有了真正的电子"货币"，他就能在 Internet 上直接把这些电子现金按相应支付数额转拨给另一方，如商家、银行或供应商。

电子现金传递型网上支付方式可再划分为两类：①依靠智能卡或电子钱包提供安全和其他特征的系统以及严格基于软件的电子现金系统；②对款额特别小的电子商务交易（如用户浏览一个收费网页），需要一种特殊的成本很低的网上支付策略，这就是所谓的微支付方式。电子零钱系统是实现微支付的方式之一，例如 Millicent 钱包用的是能够在 Web 上使用的一种叫作 Script 的电子令牌或电子零钱。Script 可被安全地保存在用户的 PC 硬盘上，且用口令对其保护，可像电子现金一样实现在线的灵活支付。

2. 按网上支付金额的规模分类

由于电子商务基于 Internet 平台进行，运作成本较低，对大中小型企业、政府机构以及个体消费者均比较适用。不同规模的企业及个体消费者的消费能力、网络上商品与服务的价格也是不同的，大到几十万元的汽车，小到几分到几角钱的一条短消息服务。因此，同一个商务实体针对这些不同规模的资金支付，也可能采用不同的支付结算方式。

根据电子商务中网络支付金额的规模来划分，可以将网络支付方式分为如下三类：

（1）微支付。微支付是指在互联网上进行的一些小额的资金支付。英国一些网络企业正在应用的电子零钱支付方式也属于这种微支付。这种支付机制有着特殊的系统要求，在满足一定安全性的前提下，要求有尽量少的信息传输、较低的管理和存储需求，即速度和效率要求比较高。由于 Internet 的快速普及，这类小额的资金支付还在经常发生。

因此，企业与银行业发展一个良好的微支付体系将大大有利于数目众多的小额网络服务的开展，特别是在普通大众中进行电子商务业务的推广。

微支付应用模式目前存在三种，即分别以商业银行、移动通信运营商和第三方支付商主导的微支付产业链。

1）商业银行：无法满足微支付交易的广泛需要。虽然我国各类商业银行更注重大额以及中等额度的支付，但大多已经开通了个人网上银行业务，支付者可以使用申请了在线转账功能的银行卡转移资金到同城或异地账户，适用于微支付交易。

优点：①效率高，直接利用网上银行进行支付，支付指令立即生效，收款人立即可以得到收款确认，整个操作一般在 10 分钟内即可完成；②如果使用手机银行转账，不限金额，手续费全免；③安全性高，经过数字签名处理的支付命令一般无法被未经授权的第三方破解。

缺点：①步骤烦琐，付款人需要向银行申请个人网上银行或手机银行；②买方利益缺乏保障，银行不提供中介认证服务，买方无法确定卖方是否在收款后履行交易，交易后的纠纷也难以处理。总体上说，目前这种支付模式在微支付领域的使用是受到一定限制的，它更适合于中等额度，且付款人事先能够明确收款人身份，并对其满怀信任，主要用于公共事业费用、住房贷款、学费的缴纳等方面。

2）移动通信运营商：受风险和费用划分制约。移动通信运营商运用自己的支付平台，支持微支付交易。移动用户通过手机发出指令完成交易，支付交易金额包含在手机费中，而商家可直接从运营商处提现。例如，中国移动推出的手机短消息收费策略为每次短消息费用从手机费中直接扣除，手机的 SIM 卡就像一个装满了电子零钱的钱包一样，支付起来很方便，对企业结算也方便，这正是短消息应用推广很快的原因之一。

优点：手机用户规模足够大，足以涵盖网上交易用户；语音方式操作简单，容易实施。

缺点：运营商承担恶意欠费用户导致的坏账风险。运营商规定的 10% ~ 15% 的高额渠道费用，商家难以承受，因此虽然移动支付模式的特点很适用于几元到数百元内的微支付，但运营商与商家的风险与费用承担划分在没有得到合理解决之前，很难在电子商务的更广范围更深领域进一步推进。

3）第三方支付商：目前从主流应用来看，第三方支付主导的微支付产业链模式比较普遍，特别是国际以 eBay 业务为支撑的 PayPal，国内的支付宝及微信钱包，都发展到了一定的规模，已经比较深入地开展了微支付交易领域的服务。这种支付方式本质上就是第三方支付商为交易双方提供电子现金兑换交易清算等服务。交易双方均在第三方支付商提供的平台上开通账户，买方通过银行往自己账户中充值后可以任意支付使用，卖方可以把自己账户中收到的电子现金提现到收单银行账户。整个支付链中，第三方支付起到了连接银行和买卖交易双方的作用，并为交易双方提供公正的仲裁服务。

优点：①费用成本低，这对交易双方都有很大的吸引力，很多第三方支付都以免费策略来占领市场，兑换一定数额电子现金后，可避免每次交易都经过银行网络交付手续费的过程，解决了几元金额类型的微支付难题；②便捷，与传统现金以及储值卡使用方式相似，易被国人接受；③安全，提供第三方公正仲裁等服务，为交易双方提供了安全交易机制，促进了交易的达成。

缺点：第三方支付商之间存在流通壁垒，第三方支付商的电子现金彼此不互通，限制交易的广泛展开。

除了以上模式，国内目前在一些交易数额特别小的电子支付中，采用了电子凭证付款。商户发行电子凭证（如账号），客户通过预先购买的电子凭证（如账号）进行交易，在交易发生后，商户根据交易金额在电子凭证中扣除相关费用并在网上发送相关账单。微支付适用于 BtoC、CtoC 中较活跃的商品交易，特别是数字音乐、游戏等数字产品。如果能够打通微支付环节，势必将大大推动整个电子商务的发展。

（2）消费者级网上支付。消费者级网上支付是指满足个体消费者和商业（包括企业）或政府部门在经济交往中的一般性支付需要的网络支付服务系统，亦称小额零售支付系统。这种网络支付方式，按美国标准发生的支付金额一般在 5～1 000 美元之间，我国相应为 5～1 000 元人民币。由于金额不大的一般性网上支付业务在日常事务中最多，一般占全社会总支付业务数量的 80%～90%，所以这类系统必须具有极大的处理能力，才能支持经济社会中发生的大量支付交易，如买一本书、买一束鲜花、下载一个收费软件及企业批发一些办公用品等。因此，支持这种档次消费的网络支付工具也发展得相对成熟与普及，常用的有信用卡、电子现金、小额电子支票、个人网络银行账号等。

（3）商业级网上支付。商业级网上支付是指满足一般商业（包括企业）部门之间的电子商务业务支付需要的网上支付服务系统，亦称中大额资金转账系统。这种网上支付方式，按美国标准发生的支付金额一般在 1 000 美元以上，我国相应为 1 000 元人民币以上。中大额资金转账系统，虽然发生次数远不如一般的消费者级支付，但其支付结算的金额规模占整个社会支付金额总和的 80% 以上，因此是一个国家网络支付系统的主动脉。

一般来说，跨银行间、银行与企业间、企业与企业间、证券公司与银行间等发生的支付，金额较大，安全可靠性要求高，这些支付就属于中大额支付系统处理的业务。常见的商业级网上支付方式主要有 FEDI、电子汇兑系统、电子支票、中国现代化支付系统（China National Advanced Payment System，CNAPS）、企业网络银行服务等。

3. 按业务模式分类

网上支付按照业务模式可分为预付费、代缴费、网上银行付费、在线支付平台付费。

（1）预付费。预付费的实现方式有发行预付费卡、与银行合作建立预付费账户。目前以发行预付费卡方式为主。预付费卡最早来源于储值电话卡，目前已经成了互联网替代性支付机制的一种，通常有刮开式与磁条式之分，可利用其他支付机制（包括在线与现实渠道）购买，通常以现金的匿名购买方式为主，持卡人使用前必须进行账号的"激活",才可用于 Web 交易。大多数预付费卡支持多种充值方式（包括在线与现实方式）。

预付费卡的使用范围很小，一般只能用于购买一种在线数字产品或服务，如某种游戏。因此，预付费卡一般由特定产品或服务的提供商亲自发行、推广。尽管使用范围小，但预付费卡还是有诸多优点，例如具有"匿名性"，易于购买，运营门槛低，进入门槛低也使得预付费卡种类非常丰富。

下面以《传奇》游戏充值点卡为例来说明预付费的支付流程：

1）《传奇》的运营商发行游戏充值点卡，并派送到各零售点。

2）零售点支付购卡费用。

3）玩家向零售点购卡。

4）零售点将卡交给玩家，玩家获得卡号和密码。

5）玩家输入《传奇》的注册账号和密码登录充值界面。

6）玩家输入卡号和密码为账号充值。

7）《传奇》向玩家通知充值结果。

（2）代缴费。银行、电信运营商这类营业网点众多的机构可提供代缴费业务。就网上代缴费来讲，最合适的提供者为电信运营商。

电信增值业务提供商即 SP（Service Provider），是移动互联网服务内容应用的直接提供者，负责根据用户的要求开发和提供适合手机用户使用的服务。电信运营商将 SP 的信息费纳入电话费中一并向用户收取，然后按照一定的周期同 SP 结算。在代缴费中，计费和鉴权这一部分可由 SP 承担，也可由电信运营商承担。若由 SP 承担，每个 SP 都需要建立一套计费鉴权系统，这无疑是极大的浪费，但拥有该系统的 SP，受电信运营商的制约相对较小，其支付给电信运营商的佣金也较少；由电信运营商承担，则可大量压缩计费鉴权系统的数量，电信运营商也能增加佣金收入，但其承担的责任也相对增加。

代缴费的应用范围受到金融政策限制，仅适合小额支付，但它目前的使用较为普遍，较典型的有手机代缴费等。

（3）网上银行付费。网上银行付费是指网上购物者直接通过银行提供的在线支付界面付费。为提供网上银行付费业务，银行需要亲自发展 SP、网上商场。

但网上银行付费的使用范围受到银行卡的限制。通常，各银行的在线支付界面仅支持本行发行的银行卡。此外，使用范围也受到银行推广能力的影响，无支持的商户，网上银行付费自然也无从谈起。

（4）在线支付平台付费。在线支付平台付费由独立的在线支付平台运营商提供。在线支付平台运营商是独立于银行的第三方经济实体，具有独立的经营权，它是连接用户、银行和商户的纽带。在线支付平台运营商的主要工作是不断发展提供产品/服务的商户和提供实际支付的银行，从而扩展在线支付平台的应用范围，吸引更多的用户，同时自己也获取更多的佣金。目前，国内的在线支付平台运营商较多，比较著名的有微信钱包、支付宝等。

单 元 小 结

通过本单元的学习，我们了解了网上支付的基本流程以及目前国内外网上支付的方式和网上支付方式的分类等内容，让大家从不同角度了解电子商务下的网上支付方式的类别。

课堂训练与测评

（1）举例说明我国已经在实际应用的网上支付方式有哪些。

（2）通过阅读相关书籍或 Internet 搜索，了解目前还有没有新的网上支付的分类方法。

知 识 拓 展

登录几家知名电子商务网站了解其所提供的网上支付方式。

单元三　网上支付与结算应用发展现状

情境导入

作为电子商务关键环节的网上支付与结算，在电子商务的快速发展中愈发显示其重要性，这也是当前金融电子化中电子银行构建的核心问题。网络化的支付结算方式相对于传统的支付结算方式更加快捷、成本更加低廉，而且实现了对网上交易者来说更加方便的随时随地支付，它是金融电子化的发展趋势。目前，世界上基于 Internet 平台的网上支付与结算方式正在大力发展中，有些技术手段已比较成熟，如信用卡网上支付；有的还在实验阶段，如电子现金等。例如，中国人民银行发行的数字形式的法定货币——数字人民币，2019 年年底，数字人民币相继在深圳、苏州、雄安新区、成都等地启动试点测试，2020 年 10 月，又增加了上海、海口、长沙、西安、青岛、大连等试点测试地区。目前，数字人民币试点测试规模正在有序扩大。数字人民币的应用领域正在逐步拓展，试点场景超过 132 万个，兼顾线上和线下，涵盖批发零售、餐饮文旅、教育医疗、公共交通、政务缴费、税收征缴、补贴发放等领域。数字人民币积极促进了中国数字经济规模扩张与质量提升。总之，随着技术的进步，日益迫切的电子商务发展需求及人们传统观念的革新，越来越多更加安全、可靠、方便、快捷的网络支付手段正不断被研发出来并且投入应用实践。

目前国内外网上支付的发展情况如何呢？我们现在就来详细地了解网上支付在国内

外的发展现状。

> 本单元主要是从国外与国内两个方面介绍网上支付与结算的发展及应用情况，以实例说明网上支付的发展前景，随着网上支付方式飞速发展，其普及应用还面临政策、法律、标准、社会信用体系以及技术等多方面的问题，因此在本单元最后我们还结合我国的具体情况对网上支付的发展思路进行了探讨。

一、国外网上支付应用发展现状

谈到国外网上支付的发展历程，有必要提到两家公司：一个是美国安全第一网上银行（SFNB）。1995 年 10 月 18 日，SFNB（1998 年被加拿大皇家银行收购）作为第一家网上银行对公众开放，在它的推动下，世界上越来越多的银行开始提供在线金融交易服务，如美洲银行、摩根大通银行等相继推出网上支付的金融增值业务。另一个是在线支付平台 PayPal。PayPal 于 1998 年成立，是一家没有任何金融背景的 IT 技术公司。它使拥有电子邮件地址的人可以通过 E-mail 实现支付，不仅适合在线竞价交易业务中个人或小商户的收付款需求，而且减少了人们使用信用卡号收款的风险。2002 年 10 月，PayPal 被 eBay 以 15 亿美元收购。PayPal 还于 2006 年 4 月推出了 PayPal 移动支付服务，允许用户通过手机文本消息购买物品或付钱。PayPal 获得的巨大成功依赖于若干特定的条件，包括特定的金融支付业务支撑环境、准确的市场定位与恰当的市场时机、灵活坚决的扩张战略与有效的风险控制措施、特定的法律与政策环境等。2021 年 3 月 8 日，在线支付平台 PayPal 宣布，将收购数字加密货币安全存储技术公司 Curv，以加快和扩大其加密货币和数字资产的计划。截至 2020 年年末，PayPal 在全球范围内拥有 3.77 亿活跃用户以及 2 000 多万签约商户，可以在全球范围内开展电子商务和实体贸易。PayPal 2020 年第四季度营收同比增长 23% 至 61.16 亿美元。

网上支付在发达国家已成为支付主流。据有关统计信息，在发达国家的支付方式上，非现金支付占支付总额的 60% ~ 70%，其中第三方支付占有较大的支付市场份额。

网上支付市场有着分工细化的特点，各分工领域的参与主体正在不断地向其他领域进行战略性渗透和融合。移动支付就是在这种不断融合的环境下发展起来的一种新型支付手段。20 世纪 90 年代初期，移动支付业务在美国出现，随后在日本和韩国出现，并得到迅速发展。韩国移动支付吸引了大量手机用户使用，为电信运营商、手机制造商、内容服务商等创造了巨大的商机。每个月有超过 30 万的韩国人在购买新手机时会选择具备特殊记忆卡的插槽，用以存储银行交易资料，并进行交易时的信息加密。日本移动支付模式的鲜明特色在于其完全由移动运营商主导、传统金融机构顶多扮演辅助性的角色。日本移动支付市场发展的首要推动者是移动通信运营商 NTT DoCoMo。

移动支付业务在其他国家也有很多尝试。例如：英国 Vodafone 公司于 2003 年 7 月推出了移动购物门户，该门户与零售商建立了虚拟购物中心；2002 年，PayBox 公司在德国、瑞典、奥地利、西班牙和英国等国推出了支付停车场费用、商场购物等移动小额业务。

总的来说，国外支付行业由于多方参与以及支付工具的不断创新，呈现出一片繁荣景象，有力地推动了电子商务的发展。

二、国内网上支付应用发展现状

1. 国内网上支付发展情况

1999 年 9 月，招商银行全面启动了国内首家网上银行——"一网通"，建立了由网上企业银行、网上个人银行、网上证券、网上商城、网上支付组成的较为完善的网上银行服务体系，网上支付在我国浮出水面。随着招商银行首推网上银行业务，各大银行的网上缴费、移动银行业务和网上交易等网上支付形式逐渐发展起来。

2021 年 12 月中国互联网络信息中心（CNNIC）发布的《第 49 次中国互联网络发展状况统计报告》显示，截至 2021 年 12 月，我国网络支付用户规模达 9.04 亿，较 2020 年 12 月增长 4 929 万，占网民整体的 87.6%。网上支付用户快速增长离不开网上消费的繁荣发展，随着我国网络零售市场的迅猛发展，线上消费的生活服务类型不断拓宽，交易规模持续增大，也极大地带动了用户网上支付的使用普及。快捷支付、卡通支付等支付便利形式增强了支付的可用性，促进了网上支付在更广泛用户中的覆盖。而随着移动支付技术标准的确立，支付企业在手机支付领域的布局与发展，也带动了手机网上支付用户的快速增长。网上支付用户规模的快速增长主要基于以下三个原因：①网民在互联网领域的商务类应用的增长直接推动网上支付的发展；②多种平台对于支付功能的引入拓展了支付渠道；③线下经济与网上支付的结合更加深入，促使用户付费方式转变，如用支付宝支付打车费用等。

目前我国网上支付服务业市场呈现以下主要特征：

（1）网上支付的业态格局基本形成。根据《中华人民共和国中国人民银行法》等法律法规，中国人民银行制定了《非金融机构支付服务管理办法》。《非金融机构支付服务管理办法》第三条规定："非金融机构提供支付服务，应当根据本办法取得《支付业务许可证》，成为支付机构。"中国人民银行负责《支付业务许可证》的颁发与管理。随着央行继续发放《支付业务许可证》，逐步向第三方支付企业开放传统金融领域支付结算业务，在完善监管、细化市场的同时，也形成了包括支付企业、传统银行、电商巨头、电信运营商在内的电子支付生态圈。支付牌照发放以后，第三方支付行业出现多元化发展趋势，各家支付企业纷纷开始多业务布局，互联网支付、移动支付等众多业务纷纷开始发展，并逐步形成稳定的业态格局。

（2）银行发力电子支付业务。商业银行电子支付渠道正在逐步取代传统柜面支付渠道，满足企业和个人的支付结算需求。2021 年，中国网络支付交易额已达 2 353.96 万亿元，移动支付普及率位于世界领先水平，反映出央行加快推动电子支付行业发展的措施正在发挥作用。

（3）新兴细分应用市场不断深化和拓展。近年来，电子商务在传统零售业和制造业得到大面积推广，传统企业电子支付的需求得到挖掘；同时，电子支付的新兴细分市场，如保险、基金、高校、跨境支付等被逐步开拓，整个社会形成了新的非现金交易热潮。

（4）支付多元化趋势显现。近年来，以互联网支付、移动支付等为代表的新兴电子支付方式正在被越来越多的社会公众所认可和使用，成为引领电子支付发展的生力军。当前，中国电子支付发展呈现出以银行卡支付和互联网支付为主流，电话支付、移动支付、数字电视支付等其他电子支付方式并存的多元化发展态势。

2．网上支付发展所面临的问题及发展思路

网上支付在我国正处于行业发展的初级阶段，还面临着行业监管、支付安全、市场培育、产品创新等众多问题。

（1）网上支付的安全问题。巴塞尔银行监管委员会在《有效银行监管的核心原则》中曾经指出，银行业面临的风险主要有八类：信用风险、国家风险和转移风险、市场风险、利率风险、流动性风险、操作风险、法律风险以及声誉风险。在网络经济时代下，此八类风险仍普遍存在于各大商业银行日常业务的处理过程中。互联网的出现使银行能够借助其开展新型的网上支付业务，然而互联网的诸多特性在使得网上支付效率大大提高的同时也不可避免地赋予了银行业风险新的内容，即技术相关风险，具体包括与技术相关的战略风险、操作风险、法律风险等。这些潜在风险将威胁到金融机构的安全性和稳健性，必须采用多种方式来加以控制，将风险出现的可能性降到最低。

（2）支付的信用问题。网络所特有的虚拟环境使得相隔两地的人在非面对面地进行交流与沟通的同时，也加剧了信息的不对称性，出现了网络欺诈的可能。基于这种情况，诚信变得尤为重要。在国外，个人资信评估体系的发展、完善，促使人们的观念发生了巨大的变化，新型的网上支付方式得以迅速推广并普及。然而，在我国，信用体系建设严重滞后、信用观念相对薄弱、社会公众对网上支付信任度不高的基本国情严重制约了网上支付的发展。在解决在线支付安全性方面，政府和有关技术部门采取了积极的措施，主要表现为使用信息加解密技术实现交易、支付信息在网络传输途中的安全性以及使用权威认证机构 CA 发放的数字证书来实现对交易各方身份的安全认证等。对于我国网上支付能否被接纳的问题，关键在于健全社会信用制度，建立完善的社会信用体系，以提升社会公众对网络安全性的认知度。

（3）支付的法律问题。网上支付业务是一种全新的金融活动方式，必然会对央行的现行监管机制带来巨大的冲击。网络的开放性以及交互性在为网上支付带来便利的同时，资金流动的频繁与迅速也加大了网上支付的风险，导致了洗钱等不法活动的频繁出现，而对于客户使用网上支付方式所造成的法律纠纷以及出现纠纷后涉及的责任认定、如何处理等问题，还没有相关的法律法规进行约束以及裁决。缺乏统一的立法和监管制度会出现无序和混乱的局面，直接影响网上支付业务的开展与普及。近年来，我国也在积极出台并修改相应的法律法规，但还需要进一步完善。

（4）网上支付结算机制的标准化问题。我国网上支付结算体系的技术标准、认证中心和支付网关的发展滞后制约着网上支付系统的建设。所以，应该确立一些网上支付体系中的政府部门和龙头企业（如中国人民银行与中国银行等）制定的行业标准的权威性；通过这些企业之间的交叉认证，加强网上支付系统的建设与完善。最后，经过市场的进一步选择和检验，具有生命力和权威性的企业将通过谈判和协商的方式制定统一的技术标准。中国人民银行作为中央银行与国家立法机构正在采取积极的态度推动和规范网上支付业务、网上银行业务的发展，制定相应的管理办法。

未来支付领域的服务主体和模式更加多样化，网上支付的风险也在加大，需要从健全政府监管政策、加强企业联盟合作、提升消费者安全意识等方面，不断完善网上支付安全的生态环境。总之，网络支付结算体系在一个畅通无阻的快捷的网络中，在一个健全的社会信用体系下，在各种政策、法规、标准、安全手段的保护下，一定能够发挥应有的作用，极大地促进我国电子商务的发展以及金融的电子化与信息化水平，为我国经济在 21 世纪初的可持续快速发展做出巨大的贡献。

▶ 拓展阅读

维护网络安全就是守护国家安全

2017 年 5 月 12 日，一种名为"想哭"的勒索病毒袭击全球 150 多个国家和地区，影响领域包括政府部门、医疗服务、公共交通、邮政、通信和汽车制造业。勒索病毒是一种新型计算机病毒，主要以邮件、程序木马、网页挂马的形式进行传播。该病毒性质恶劣、危害极大，一旦感染将给用户带来无法估量的损失。这种病毒利用各种加密算法对文件进行加密，被感染者一般无法解密，必须拿到解密的私钥才有可能破解。从 2018 年初到 9 月中旬，勒索病毒总计对超过 200 万台终端发起过攻击，攻击次数高达 1 700 万余次，且整体呈上升趋势。2019 年 3 月份，全球最大铝制品生产商之一 Norsk Hydro 遭遇勒索软件攻击，公司被迫关闭多条自动化生产线，震荡全球铝制品交易市场。2020 年 4 月，勒索病毒"WannaRen"开始传播，大部分杀毒软件无法拦截。

我们应该认识到恶意传播"病毒"会给国家、社会带来重大的经济损失。维护网络安全就是维护国家利益，当代大学生应勇于承担维护网络安全的责任，拥有网络安全意识和国家安全意识，系统掌握网络安全技术，用所学的网络安全知识与技能服务社会，报效祖国。

单 元 小 结

通过本单元的学习，我们从国外与国内两个方面了解了网上支付与结算的应用情况以及网上支付的发展前景，分析了当前网上支付方式应用中面临的政策、法律、标准、社会信用体系以及技术等多方面的问题，最后结合了我国的具体情况对网上支付的发展思路进行了探讨。

<table>
<tr><th colspan="4" style="text-align:center">课堂训练与测评</th></tr>
</table>

（1）结合身边的实例，说明我国目前实际应用的网上支付方式存在的问题有哪些。

（2）通过阅读相关书籍或进行 Internet 搜索来了解目前国内外网上支付发展的现状。

<table>
<tr><th colspan="4" style="text-align:center">知 识 拓 展</th></tr>
</table>

网络支付行业相关政策见表 1-1。

表 1-1　网络支付行业相关政策

日　　期	颁布部门	行业相关政策	概　　述
2010 年	中国人民银行	《非金融机构支付服务管理办法》	旨在促进支付服务市场健康发展，规范非金融机构支付服务行为，防范支付风险，保护当事人的合法权益
2015 年	中国人民银行	《非银行支付机构网络支付业务管理办法》	旨在规范非银行支付机构（以下简称支付机构）网络支付业务，防范支付风险，保护当事人合法权益
2016 年	国务院办公厅	《国务院办公厅关于印发互联网金融风险专项整治工作实施方案的通知》	旨在贯彻执行《互联网金融风险专项整治工作实施方案》，经国务院同意印发的通知。国务院办公厅于 2016 年 4 月 12 日印发并实施
2017 年	中国人民银行	《条码支付业务规范（试行）》	旨在规范条码支付业务，保护消费者合法权益，维护市场公平竞争环境，促进移动支付业务健康可持续发展
2018 年	中国人民银行支付结算司	《关于支付机构撤销人民币客户备付金账户有关工作的通知》	为贯彻落实党中央、国务院互联网金融风险专项整治工作部署，确保支付机构客户备付金集中交存工作平稳、有序开展，支付结算司向中国人民银行上海总部金融服务一部、各分行、营业管理部、省会（首府）城市中心支行等发布通知，将制定销户目标和销户计划
2019 年	中国人民银行	《银行卡清算机构管理办法（修订草案征求意见稿）》	为促进我国银行卡清算市场健康发展，规范银行卡清算机构管理，保护当事人合法权益，根据《中华人民共和国中国人民银行法》《国务院关于实施银行卡清算机构准入管理的决定》（国发〔2015〕22 号），制定本办法
2020 年 6 月修订	中国人民银行	《支付机构客户备付金存管办法》	为了规范支付机构客户备付金管理，保障当事人合法权益，促进支付行业健康有序发展而制定的法规
2020 年 12 月	最高人民法院审判委员会第 1823 次会议	《最高人民法院关于在民事审判工作中适用＜中华人民共和国工会法＞若干问题的解释》	为正确审理民间借贷纠纷案件，根据《中华人民共和国民法通则》《中华人民共和国物权法》《中华人民共和国担保法》《中华人民共和国合同法》《中华人民共和国民事诉讼法》《中华人民共和国刑事诉讼法》等相关法律之规定，结合审判实践制定。由最高人民法院于 2015 年 8 月 6 日发布，自 2015 年 9 月 1 日起施行，于 2020 年 12 月第二次修正
2021 年 1 月	中国人民银行	《非银行支付机构客户备付金存管办法》	明确了支付机构间开展合作产生的备付金划转应当通过符合规定的清算机构办理
2021 年 10 月	中国人民银行	《中国人民银行关于加强支付受理终端及相关业务管理的通知》	旨在加强支付受理终端及相关业务管理，维护支付市场秩序，保护消费者合法权益

（续）

日　期	颁布部门	行业相关政策	概　述
2021年12月	中国人民银行	《条码支付互联互通技术规范》	按照"统一通用、便捷友好、安全可控、兼容并蓄"原则，在切实保障用户信息与资金安全前提下，规定了条码支付互联互通的编码规则、报文要素、安全要求等内容
2022年1月	中国银保监会	《关于银行业保险业数字化转型的指导意见》	加强数据安全和隐私保护，完善数据安全管理体系，建立数据分级分类管理制度，明确保护策略，落实技术和管理措施。强化对数据的安全访问控制，建立数据全生命周期的安全闭环管理机制
2022年1月	中国人民银行	《金融科技发展规划（2022—2025年）》	旨在稳妥发展金融科技，加快金融机构数字化转型，深化监管科技在货币政策、支付结算、反洗钱、征信、消费者保护等领域应用，积极将数字合规工具无缝嵌入交易行为监测、业务数据报送、风险事件报告等场景，提升金融监管效能、降低合规成本

电子商务网上交易与支付业务流程模拟与调研

⚐ 实训目的

1．了解电子商务网站所提供的支付结算方式。

2．通过实践与分析电子商务网站网上支付与结算方式，使学生对电子商务交易与支付流程有初步直观的认识。

⚐ 实训安排

实训地点：实训室

实训课时：2课时

⚐ 实训条件

1．具备网络条件的校内实训室。

2．电子商务业务模拟软件。

⚐ 实训内容

1．通过电子商务业务模拟软件实践电子商务业务流程。

2．浏览电子商务网站，熟悉网上购物流程，调研电子商务网站支付方式。

⚐ 实训步骤

1．通过电子商务业务模拟软件实践电子商务 BtoC、BtoB、CtoC 的业务流程及其后台的运营、维护、管理等活动；实践银行系统对电子商务资金流的操作流程。

2. 了解并熟悉电子商务网站提供的支付结算方式、支付流程的特点与存在的问题。

（1）启动浏览器，在网址栏输入要登录的电子商务网站地址，然后按下"回车"键即可访问网站，如：

淘宝网：www.taobao.com

京东商城：http://www.jd.com

当当网：http://www.dangdang.com

也可以利用搜索引擎来搜索各电子商务网站，然后单击链接登录。

（2）浏览电子商务网站，了解网上购物流程及该电子商务网站所提供的支付结算方式，将调研结果填入表1-2中；分析不同网络支付方式的特点与存在的问题，并谈谈你对各种支付方式的看法。

表1-2 电子商务网站网上支付方式调研表

支付方式	电子商务网站				
	淘 宝	网 易 考 拉	京 东	唯 品 会	拼 多 多
快捷支付					
网银支付					
支付宝					
微信支付					
银联在线支付					

🔗 实训考核

1. 实训结束后要求每位学生提供调研实训报告。

2. 实训指导老师将实训报告、实训态度与实训操作表现结合起来对学生的本次实训环节给予考评。要求学生熟悉电子商务业务的操作流程，能够对调研的电子商务网站的网上支付结算方式进行深入的理解分析，能够通过实例进行分析论证，能提出自己的看法和见解，有切实的收获。

Module 2

模块二
网上支付的安全使用

网上支付与结算是电子商务业务流程的一个重要环节，快捷、方便、可靠的网上支付方式是促进电子商务快速顺利发展的根本保证。随着互联网的普及、电子商务的发展以及广大消费者传统支付观念的改变，人们开始越来越多地使用网上支付。截至 2021 年 12 月，我国网上支付用户规模达 9.04 亿，未来几年我国网上支付用户规模将会继续扩大。伴随着电子商务的发展，作为重要支柱的网上支付行业也面临着前所未有的发展契机。网上支付为人们带来巨大的便利，但它的安全性也一直饱受关注，病毒木马、钓鱼网站的肆虐使得很多人对于网上支付心存顾虑，整个行业也面临着巨大的挑战。同时，在网上支付快速发展的前提下，仍有很大一部分人拒绝使用网上支付平台。网上支付发展的最大障碍是什么呢？iResearch 的调查显示，网民不使用网上支付的主要原因有两类：一类是对网上支付的安全性表示怀疑，主要体现在担心交易的安全性；担心因泄露个人隐私和错误操作而导致的不必要损失，其中最为明显的是担心交易的安全性；另一类是注册账户太麻烦，时间过长，没有价格优势，不能随时随地办理业务和使用服务等。可见，安全性是阻碍网民使用网上支付的主要因素。如果能处理好这个问题，使用网上支付的网民数量将会进一步增加。

应知目标

◎ 了解网上支付面临的安全问题与安全需求。

◎ 了解并掌握网上支付的安全策略及解决方法。

◎ 了解并掌握网上支付的安全技术——防火墙技术、数据机密技术、数字摘要技术、数字签名技术、数字时间戳的工作机理。

◎ 了解数字证书的基本概念与认证中心的功能。

◎ 了解并掌握 SSL 和 SET 安全协议的基本原理与工作程序。

应会目标

◎ 能够识别网上支付安全风险。

◎ 掌握网上支付数字证书的申请、安装与使用。

◎ 掌握网上支付的安全使用方法。

单元一   网上支付的安全风险与需求分析

情境导入

2005 年 2 月，某公司反病毒中心，监测到一种新型"网络钓鱼"电子邮件正在传播，企图骗取美邦银行（Smith Barney）用户的账号和密码。该邮件利用了 IE 的图片映射地址欺骗漏洞，并精心设计脚本程序，用一个显示假地址的弹出窗口遮挡了 IE 浏览器的地址栏，使用户无法看到此网站的真实地址。当用户使用未打补丁的 Outlook 打开此邮件时，状态栏显示的链接是虚假的。当用户单击此链接时，实际连接的是钓鱼网站。该网站页面酷似 Smith Barney 银行网站的登录界面，而用户一旦输入了自己的账号密码，这些信息就会被黑客窃取。

曾在国内网上传得沸沸扬扬的"××证券网银木马"病毒着实让大家都紧张了一把，甚至某些媒体发出了"多款证券交易软件捆绑网银木马程序"这样的报道。一旦用户安装了这些网银客户端并访问个人银行，木马就会弹出伪造的登录对话框，诱骗用户输入账号、登录密码及支付密码，通过邮件将窃取的信息发送出去。面对越来越多的网上偷盗事件，网上支付的安全威胁都有哪些呢？我们该如何识别与预防使用网上支付时出现的各种安全风险呢？通过本单元的学习，我们将对网上支付的安全风险的识别与防范方法有一个全面的认识与了解。

> 在网上支付与结算中，资金支付结算体系问题是电子商务中主要的安全隐患发生点。基于 Internet 平台的电子商务必然涉及客户、商家、银行及相关管理认证部门等多方机构以及它们之间可能的资金划拨，这使得客户和商家必须充分考虑支付体系是否安全。因此，保证安全是推广与应用网上支付与结算方式的根本基础。本单元中，我们将了解网上支付面临的安全风险与网上支付的安全需求。

账户安全风险分析

一、网上支付面临的安全风险

具体来说，目前电子商务网上支付结算流程中面临的主要安全风险有以下几方面：

1. 互联网环境的安全隐患

网络基础设施和迅猛发展的互联网为网上支付的发展奠定了良好的基础。网上支付具有方便、快捷、高效、经济的优势。用户只要拥有可以上网的终端设备，便可足不出户地完成整个支付过程。支付费用仅相当于传统支付的几十分之一，甚至几百分之一。然而，这些优势的建立，需要一个开放的系统平台，而不像传统支付那样在较为封闭的系统中运作，这就带来了不可避免的安全隐患。

网络社会和人类社会一样，既有繁荣太平，也有天灾人祸。除了现实社会中的共性安全问题，网络社会还有其特殊的安全问题，病毒和黑客就是网络社会的另一面。短信诈骗、黑客入侵、病毒爆发、内控漏洞等问题使网上支付的发展面临着严峻的安全考验。

目前，国内外黑客呈现出职业化、规模化、趋利化的特点。黑客造成的危害有病毒传播、网站被黑、秘密被窃、主机被控、资金被转、系统瘫痪。

互联网上受到黑客集中控制的一群计算机，往往被黑客用来发起大规模的网络攻击，如分布式拒绝服务攻击（DDos）、海量垃圾邮件等；同时黑客控制的这些计算机所保存的信息，如银行账号的密码都可被更换或随意"取用"。因此，不论是对网络安全运行，还是用户数据安全的保护来说，黑客都是极具威胁的隐患。信息系统广泛的互联、漏洞的普遍存在，意味着不可信的网络环境，安全是相对的，不安全是绝对的，在不可信的环境中要进行可信交易必然存在风险。

2. 黑客对网上支付的攻击

黑客对网上支付的攻击主要通过以下几个途径：

（1）钓鱼网站和服务器攻击。所谓"钓鱼"，即黑客首先建立一个酷似支付官方网站的假网页，用于诱骗用户输入账号密码等信息，或者包含用于种植木马的恶意脚本，然后给假网页申请一个酷似官方网址的域名，等待用户由于拼写错误而链接进来；有时黑客也会花几十元购买一个包含几百万个邮箱地址的数据库，然后向这些邮箱发送"钓鱼"（Phishing）邮件。邮件内容通常包含煞有介事的文字，如中奖信息或优惠的折扣信息，引诱用户访问假网页。无论哪种欺骗方式，一旦用户上当受骗，他们的隐私数据都会被发送到黑客那里。"证券大盗"（Trojan/PSW.Soufan）的作者就是为他的网页申请了与某知名证券咨询网站类似的域名，并且编写了利用 IE 浏览器漏洞的恶意脚本，成功地让他的木马感染了大量用户。此外，黑客还会对金融网站服务器直接发起攻击。虽然这种攻击成功的机会不大，但 2006 年 8 月，国内某知名证券业网站还是被黑客入侵，该网站上提供下载的所有证券交易客户端软件都被捆绑上了网银木马。

（2）键盘记录。即通过木马监视用户正在操作的窗口，如果发现用户正在访问某网银系统的登录页面，就开始记录所有从键盘上输入的内容。这种方法很普遍也很简单，极易获取网银或者在线游戏的账号密码。"网银大盗Ⅱ"木马是一个典型的例子，它把几乎所有的国内网银系统都列为盗窃的目标，在测试中，只有少数提供虚拟键盘技术的登录系统可以避开它。

（3）嵌入浏览器执行。这种技术主要通过嵌入浏览器进程中的恶意代码来获取用户当前访问的页面地址和页面内容，此外还能在用户数据（包括账号密码）以 SSL 安全加密方式发送出去之前获取它们。利用这种技术的木马，通常会动态改变用户正在浏览的页面内容，使用网页脚本制作的虚拟键盘，在对付这类木马时会完全失效。"网银大盗"木马（Trojan/PSW.HidWedMon）就利用了这种技术，它监测到用户正在访问某个引用了安全登录控件的地址时，就会让浏览器自动跳转到另一个网页。后者看上去和正常登录页面没有什么两样，只是没有任何安全登录控件的保护。对于那些只对交易对话进行验证，而没有对交易过程进行验证的系统，嵌入浏览器的恶意代码甚至可以完全控制一次交易。这样的交易系统只对用户身份进行验证，而在用户身份确定之后，会无条件地执行任何来自用户的指令。木马可以等到用户验证通过后再开始工作，拦截用户的转账操作，篡改数据后发送给服务器，而服务器没有办法区分给它发出转账指令的是用户还是木马，就直接执行了转账，木马再把服务器返回的信息篡改后显示给用户。

（4）屏幕"录像"。有些网银木马的确会进行"录像"，它们并不会生成体积庞大的视频文件，而是在键盘记录的基础上，额外记录了用户点击鼠标时鼠标的坐标以及当时的屏幕截图。黑客根据这些数据，就可以完全回放出用户在进行交易时敲击了哪些键、点击了哪些按钮、看到了什么结果。"证券大盗"（Trojan/PSW.Soufan）就是这样的木马，它抓取的屏幕截图是黑白色的，数据量很小，但对于病毒作者来说，有这些黑白图片加上键盘、鼠标数据已经足够了。

（5）窃取数字证书文件。数字证书是网银交易的一项重要安全保护措施。有些系统允许用户把证书保存成硬盘文件，这是一个安全隐患。"TrojanSpy.Banker.s"和"TrojanSpy.Banker.t"的作者仔细观察了某个人银行系统保存证书的整个流程后，编写了木马，他的程序能够准确识别这个流程的每个步骤，自动记录必要的数据，最终再复制一份证书文件。木马作者就是利用盗取的证书和其他必要信息来达到非法使用证书的最终目的的。

（6）伪装窗口。国内曾出现一系列新的网银木马，它们都是"TrojanSpy.Banker.yy"的变种，感染了很多用户。这类木马首先向 IE 浏览器注入一个 DLL（Dynamic Link Library，动态链接库），用以监视当前网页的网址，同时记录键盘；当发现用户输入了卡号、密码并进行提交以后，迅速隐藏浏览器，弹出自己的窗口；木马弹出的窗口看上去和在线理财的页面非常相似，并且包含一些"钓鱼"文字，称由于系统维护需要，用户必须重新输入密码；只有当用户再次输入的密码和最初登录时的密码吻合时，木马才会把密码发给木马作者。伪装成浏览器界面的木马实现简单，虽然技术上听起来比较幼稚，但极易窃取用户资料。随着网银业务的不断普及、深入和扩展，越来越多的新业务形式（如手机银行）正在涌现，而黑客们的跟进速度总是很快，可以预见，更多更老练、更有创造性的攻击方法也会在不久的将来出现，所以我们一定要加强防范。

3. 主要信息安全风险

根据网上支付系统的组成，可以将网上支付分成三部分进行安全性分析：指令终端的安全性、指令传送渠道的安全性、指令支付网关的安全性。典型的网上支付系统机构如图 2-1 所示。

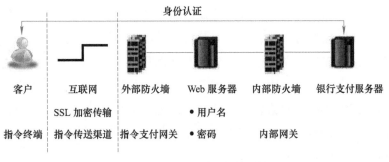

图 2-1　网上支付系统机构

（1）指令终端的安全性。指令终端主要包括互联网的计算机、移动电话、自助消费终端等。网上支付系统最大的安全风险来源于终端客户的安全性。目前所发生的网上支付安全事故几乎都是案犯利用客户的身份进入银行的网银系统进行作案的。而案犯之所以能比较容易地窃取用户的密码和资金，主要是由于广大用户的安全意识不强所致，如用户在网吧或公共场合使用网上支付、未使用数字证书或USBKey、被假银行网站欺诈、被木马程序或病毒窃取密码、不小心泄露身份证号和密码以及设定网银密码的疏忽等。

（2）指令传送渠道的安全性。网上支付通过互联网传输，应保证信息传输中数据的机密性、完整性；应防止支付账号和密码等隐私支付信息在网络传送过程中被窃取或盗用、防止支付金额被更改、防止对支付行为或支付的信息内容进行抵赖、修改和否认。目前，国内外网上支付机构都已经通过各种加密技术手段及安全传输协议，基本保证了指令传送渠道的安全性。

（3）指令支付网关的安全性。指令支付网关置于互联网上，主要面临来自互联网的安全威胁。目前典型的攻击方式有网络钓鱼、拒绝服务攻击（Dos）、蠕虫等。

总之，网上支付的技术风险问题，是一个牵连甚广的应用问题。网上支付环节非常多，包括客户端、电子商务网站、电子支付平台、通信运营商，一直到银行，支付手段也是五花八门，不断涌现。电子商务发展需要开放的支付环境，需要金融和通信、互联网等产业之间的融合，而这也导致了网上支付中的风险相互传递。

二、网上支付的安全需求

针对在网络支付结算过程中可能发生的安全问题，为了保证网络支付流程的安全和可靠，结合电子商务系统的安全，考虑到网络支付结算过程中涉及的客户、商家、银行、认证中心等商务系统各自的安全需要，网络支付的安全需求可以总结为如下五点：

1. 保证网络上资金流数据的保密性

保密性是指交易过程中必须保证信息不会泄露给非授权的人或实体，不为其所用。网上支付系统必须保证信息在输入、传输、存储、输出过程中的保密性。

客户的关键信息如登录密码或交易密码是账户安全的关键。在网上支付系统要求客户输入密码等关键信息时，应采取安全控制措施，防止木马程序截获键盘记录；在存储信息时，应对用户信息中的密码、密码问题答案采取加密存储方式。

由于网上支付系统被建立在较为开放的互联网环境中，交易信息在传输过程中的保密性成为电子商务全面推广应用的重要屏障，例如：信用卡的账号和用户名被人获悉，就可能被盗用；订货和付款的信息被竞争对手获悉，就可能丧失商机。因此，必须保证网络交易过程中发送者和接收者之间交换信息的保密性，即便信息被非法窃取，也无法阅读，不能获取用户的账户等重要信息。

2. 保证相关网络支付信息的完整性

完整性是指网上交易过程中数据没有遭受非授权的篡改或破坏。网上支付必须保存数据原始的格式和内容，因为交易各方信息的完整性会影响进行交易和经营的战略。但由于互联网是开放体系，只要具备特定的知识和工具，就有可能篡改传输中的数据，因此必须预防对信息的随意生成和修改，同时还要防止数据传输过程中的信息的丢失和重复，并保证信息传送次序的统一。

3. 保证网络上资金结算双方身份的真实性

真实性是指交易双方的身份是真实的，不是假冒的，网上支付系统应确保交易信息来自发送者，而不是第三者冒名发送，同时确保信息接收方的身份是真实的，而不至于发往与交易无关的第三方。由于网上支付是在开放的互联网环境下完成的，要使交易成功，必须能够互相确认身份，即网上支付系统如网络银行系统或第三方支付系统要考虑客户端是不是假冒用户，客户端也要识别将要使用的网络银行系统或第三方支付系统是否是所要访问的真实平台，而不是"钓鱼"网站，所以对客户端和网上支付系统相互间的身份认证成为电子支付中很重要的一环，例如，中国工商银行网上银行所设置的"预留信息验证"，就是帮助用户有效识别真假网站、防范钓鱼网站的有效措施。

4. 保证网络上有关资金的支付结算行为发生的事实及发生内容的不可抵赖性

不可抵赖性是指在交易数据发送完成后，双方都不能否认自己曾经发出或接收过的信息。在传统支付过程中，交易双方通过对银行出具的纸质凭证盖章或签名，以预防抵赖行为的发生。随着《中华人民共和国电子签名法》（以下简称《电子签名法》）的出台，电子签名也同样具有了法律效力。网上支付中应采用电子签名作为双方通信的凭证，以确认交易数据已经完成发送或接收，防止接收用户更改原始记录，或者否认已收到数据。

5. 保证网上支付系统运行的稳定可靠、快捷

网上支付系统应确保经过授权的用户能够在任何时间、任何地点使用其所提供的支付服务，保证网上支付系统服务的可靠性是开展电子商务网上支付的前提。由于网上支付不受时间和空间的限制，网上支付系统应能够提供 7×24 小时不间断的支付服务，同时对网络故障、操作错误、应用程序错误、硬件故障、计算机病毒以及黑客攻击等方面存在的潜在威胁加以控制和预防，并做好数据备份且具有灾难恢复功能，以保证系统的可靠性。

▶ **拓展阅读** ○

关注网络安全，谨防木马病毒

　　所谓"钓鱼"，即黑客首先建立一个酷似支付官方网站的假网页，用于诱骗用户输入账号和密码等信息，或者建立一个包含木马和恶意脚本的假网页，然后给该网页申请一个酷似官方网址的域名，等待用户由于拼写错误而链接进来；有时黑客也会花几十元购买一个包含几百万个邮箱地址的数据库，然后向这些邮箱发送"钓鱼"（Phishing）邮件。邮件内容通常包含煞有介事的文字，如中奖信息或优惠的折扣信息，引诱用户访问假网页。

　　无论哪种欺骗方式，一旦用户上当受骗，他们的隐私数据都会被发送到黑客那里。"证券大盗"（Trojan/PSW.Soufan）的作者就是为他的网页申请了与某知名证券咨询网站类似的域名，并且编写了利用 IE 浏览器漏洞的恶意脚本，成功地让他的木马感染了大量用户。此外，黑客还会对金融网站服务器直接发起攻击。虽然这种攻击成功的机会不大，但 2006 年 8 月，国内某知名证券网站还是被黑客入侵，该网站上提供下载的所有证券交易客户端软件都被捆绑上了网银木马。

　　随着云存储和分享等应用兴起，一些网盘和群共享资源逐渐成为木马传播的温床。特别是当发生热点事件时，相关关键词的搜索量持续高涨，不法分子把木马病毒改头换面包装成与热点事件相关的内容，通过网盘分享吸引人们在搜索结果中点击，从而实现木马的大面积传播。

　　作为新时代的大学生，在关注热点事件的同时，应通过正规渠道浏览信息和查看图片、视频等网络资源，不轻信网络谣传信息，不被表象所迷惑，要理性看待事物，不可随意访问和点击陌生人发布的文件、链接，更不要为了一己私利，利用自己掌握的计算机网络技术编写，甚至传播木马病毒，逾越法律的底线。安全软件对木马病毒报警时，应按照提示拦截，切勿出于好奇心而冒险放行木马，以免计算机被木马远程控制，给个人和集体造成不必要的损失。

单 元 小 结

　　通过本单元的学习，大家了解了网上支付面临的安全风险，并结合目前电子商务的开展状况与需求，分析了电子商务实体各方对网上支付的安全需求。

课堂训练与测评

　　结合身边网上支付实例或所了解的案例，分析目前经常出现的网上支付安全问题与特点。

知 识 拓 展

登录安全联盟（www.anquan.org）、12321 网络不良与垃圾信息举报受理中心官方网站，了解更多网络安全案例。

单元二　网上支付的安全管理

情境导入

实时在线的网上支付行为对网上支付系统的性能要求很高，网上支付的支撑网络需要有较高的安全防护能力，如防火墙系统的配置、网络通道速度的检测、管理机制的制定与确立等。

随着网上支付的快速发展，很多内部、外部的风险管理问题开始显现。"内部控制无效""客户资金保管不善""交易对手风险无法防范"以及"违反法律法规"等因素，都有可能引发网上支付的重大风险事件，阻碍网上支付持续健康发展。因此，面对网上支付面临的安全风险的威胁，除了不断完善系统的安全技术外，还必须花大力气加强网上支付的安全管理，因为诸多的不安全因素恰恰反映在组织管理和人员管理等方面。如果客户随意放置自己的信用卡号码与密码，那么纵然银行应用了最尖端的加密技术，又有什么用呢？因此，光有高尖的技术手段是不够的，还需要建立良好的管理机制，这样的安全机制才是有效的。

安全管理是网上支付系统安全所必须考虑的基本问题，应引起重视。本单元将带我们了解网上支付的安全衡量指标、制定网上支付安全管理策略的基本原则以及网上支付安全管理的措施。

一、网上支付的安全衡量指标

安全是支付信息通过公开网络传递面临的首要问题，网上支付安全通常包含保密性、完整性、不可抵赖性、可靠性、身份的验证等要素。大多数安全要素可通过不同技术的组合而实现，但是技术方案并非支付安全的全部，网上支付安全可以从两方面的指标来衡量。

1. 技术手段

技术手段通常由卡组织、银行、支付网络所提供，如访问控制技术、对称 / 非对称加密技术、数字签名技术、身份认证技术、SSL、SET 等。

2. 管理方面

面对网上支付所面临的安全风险的威胁，除了不断完善系统的安全技术外，还必须花大力气加强网络支付的安全管理，因为诸多的不安全因素恰恰反映在组织管理和人员管理等方面，而这又是计算机网络安全所必须考虑的基本问题，所以应引起重视。支付工具的提供者必须为技术方案的实施建立充分的管理制度、处理流程、操作规则；针对可能出现的支付欺诈、差错、争议，必须提供有效的解决流程与处理办法；建立合理的责任分配安排，技术方案的安全性与消费者的信任可通过消费者、商家、支付服务商之间责任的合理分配而得到增强；对消费者进行充分的教育与培训，使其充分认知潜在风险与防范措施。

二、制定网上支付安全管理策略的基本原则

1. 预防为主

为了掌握主动权，必须有齐全的预防措施，使系统得到有效的保护，这样才能使损失降低至最小。

2. 实际安全需求分析

必须根据系统的安全需求和目标制定安全策略，并且不同组织应根据其实际情况与实际需求采用适应的安全策略。在制定安全策略之前，先要确定保护的内容；再确定谁有权访问系统的哪些部分，不能访问哪些部分；然后确定有哪些手段可用来保护这些资产，应当估计和分析风险。

3. 多人负责原则

每一项与安全有关的活动，都必须有两人或多人在场。这些人应是系统主管领导指派的，他们忠诚可靠，能胜任此项工作；他们应该签署工作情况记录以证明安全工作已得到保障。

4. 任期有限原则

一般地讲，任何人最好不要长期从事与安全有关的服务，工作人员应不定期地循环任职，强制实行休假制度，并规定对工作人员进行轮流培训，以使任期有限制度切实可行。

5. 职责分离原则

除非经系统主管领导批准，在信息处理系统工作的人员不要打听、了解或参与职责以外的任何与安全有关的事情。出于安全的考虑，应将下面每组内的两项信息处理工作分开：计算机操作与计算机编程、机密资料的接收和传送、安全管理和系统管理、应用程序和系统程序的编制、访问证件的管理与其他工作、计算机操作与信息处理系统使用媒介的保管等。

三、网上支付安全管理的措施

通过分析网上支付系统面临的各种安全风险，金融机构与用户可以有针对性地采取相应的安全风险防范措施，提高风险控制能力，尽可能避免网上支付安全风险的发生。下面我们分别从金融机构和用户的角度来说明网上支付安全体系建立的安全管理对策。

1. 金融机构的安全管理措施

加入 WTO 后，我国的网上支付必须有足够强大的安全措施，否则将会危及国家的安全。网上支付的安全问题已得到了我国政府与金融界的高度重视，银行、支付平台在创建和发展网上支付时，应从以下几方面努力防范和化解网上支付的风险。

（1）加强基础设施建设。首先，商业银行、支付平台应制定正确的网上支付技术风险管理策略，对建设网上支付的技术方案进行科学论证，确保信息技术安全可靠，网上支付系统应设计严密、功能完善、运行稳定。其次，应加大网上银行、支付平台安全技术投入，提高通信网络带宽，建立灾难备份与恢复系统，增强网上银行、支付平台抵御灾难和意外事故的能力。再次，加快发展信息加密技术。近年来，世界加密技术的市场规模巨大，达到几十亿美元，并呈现迅猛发展的态势。美国在加密技术软件的开发方面占据世界领先地位，我国应尽快学习和借鉴美国等发达国家的先进技术和经验，加快网络加密技术的创新、开发和应用，包括乱码加密处理、系统自动签退技术、网络使用记录检查评定技术、人体特征识别技术等。最后，应采取有效措施防范病毒和黑客的攻击，及时更新、升级防病毒软件和防火墙，提高计算机系统抵御外部网络攻击和抗病毒侵扰的能力，增强网上银行、支付平台系统的保密性和完整性。

（2）强化用户安全意识。强化用户安全意识是防范网上支付风险的有效途径。首先，银行、支付平台要加强对用户的安全教育，在用户办理网上支付业务时，重点介绍安全使用网上支付的知识。其次，要充分利用新闻媒体对网上支付的安全风险进行宣传报道，向公众介绍犯罪分子利用网上支付盗取用户资金的各种手段，提高用户识别真伪、防范风险的能力。

（3）加强内部管理。首先，商业银行、支付平台要制定全面的网上支付业务规程和安全规范，并根据业务和技术发展情况及时修订完善，确保及时发现并处理系统运行中出现的各种问题。其次，要建立完善的内部控制机制，科学分配网上支付业务各环节的权限，构建网上支付业务流程与权限相互制约体系，加强对信息系统人员的监控。最后，要建立健全激励约束机制，加强思想政治工作，及时了解员工的思想动态，深入开展爱岗敬业活动，充分调动广大员工的积极性，降低内部违规事件出现的概率。

（4）加强网上支付相关法律与标准的建设。首先，应建立完善的网上支付法律体系，健全的法律体系是防范和化解网上支付风险的重要手段。目前我国已出台了《计算机信息网络国际联网安全保护管理办法》《电子签名法》《中华人民共和国网络安全法》（以下简称《网络安全法》）。《网络安全法》由中华人民共和国第十二届全国人民代表大会常务委员会第二十四次会议于2016年11月7日通过，自2017年6月1日起施行。该法是为保障网络安全，维护网络空间主权和国家安全、社会公共利益，保护公民、法人和其他组织的合法权益，促进经济社会信息化健康发展而制定的。以上法律构筑并完善了网上支付法律体系，给网上支付的发展提供了充分的法律保护。

同时，应加大对金融犯罪的打击力度。我国公安部门要适应形势变化的需要，提高对高科技犯罪的侦破能力，同时电信和金融行业要主动提供相关的信息资料，积极配合公安部门侦破犯罪案件，采取各种有效措施，加大对网上银行盗窃案件的查处力度，从严从重打击犯罪分子。其次，我国银行金融业还应尽快熟悉和掌握国际上有关计算机网络安全的标准和规范，制定一套较为完整的国家标准，以便我国网上银行在风险防范上与国际接轨。

2. 用户的自我安全保护措施

随着网络的普及，网上支付这种方便而快捷的交易方式越来越受到用户的青睐。用户不能一味地拒绝和回避网上支付，拒绝网上支付势必造成用户和商业银行资金运营成本的提高，降低效率，甚至错失良机。同时，又不能麻痹大意，认为网上支付是绝对安全、没有风险的，从而放松警惕。银行与商业网站虽然采取了多种安全防范措施以提高网上交易的安全性，但用户还需树立安全意识，多方面认知支付的风险并尽可能主动采取相应措施来保障自身安全。

（1）核对网址，能够识别仿冒网站与诱骗邮件。例如，要开通网上银行功能，通常事先要与银行签订协议，用户在登录网银时应留意核对所登录的网址与协议书中的法定网址是否相符，谨防一些不法分子恶意模仿银行网站，骗取账户信息；同时还要识别诱骗邮件，例如关于中奖信息的邮件，要仔细核对邮件中的链接地址，最好不打开来历不明的邮件和附件。

（2）妥善选择和保管个人ID和密码。ID与密码应避免与个人资料有关系，不要选用诸如身份证号码、出生日期或电话号码等作为密码，建议选用字母、数字混合的方式，以提高密码破解难度；密码应妥善保管，避免将密码写在纸上；尽量避免在不同的系统使用同一密码，否则一旦遗失，后果将不堪设想。

（3）保管好数字证书。即使用户登录了钓鱼网站或不慎让"木马"病毒通过诈骗等手段获得了用户的账号、密码等信息，只要保管好数字证书，用户仍然可以安全地使用网上银行。所以必须要保管好数字证书，以防数字证书等机密资料落入他人之手，从而使网上身份识别系统被攻破，网上账户遭盗用。

（4）对异常动态提高警惕。银行网站大多由专业部门管理，运行稳定，一般情况下不会出现"系统维护"的提示；若遇重大事件，系统必须暂停服务，并提前公告用户。用户要避免在陌生的网址上输入银行卡号和密码，如果遇到类似"系统维护"之类的提示，应立即拨打银行客服热线进行确认，万一发现资料被盗，应立即修改相关交易密码或进行银行账户挂失。

（5）使用安全正版的防毒软件与防火墙并及时更新版本，保护个人计算机免受病毒、木马、恶意代码的攻击，防止个人账户信息遭到黑客窃取，尽量不要在公共场所，如网吧、公共图书馆等地方的计算机上使用网上银行。

（6）消费者使用完一次网上银行服务后，切记要单击"退出登录"退出网上银行页面，以彻底退出，并关闭浏览器，及时清理上网历史记录，然后再启动浏览器进行其他浏览。

（7）堵住软件漏洞。为防止他人利用软件漏洞进入计算机窃取资料，用户应及时更新相关软件，下载补丁程序，不安装过期软件和来历不明的软件。

（8）尽可能使用强制认证手段进行交易，如网上银行专业版、安装数字证书。

（9）充分运用各项网上银行或支付网站的增值服务。用户可以申请开通银行的账户短信变动通知服务，无论存取款、转账、刷卡消费，还是投资理财，只要账户资金发生变动，在第一时间就能收到手机短信提醒，以实现对个人账户资金的实时监控；用户还可以申请开通网上银行登录提醒短信服务，在每次登录网上银行时均会短信通知用户。

（10）限制无关人员靠近个人计算机。

（11）尽可能核实商家的身份、资质、交易信誉，更多地了解商家的相关信息。

（12）记录与保留交易记录，如订单号码、商品描述页面、网上洽谈记录、网上银行办理的转账和支付等业务页面等，并定期查看"历史交易明细"、定期打印业务对账单。如果发现异常交易或账务差错，则应立即与银行或商家联系，避免损失。

（13）随着科技的发展和手机等移动设备的普及，移动支付作为一种方便快捷的支付手段越来越受欢迎。那么在使用过程中如何确保移动支付安全也非常重要。不要随意丢弃银行卡刷卡消费或使用 ATM 设备的交易凭条；不要轻易向外透露身份证件号码、账号、卡片信息等；不向任何人发送带有银行卡信息和支付信息的图片；不轻信、不回拨收到的异常信息或电话，如接到银行、支付机构打来的电话，应当重新拨打客服电话进行核实；链接免费 Wi-Fi 时不登录网上银行、手机银行、支付机构 App 进行账户查询、支付等操作，若遗失手机卡，立即致电运营商，挂失、冻结 SIM 卡，并及时到运营商网点补办手机卡（移动、联通、电信）。微信 App 账号异常可登录 http://110.qq.com冻结微信账号，通过 QQ 或手机号冻结微信。支付宝 App 账号异常可登录支付宝账户、安全中心、应急服务，冻结支付宝，还可通过拨打银行客服电话 / 银行网点 / 网银渠道冻结或销户。若要挂失云闪付，可拨打发卡银行服务热线或前往银行柜台挂失。若挂失前 72 小时内，银联云闪付卡内资金被盗刷，请在挂失后向发卡银行申请风险保障。审核通过后，资金将由银行返回至持卡人账户。还可以科学使用Ⅰ、Ⅱ、Ⅲ类户，通过分层、分类地使用账户，为个人建立资金防火墙，有效地保护个人银行账户资金和信息安全。Ⅰ类户是"钱箱"：主要用于现金存取、大额转账、大额消费、购买投资理财产品等。Ⅱ类户是"钱夹"：个人日常刷卡消费、网络购物、网络缴费，通过该账户办理。Ⅲ类户是"零钱包"：主要用于金额小、频次较高的交易，如免密交易业务等。

总之，网上支付的安全性除了要求商业银行、支付平台保证系统运行安全和数据通信安全外，用户掌握正确的使用方法和注意事项也是至关重要的，尤其是随着电子商务的飞速发展，现金交易结算正在逐步减少，取而代之的是网上支付和网上结算。正确使用网上支付工具，树立安全意识，防患于未然，即可尽享网上支付的便捷、安全与快乐；同时网上支付安全还是一项系统工程，不能仅靠用户或一个行业来解决问题，也需要依靠政府的协调和全社会的共同努力。

▶ **拓展阅读**

妥善选择和保管个人 ID 和密码

个人 ID 和密码是通过只允许知道的人访问系统的方式来保护系统的安全，是用户保护自己系统的第一道防线。攻击者则需要各种手段获取或破译用户密码对用户系统进行攻击。若黑客获取了系统管理员的权限，对系统的危害将极其严重。

我们在生活中应注意隐私的保护，例如：不要将论坛 ID 和密码告诉别人，最好设置安全问题，提高密码安全级别，以免账号被盗用于发布违规有害信息，造成严重的不良社会影响；在投资活动中应妥善保管好账户和密码，警惕木马等黑客程序，注意账户委托他人交易的风险；在工作中更要对涉密的工作信息进行有效保护，不能向外人透漏工作系统的 ID 和密码，遵守职业道德，履行保密义务，不损公肥私，更不要触犯国家法律。

个人 ID 与密码应避免与个人资料有关系，不要选用诸如身份证号码、出生日期或电话号码等作为密码，建议选用字母、数字混合的方式，以提高密码破解难度；密码应妥善保管，避免将密码写在纸上；不要轻易下载情况不明的软件，以免给黑客可乘之机；尽量避免在不同的系统使用同一密码，否则一旦遗失密码，后果将不堪设想。

单 元 小 结

网上支付的安全保障仅依靠高尖的技术手段是不够的，还需要建立良好的管理机制，这样的安全机制才是有效的。通过本单元的学习，我们对网上支付的安全衡量指标、制定网上支付安全管理策略的基本原则以及网上支付安全管理的措施有了一个全面的认识。

课堂训练与测评

分析一个实际开展电子商务的企业，如京东商城、苏宁易购、淘宝网站等保证网上支付的安全管理策略。

知 识 拓 展

通过网络搜索《计算机信息网络国际联网安全保护管理办法》《中华人民共和国电子签名法》《中华人民共和国网络安全法》，了解网络安全的法律法规。

单元三　网上支付的相关安全技术

情境导入

艾瑞市场咨询分析认为，安全性一直是困扰广大网民使用网上支付服务的一个问题，因使用支付工具等发生的洗钱、盗窃等案件，一直让人心有余悸。由于对网上支付安全性的担忧，有 80.9% 的网民希望网上支付服务安全更有保障，支付安全是支付企业的生命线，是支付行业的发展瓶颈，是广大网民最关心的问题。"工欲善其事，必先利其器"，网络信息安全的先进安全技术是网上支付平台的安全性保障。基于此，支付行业尤其是支付企业对网上支付的安全工作也做出了不懈的努力。由于某些风险防范技术措施只是大多数网民在使用，支付行业没有意识到它的存在和价值。那么可以采用哪些网络安全技术来防范网上支付的安全风险呢？本单元中，我们将对网上支付的安全技术进行全面的阐述。

> 安全技术是信息网络技术中较为尖端的技术，只要运用得当，配合相应的安全管理措施，就能基本保证电子商务中的网上支付安全。应用了这些安全技术的网上支付是比较安全的，随着信息网络安全技术的进步与信用机制的完善，网上支付与结算一定会越来越安全。因此，我们必须对网上支付的安全技术有一个全面的认识。本单元中，我们将学习保证网上支付平台安全的防火墙技术，保证数据机密性的私有／公开密钥加密技术，保证数据完整性的数字摘要与数字签名技术，能在 Internet 上有效认证网上支付双方的真实身份，安全有效地传递公开密钥的数字证书等安全保障技术及其安全协议的基本知识。

一、访问控制技术与应用

1. 防火墙技术

（1）防火墙的定义。最典型的访问控制产品是防火墙。防火墙（Fire Wall）是一个由软件和硬件组合而成的、设置在不同网络（如可信任的企业内部网和不可信任的公共网）或网络安全域之间的保护屏障，如图 2-2 所示。它是不同网络或网络安全域之间信息的唯一出入口，能根据企业的安全政策控制（允许、拒绝、监测）出入网络的信息流，实现访问控制，且本身具有较强的抗攻击能力。它是提供信息安全服务、实现网络和信息安全的基础设施；在逻辑上，防火墙是一个分离器，一个限制器，也是一个分析器，有效地监控了内部网和互联网之间的任何活动，保证了内部网络的安全。

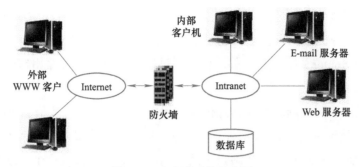

图 2-2 防火墙系统示意图

（2）防火墙的功能。防火墙通常有"门"和"闸"两部分。前者的功能是在网络之间移动数据，体现信息传输的功能；而后者则将未授权的数据移动进行过滤，以保证网络的安全，体现管理控制的功能，正如配置了警卫的物理围墙一样。具体地说，作为防火墙的系统设备具有以下功能：

1）由内部安全的 Intranet 到外部不安全的 Internet 的访问和由外到内的访问都必须通过防火墙监控，体现双向功能。

2）设置用户认证等安全控制机制，只有本地安全策略所定义的合法访问才被允许通过防火墙。

3）防火墙本身无法被穿透。

4）明确 Intranet 的边界。防火墙能够保护站点不被任意连接，甚至建立反向跟踪工具，帮助总结并且记录有关正在进行的连接资源、服务器提供的通信量，以及试图闯入者的任何企图。美国军方在防火墙上已经建立了面向世界范围的网上反向黑客追踪系统，以有效辅助追捕非法入侵者。

（3）防火墙的种类。目前按防火墙采用的技术分类，防火墙主要分为包过滤型防火墙、代理服务器型防火墙（应用级防火墙）、状态监测型防火墙等。

1）包过滤型防火墙。包过滤技术是在网络层中对数据包实施有选择的通过，依据系统内事先设定的过滤逻辑，检查数据流中每个数据包后，根据数据包的源地址、目的地址、所用的 TCP/UDP 端口与 TCP 链路状态等因素来确定是否允许数据包通过。包过滤技术的核心是安全策略，即过滤算法的设计。

在 Internet 这样的 TCP/IP 网络上，所有往来的信息都被分割成许多一定长度的信息包，信息包中包含发送者的 IP 地址和接受者的 IP 地址信息。当这些信息包被送上 Internet 时，路由器读取接受者的 IP 地址并且选择一条合适的物理线路发送出去，信息可能经由不同的线路抵达目的地，当所有的信息包抵达目的地后重新组装还原。

包过滤型防火墙是面向网络层和传输层的，它根据事先设定的过滤规则，检查流经防火墙的 TCP/IP 封包头文件中的字段值，根据 IP 数据包的源 IP 地址和端口号、目标 IP 地址和端口号以及 TCP 链路状态等因素，在网络层对数据包实施有选择的通过。这样由一组网络关联所形成的过滤逻辑就列入了存取控制表中。数据流到达防火墙服务器时，包过滤器检查数据流中每一个 IP 包的网络关联信息，将符合过滤逻辑的 IP 包转发到目的地址，否则就拒绝通过，并加以删除。通常，可以将包过滤器（Package Filter，PF）和路由器（Router）结合在一起，构成包过滤路由器，这种路由器既具有选择功能和转发功能，又具有过滤功能。

因此，包过滤型防火墙就是在信息传输过程中检查所有通过的信息包中的 IP 地址，按照系统管理员给定的许多过滤规则进行过滤，这属于网络级防护。例如：若防火墙设定某个 IP 地址如"10.20.64.1"的站点不适宜访问的话，那么从这个地址来的所有信息都会被防火墙屏蔽掉；浙江大学的图书馆电子资源只对浙江大学校园网 IP 地址的主机开放，而其他大学的师生的 PC 就不能连接访问。

包过滤技术速度快、实现方便，但审计功能差。过滤规则的设计存在着矛盾关系，过滤规则简单则安全性差，过滤规则复杂则管理困难。因此，包过滤型防火墙的优点主要是应用简单、处理速度快，通常作为第一道网络安全防线，进行网络级防护；但包过滤型防火墙也存在明显不足，它虽然能阻挡别人进入内部网络，但不能在应用级别上进行过滤，即不能鉴别不同用户和防止 IP 地址盗用，缺少身份验证，对高层协议信息无理解能力。所以黑客常常利用"IP 地址欺骗"和"同步风暴"等方式攻击或欺骗包过滤型防火墙。另外包过滤型防火墙还具有配置烦琐的缺点。因此，单纯的包过滤型防火墙提供的安全防护功能很有限。

2）代理服务器型防火墙（应用级防火墙）。代理服务器型防火墙也就是通常提到的应用级网关，它运行的代理服务软件即应用级防火墙，在应用级别上提供安全防护服务。应用级网关适用于特定的 Internet 服务，如在电子商务活动中主要采用的 http、telnet 及 ftp 服务等。代理服务器通常运行在两个网络之间，它对客户来说像一台真的服务器，而对于 Web 服务器来说，它又是一台客户机。

代理服务器型防火墙的应用原理是当其接收用户对自己代理的某 Web 站点的访问请求后，检查请求是否符合规定，如果规则允许用户访问站点时，代理服务器代理用户去那个站点取回所需要的信息，再转发给用户，体现"应用代理"的角色。代理服务器型防火墙的应用原理如图 2-3 所示。

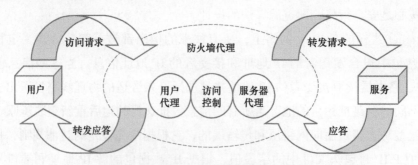

图 2-3　代理服务器型防火墙的应用原理

配置两块网卡的双宿主机代理服务器就是应用级防火墙的典型示例。两块网卡各自配置 IP 地址，分别与内外网络连接。

作为应用级网关的代理服务器像"一堵墙"一样，挡在内部网和外界网络之间。从外部网络只能看到该代理服务器而无法知晓内部网的任何内部资源信息，诸如用户的真实 IP 地址等；访问业务都由"守规矩"的代理服务器完成，这样就大大减少了安全事故发生的机会与概率。因此，应用代理服务技术的应用级网关提供的是应用层次上的安全防护，比网络级别上的单一包过滤型防火墙更为安全、可靠，且会详细地记录所有的访问状态信息，以利于分析与追踪。

但代理服务器型防火墙也有不足之处：由于需要代理服务，使网络访问速度变慢；因为不允许用户直接访问网络，因而应用级网关需要对每个特定的 Internet 应用服务安装相应的代理服务软件，比较麻烦，且维护量大；同时用户不能使用未被服务器支持的网络服务，对每类应用服务需要特殊的客户端软件，同时还要进行一些相关设置，透明性较差。

3）状态监测型防火墙。状态监测型防火墙就是使用一个在网关上执行网络安全策略的软件模块，称为监测引擎，它是最新一代即第三代防火墙技术。状态监测型防火墙的应用原理是用监测引擎软件在不影响网络正常运行的前提下，采用抽取有关数据的方法对网络通信的各层实施监测，抽取状态信息，并动态地保存起来，作为执行安全策略的参考。当用户的访问请求到达网关的操作系统前时，由状态监视器抽取有关数据进行分析，然后结合网络的安全配置和安全规定做出接纳、拒绝、身份认证、报警或给该通信加密等处理动作。一旦某个网络访问违反安全规定，它就会拒绝该访问，报告有关状态并做日志记录。

由于状态监测型防火墙的监测引擎支持多种协议和应用程序，且可容易地实现应用和服务的扩充，因此这种防火墙具有非常好的安全特性。

同时，状态监测型防火墙产品一般还带有分布式探测器。这些探测器安置在各种应用服务器和其他网络节点之中，不仅能够监测来自网络外部的攻击，而且对来自内部的恶意破坏也有极强的防范作用。状态监测型防火墙的另一个优点是它会监测无连接状态的远程过程调用（RPC）和用户数据包（UDP）之类的端口信息，而包过滤型防火墙和应用级网关都不支持此类应用。

虽然状态监测型防火墙在安全性上已超越了包过滤型和代理服务器型防火墙，但由于状态监测型防火墙技术的实现成本较高，配置比较复杂，所以目前防火墙产品仍然以代理服务器型防火墙产品为主，但在某些方面也已经开始使用状态监测型防火墙，如用户可以有选择性地使用某些监测型技术。

很多防火墙产品为适应实际需求，往往混合采取上述多种技术，如复合型防火墙就是把包过滤的方法和基于代理服务的方法结合起来，形成的新型的防火墙产品。结合上述几种防火墙技术的优点，可以产生通用、高效和安全的防火墙。目前，除了基于以上三种技术的防火墙以外，又出现了许多新技术，如动态包过滤技术、网络地址翻译技术、加密路由器技术等。防火墙技术将不断向着高度安全性、高度透明化的方向发展。

总之，防火墙是保证内部网络整体安全的有效手段，但不是绝对的手段。设置防火墙的目的只是加强安全性，而不能绝对保证被保护网络（如网络银行系统）的安全。因此，在防火墙的选择上，需要建立一个符合需要的防火墙，要根据自身的安全需求程度制定一个符合实际需要的安全防护策略，在安全性能、防护成本、用户应用性能等几方面综合权衡，尽量组合几种技术，如包过滤、代理服务、状态监测等。例如，在电子商务网上支付活动中，防火墙不仅要为银行后台网络提供各种安全保护功能，也要具有足够的透明性和网络性能，保证正常支付结算业务的即时处理；否则，客户上网购物支付时半天也支付不了，银行网络再安全也没有意义。

2. 基于角色的访问控制技术

除了网络层的访问控制要求，网上支付系统应用层一般设计了对用户的基于角色的访问控制技术。基于角色的访问控制的基本思想是将权限与角色联系起来，在系统中根据应用的需求为不同的工作岗位创建相应的角色，同时根据用户职务和责任指派合适的角色，用户通过所指派的角色获得相应的权限，实现对文件的访问。

总之，网上支付公司、银行、网上商城、用户等应根据各自不同的业务特性和需求，使用防火墙技术和基于角色的访问控制技术等，合理制定彼此之间安全域边界的访问控制策略。

二、数据机密技术

机密技术是保护信息安全的主要手段之一，它是结合数学、计算机科学、电子与通信等诸多学科于一身的交叉学科。它不仅具有保证信息机密性的信息加密功能，而且还可以利用其他基本原理进行数字签名、身份验证以及维护系统安全等。使用密码技术不仅可以保证信息的机密性，而且还可以保证信息的完整性和确切性，防止信息被篡改、伪造和假冒。

数据机密技术与密码编码学和密码分析学有关。密码编码学是为了设计出安全的密码体制，防止被破译；密码分析学则是研究如何破译密文的。这两门学科结合起来就称为密码学。加密和解密过程包括两个元素：加密算法和密钥。加密算法是基于数学计算方法将普通的文本（或者可以理解的信息）与一串字符串（密钥）相结合，产生不可理解的密文的步骤；密钥，英文 Keyword，它是用来对文本进行编码和解码的数字，其加密或解密变换是由密钥控制来实现的。

加密就是使用加密密钥通过加密设备或数学算法来重新组织数据，将某些重要信息和数据从一个可以理解的明文形式变换成一种复杂错乱的、不可理解的形式，这种不可理解的内容叫作密文，这个过程就是加密。解密是加密的逆过程，即合法接收者用解密密钥将密文还原成原来的可以理解的明文。如果传输过程中有人窃取，他只能得到无法理解的密文，从而对信息起到保密作用。

一个加密系统数学符号描述如下：

$$S=\{P,\ C,\ K,\ E,\ D\}$$

式中　　P——明文，也就是原文，需要加密的信息；

　　　　C——密文，是 P 经过加密后产生的信息；

　　　　K——密钥，密码算法中的一个参数；

　　　　E——加密算法；

　　　　D——解密算法。

对于每个密钥 K，都有对应的 E_k 和 D_k，并且 $C=E_k（P）$，$P=D_k（C）$。

数据的加密和解密过程如图 2-4 所示。

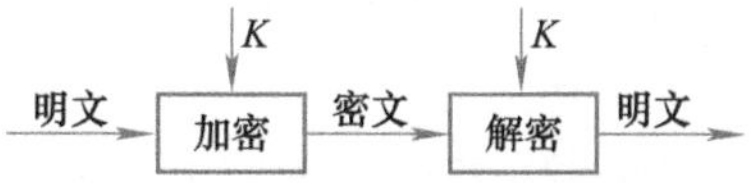

图 2-4　数据的加密和解密过程

我们可以用比较古老的加密算法说明一个加密和解密的过程，如用加法代替密码（移位）加密就是将明文字母向后移位形成密文。让 26 个字母 A，B，C，...，X，Y，Z 的自然顺序保持不变，但要让它们与 D，E，F，...，A，B，C 分别对应，即相差 3 个字母的顺序，见表 2-1。这条规则就是加密算法，其中 3 就是密钥。如果要发送一个军事命令给前线，明文为"今晚 8 点发动总攻"即"JIN WAN BA DIAN FA DONG ZONG GONG"，加密后得到密文"MLQ ZDQ ED GLDQ ID GRQJ CRQJ JRQJ"。不知道算法和密钥的人，是不能将这条密文还原成明文的。

表 2-1　移位加密算法表

A	B	C	D	E	F	G	H	I	J	K	⋯	R	S	T	U	V	W	X	Y	Z
D	E	F	G	H	I	J	K	L	M	N	⋯	U	V	W	X	Y	Z	A	B	C

根据密钥的特点，可以将密码体制分为单密钥密码体制（也称对称密码体制或私有密钥密码体制）和双密钥密码体制（也称非对称密码体制或公开密钥密码体制）。

1. 对称密钥加密法

（1）对称密钥加密法的定义与应用原理。对称密钥加密（Symmetric Key Cryptography）也称单密钥加密或私有密钥加密，是指在计算机网络甲、乙两用户之间通信时，发送方甲为了保护传输的明文信息不被第三方窃取，采用密钥 A 对信息进行加密而形成密文 M 并且发送给接收方乙，接收方乙用同样的一把密钥 A 对收到的密文 M 进行解密，得到明文信息，从而完成密文通信的方法。这种信息加密传输方式就称为对称密钥加密法。由于密文 M 在网络传输过程中谁也看不懂，就算在网络中途被窃取或被复制也会由于没有密钥 A 而非常难以破译，这样就保证了甲、乙之间信息传输的安全。

对称密钥加密模型如图 2-5 所示。

图 2-5　对称密钥加密模型

对称密钥加密法中加密密钥和解密密钥相同，或者虽然不同，但是由其中一个可以很容易地推导出另一个。因此，信息发送方和信息接收方拥有的为相同或可互推的密钥，这就要求必须保证密钥的绝对安全与保密。信息发送方与信息接收方谁也不能把密钥泄露给其他人，若一方泄露了密钥就必须停止该密钥的使用。只要将密钥保护好，使密钥只有通信的双方知道，任何第三方都得不到密钥，通信双方所传送的信息内容就无法被窃取了。

（2）对称密钥加密法的常用算法。目前，国际上某些专业组织机构研发了许多对称密钥加密算法，比较著名的有 DES、AES、IDEA 以及 RC4、RC5 等算法。

DES（Data Encryption Standard，数据加密标准）算法由美国国家标准和技术研究院（NIST）在 1977 年公布实施，是目前广泛采用的对称密钥加密法之一，DES 算法综合运用了置换、迭代等多种密码技术。它面向二进制设计，数据分组长度为 64b（8B），加密后的密文分组长度仍为 64b，没有数据扩展。DES 算法中密钥也是 64b，其中 8 位为校验位（检查传输过程中是否有数据出错或丢失），有效的密钥长度为 56b。通过替代和置换对数据进行变换，将密钥分解成 16 个子密钥，每个子密钥控制一次变换过程，共进行 16 次变换，生成密文。解密与加密的密钥和流程完全相同，只是所用密钥次序相反。三重 DES 是 DES 的一种变形，最早由塔奇曼（Tuchman）提出，这种方法使用两个独立的 56b 密钥对交换的信息进行三次加密，从而使其有效密钥长度达到 112b，更加安全。

目前，随着计算机技术的进步，破解 DES 算法的方法也日趋增多，这将促使更加安全的高级加密标准 AES 成为 DES 的替代者，成为新一代的加密标准。AES 采用 Rijndael 算法，仍是分组密码，但分组长度和密钥长度都可以改变。分组长度、密钥长度可分别独立设定为 128b、192b 或 256b。

International Data Encryption Algorithm，IDEA（国际数据加密算法）完成于 1990 年，开始时称为 PES 算法，1992 年被命名为 IDEA 算法。其分组长度为 64b 的分组密码，但密钥长度为 128b，大大提高了安全性。因此，IDEA 算法比 DES 算法的加密性好，且对计算机功能要求也没有那么高。

RC4 算法是 RSA 数据安全分公司的对称密钥加密专利算法。RC4 算法不同于 DES 算法，它是采用可变密钥长度的算法。通过规定不同的密钥长度，RC4 算法能够按不同需求动态提高或降低安全的程度。RC5 算法在 1994 年被开发出来，其前身 RC4 算法的源代码在 1994 年 9 月被人匿名张贴到 Cypherpunks 邮件列表中，泄露了 RC4 算法。RSA 数据安全公司的很多产品都已经使用 RC5 算法。

（3）对称密钥加密法的优缺点。对称密钥加密法的主要优点是加解密速度快。由于加解密应用同一把密钥，而且应用简单，适用于专用网络中通信各方相对固定的情况，如在金融通信专网、军事通信专网、外交及商业专网的加密通信。对于数据量大的文件传送，利用对称密钥加密法是比较有效率的。

同时，对称密钥加密法也存在着以下一些问题：

1）对称密钥难以满足开放式计算机网络环境的需求和在 Internet 上开展电子商务安全性方面的要求。在对称密钥加密体制中，系统的安全性主要取决于密钥的保密性，加解密使用相同密钥，因此在通信前必须实现交换密钥，即需要通过安全可靠的途径传递密钥，而通过 Internet、电话通知、邮寄、专门派人传送等方式均存在一些安全问题。

2）若用户与多方通信时，不便于密钥的分配与管理。如果一个用户与多方通信采用相同的密钥，那么与它通信的各方也必须使用该密钥才可以保证信息的解读。这样，由于多方使用相同的密钥，则导致任意一方都可截获其他各方的信息并解读，而且一旦密钥被破译或泄露，与此密钥通信的各方都会受到损失，后果更加严重。若用户与多方通信采用不同的密钥，如当网络中有 n 个用户时，将至少需要 $n(n-1)/2$ 个通信密钥。对于任一用户来讲，至少需要拥有 $n-1$ 个密钥，才能与网络中其他 $n-1$ 个用户进行加密通信。当然，这在专用网应用还可以，但对于 Internet 这样的大型、公众的网络来说，用户几乎是无限多的，分布很广，密钥量将是一个无穷数，这样密钥的分配和保存就成了大问题。

3）不能进行用户身份的认定。采用对称密钥加密法可实现信息加密传输，解决了数据的机密性问题，由于加解密使用同一把密钥，因此不能认证信息发送者的身份。

以上不足和电子商务的发展需求，可以通过非对称密钥加密法解决和满足。

2. 非对称密钥加密法

（1）非对称密钥加密法的定义与应用原理。非对称密钥加密（Asymmetric Key Cryptography）也称双密钥加密或公开密钥加密，与对称密钥加密法的加解密用同一把密钥的原理不同，非对称密钥加密法的加解密所用的密钥是不相同的，也是不对称的，因此称其为非对称密钥加密法。该加密法是指在计算机网络甲、乙两用户之间进行通信时，发送方甲为了保护传输的明文信息不被第三方窃取，采用密钥 A 对信息进行加密，形成密文 M 并且发送给接收方乙，接收方乙用另一把密钥 B 对收到的密文 M 进行解密，得到明文信息，完成密文通信的方法。由于密钥 A 和密钥 B 这两把密钥中，其中一把为用户私有，另一把对网络上的大众用户是公开的，所以这种信息加密传输方式也称为公开密钥加密法。

在非对称密钥体制中，需要用户掌握两个不同的密钥：一个是可以公开的密钥，称其为公钥（Public Key）；另一个则是秘密保存的密钥，称其为私钥（Private Key）。

非对称密钥体制有两种基本模型：①认证模型，②加密模型。非对称密钥加密模型如图2-6所示。

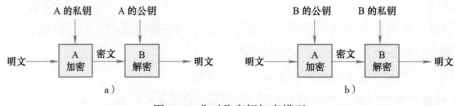

图 2-6 非对称密钥加密模型

a）认证模型　b）加密模型

（2）非对称密钥加密法的常用算法。非对称密钥加密法的常用算法主要有 RSA 算法、ECC 算法、DSA 算法。它们的安全性都是基于复杂的数学难题，都被认为是安全和有效的。

RSA 算法是非对称加密领域内最为著名的算法，也是应用最广泛的。RSA 算法名称取自它的三位创始人的名字里维斯特（Rrivest）、萨莫尔（Shamir）、阿德曼（Adleman）的第一个字母。RSA 算法基于一个十分简单的数论事实：将两个大素数相乘十分容易，但那时想要对其乘积进行因式分解却极其困难，因此可以将乘积公开作为加密密钥。RSA 算法是目前最有影响力的公钥加密算法，它能够抵抗目前为止已知的绝大多数的密码攻击，已被 ISO 推荐为公钥数据加密标准。目前，电子商务中大多数使用非对称密钥加密法进行加解密和数字签名的产品和标准使用的都是 RSA 算法。由于 RSA 算法密码体制使用大数，所以产生密钥比较麻烦，受到素数产生技术的限制；而且它的运算速度很慢，无论是软件还是硬件实现，速度是 RSA 算法的一大缺陷，因此一般 RSA 算法只用于少量数据的加密。

RSA 算法中的密钥长度从 40～2 048b 不等，加密时也把明文分成块，块的大小可变，但不能超过密钥的长度，RSA 算法把每块明文转化为与密钥长度相同的密文块。密钥位数越长，加密效果越好，但密钥长度的增加导致其加解密的速度大为降低，硬件实现也变得越来越难，这给 RSA 算法的应用带来了很重的负担，所以要在安全与性能之间进行折中考虑，但特殊的如网络支付中的密码传送业务等密钥位数又可能较长。就目前来说，对 RSA 算法的攻击威胁来自两个方面：计算能力的不断增强和因子分解算法的不断改善。因此，需要谨慎选取 RSA 算法的密钥大小。可以预计，在这两方面还会继续取得突破，在将来一段时间内，一个 1 024～2 048b 的密钥是合理的，但这样又会导致加解密速度变慢，这对进行大量安全交易的电子商务站点来说会引起比较严重的后果。

ECC 算法。1985 年，尼尔·科布利茨（N. Koblitz）和维克多·米勒（V. Miller）分别提出了 ECC 算法（椭圆曲线加密算法），其安全性依赖于椭圆曲线点群上离散对数问题的难解性。ECC 算法可以用少很多位数的密钥取得和 RSA 算法相等的安全性，减少了处理负荷，成为 RSA 算法的挑战者。

（3）非对称密钥加密法的优缺点。

1）非对称密钥加密法的优点。

① 认证较为方便。也许你并不认识某个商务实体，但只要你的服务器认为该实体的带公钥的数字证书是可靠的，就可以进行安全通信，这正是 Web 商务业务所要求的，如使用信用卡进行网络支付购物。

② 分配简单。非对称密钥加密法解决了大量网络用户密钥管理的难题，非对称密钥可以像电话号码一样，告诉每个网络成员与商业伙伴，需要好好保管的只是一个私人密钥。可见，密钥的保存量比私有密钥加密少得多，密钥管理也比较方便，可像收集电话号码一样收集所有成员的公钥。

③ 非对称密钥加密法能够很好地支持完成对传输信息的数字签名，解决数据的否认与抵赖问题。

2）非对称密钥加密法的缺点。非对称密钥加密法存在的主要问题是算法的运算速度较慢，较对称密码算法慢几个数量级。在实际的应用中通常不采用这一算法对信息量大的信息进行加密，只用于少量数据的加密，如信用卡号、网络银行的密码、对称密钥的加密。

在实际应用中，通常是将对称密钥加密法和非对称密钥加密法结合起来使用，即信息用对称密码加密，而对称密码的密钥用接收方公钥密码的公钥加密，接收方收到密文后用自己的私钥解密出对称密钥，再用对称密钥解密出明文，也就是数字信封技术，这样就实现了对称密钥的分配并提高了加解密速度。

三、抗抵赖技术

1. 数字摘要

电子商务中通信双方在互相传送如电子合同、电子支票等数据信息时，不仅要对相关数据进行保密，不让第三者知道，而且还要知道数据在传输过程中有没有被别人改变，也就是要保证数据的完整性，数字加密技术只能解决信息的保密性问题，对于信息的完整性则可以用数字摘要技术来保证。

（1）数字摘要的定义。数字摘要（Digital Digest）是发送者对被传送的一个信息报文根据某种数学算法算出一个信息报文的摘要值，并将此摘要值与原始信息报文一起通过网络传送给接收者，接收者应用此摘要值检验信息报文在网络传送过程中有没有发生改变，以此判断信息报文的真实与否。

（2）数字摘要的应用原理。数字摘要是由哈希（Hash）算法计算得到的，所以也称哈希值。Hash 算法是罗纳德·里维斯特（Ronald Rivest）发明的一种单向不可逆的数学算法，信息报文经此算法处理后，能产生一份数字摘要，但不可能由此数字摘要用任何算法还原为原来的报文，这样就保护了信息报文的机密性。同时，不同的信息报文通过 Hash 算法所产生的数字摘要必不相同，对原文数据哪怕改变一位数据，数字摘要也会发生很大变化；而相同的信息报文产生的数字摘要必定相同。因此，数字摘要类似于人类的"指纹"，可以通过摘要去鉴别原文的真伪。

数字摘要的使用过程如图 2-7 所示。

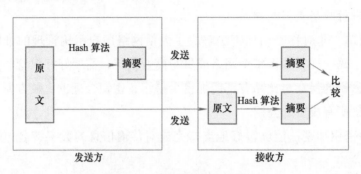

图 2-7　数字摘要使用过程

（3）常用的 Hash 算法。目前使用的数字摘要常用算法如 RSA 数据安全公司提出的报文摘要算法（MD2、MD4、MD5）和安全散列算法（Secure Hash Algorithm，SHA）等，都是以 Hash 函数算法为基础的，所以这些算法也称 Hash 编码法。

MD2、MD4 和 MD5（MD Standards for Message Digest）是由 RSA 数据安全公司创始人罗纳德·里维斯特发明的报文摘要算法。该编码算法采用单向 Hash 函数将需加密的明文"摘要"成一串 128b 的密文，这一串密文亦称为数字指纹（Digital Fingerprint）。它有固定的长度，且不同的明文摘要成密文，其结果总是不同的，而同样的明文其摘要则必定一致。这样，这串摘要便是验证明文是否为"真身"的"指纹"。其中 MD2 最慢，MD4 最快，MD5 是 MD4 的一个变种。

SHA 算法是一种报文摘要算法，它产生 160 位的散列值。SHA 已经被美国政府核准为标准，即 FIPS180-1 Secure Hash Standard（SHS），FIPS 规定必须用 SHA 实施数字签名算法。在产生与证实数字签名过程中用到的 Hash 函数也有相应的标准规定。

2. 数字签名技术

PDF 文件的数字签名

在传统商务的合同或支付单据中，人们签名或盖章，这个手工的签名或印章通常有两个作用：①证明支付单据是由签名者发送并认可的，不可抵赖，负有法律责任；②保证信件的真实性，不是伪造的，非经签名者许可不许修改。而在电子商务中，为了保证电子合同以及网络支付电子单据的真实性和不可否认性，可以使用类似手工签名功能的数字签名，如在电子支票上的签名认证等。

代码文件数字签名方法

（1）数字签名的定义。数字签名（Digital Signature）是指在要发送的信息报文上附加一个特殊的唯一代表发送者个人身份的标记（数字标签），以此来证明信息报文是由发送者发来的。数字签名是密钥加密和信息摘要相结合的技术，即把 Hash 函数和公钥算法结合起来，可以在提供数据完整性的同时，保证数据的真实性与不可否认性。完整性是指传输的数据没有被修改，真实性是指确实由合法者产生的 Hash 函数而不是由其他人假冒。数字签名类似于文档的签名，以防止抵赖行为。

（2）数字签名的应用原理。将报文按双方约定的 Hash 算法计算得到一个固定位数的报文摘要值，然后把该报文摘要值用发送者的私人密钥（Private Key）加密，所得的加了密的摘要值即为数字签名，并将密文同原报文一起发送给接收者，接收者用发送者的公开密钥对数字签名进行解密，若解密出的数字签名与计算出的相同，则可确定发送者的身份是真实的。这样，只要拥有发送者的公开密钥的人都能够验证数字签名的正确性，而只有真正的发送者才能用数字签名，这也就完成了对发送者身份的鉴别。数字签名的基础是密码技术，目前较多使用的是公钥加密体制，以此实现数字签名，用于数字签名的公开密钥密码算法一般选用 RSA 算法。

用公开密码体制实现数字签名的原理非常简单，数字签名的过程如图 2-8 所示。

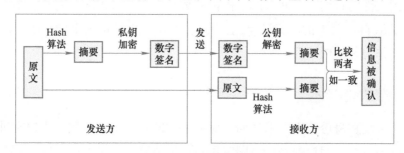

图 2-8　数字签名的过程

1）对原文使用 Hash 算法得到信息摘要。
2）发送者用自己的私钥对信息摘要加密。
3）发送者将加密后的信息摘要与原文一起发送。
4）接收者用发送者的公钥对收到的加密摘要进行解密。
5）接收者对收到的原文用 Hash 算法得到接收方的信息摘要。

文档的数字
签名与验证

6）将解密后的摘要与接收方摘要进行对比，相同说明信息完整且发送者身份是真实的，否则说明信息被修改或不是该发送者发送的。

由于发送者的私钥是自己严密管理的，他人无法仿冒，同时发送者也不能否认用自己的私钥加密发送的信息，所以数字签名解决了信息的完整性和不可抵赖性问题。

文档数字签名
软件安装与使用

3. 数字时间戳

在电子商务交易中，时间和签名同等重要。数字时间戳（Digital Time-Stamp，DTS）是由专门机构提供的电子商务安全服务项目，用于证明信息的发送时间。

需要数字时间戳的用户首先将文件用 Hash 算法加密得到摘要，然后将摘要发送到提供数字时间戳服务的专门机构，DTS 机构对原摘要加上日期和时间信息以后，用自己的私钥加密，然后发还给原用户，获得数字时间戳的用户就可以将它再发送给自己的商业伙伴以证明信息的发送时间。数字时间戳的获得过程如图 2-9 所示。

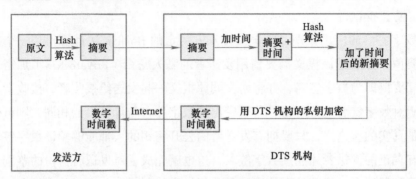

图 2-9　数字时间戳的获得过程

数字时间戳是一个经加密后形成的凭证文档，包括三个部分：时间戳的文件摘要、DTS 机构收到文件的日期和时间、DTS 机构的数字签名。必须注意的是，书面签署文件的时间是签署人自己写上的，而数字时间戳则是由 DTS 机构加上的，DTS 机构是以收到文件的时间作为确认依据的。

四、身份认证技术

网上支付系统在身份鉴别技术方面，应采用双向身份鉴别机制。用户在进行支付操作中不仅是服务器验证用户的身份，同时用户也需要验证服务器的身份，以防止"网络钓鱼"之类的攻击方式。"用户名＋口令"是最基本的身份鉴别方式。随着支付业务安全需求的不断上升，又出现了其他身份鉴别方式，主要包括动态密码技术、预留信息验证技术、数字证书、人脸识别认证等。

1. 动态密码技术

（1）动态口令卡。动态口令卡相当于一种动态密码。口令卡上以矩阵的形式印有若干字符串，用户在进行对外转账、BtoC 购物、缴费等支付交易时，支付系统就会随机给出一组口令卡坐标，用户根据坐标从卡片中找到口令组合并输入支付系统。只有当口令组合输入正确时，用户才能完成相关交易。这种口令组合是动态变化的，使用者每次使用时输入的密码都不一样，交易结束后即失效，从而杜绝不法分子通过窃取用户密码盗窃资金，保障电子支付安全。中国工商银行网络银行的动态口令卡如图 2-10 所示。

（2）动态口令系统。动态口令系统由用户端的动态口令牌和应用系统端的认证服务器组成。认证服务器是整个系统的核心部分，与应用系统服务器通过局域网相连，对所有使用支付系统的用户进行身份认证。用户登录应用系统时，依据安全算法，认证系统会在动态口令牌的专用芯片和认证服务器上同时生成动态密码。经过比较，若双方密码相同，则为合法用户，否则为非法用户。动态密码每分钟变化一次。用户端的动态口令牌使用起来非常简单，用户登录前，只要根据令牌上显示的当前动态密码，再加上一个个人识别码登录即可。

| 电子银行口令卡正面 | 电子银行口令卡背面
（覆膜刮开后的示意图） |

图 2-10　中国工商银行网络银行的动态口令卡

一般用户端密码令牌的外形类似于小型 U 盘，中国银行的动态口令牌如图 2-11 所示。用户端动态口令牌具有如下安全功能：

图 2-11　中国银行的
动态口令牌

1）动态密码：每次实时生成不同的密码，避免了因静态密码被盗导致的账户安全风险。

2）一次性密码：产生的动态密码只能被用户使用一次，无法重复使用。一次性密码增强了安全性。

3）随机性：动态密码是随机生成、无规律的。即使本次密码被窃取，也难以由此猜出下次的密码。

4）不可拆解：为了防止非法持有者通过改动动态口令牌内部零件窃取密码，动态口令牌不能拆解，一旦强行拆解，动态口令牌将会自动报废。动态口令牌的电池，也都是一次性的。

2. 预留信息验证技术

"预留信息"是为帮助用户有效识别电子支付站点、防范不法分子利用假网站进行网上诈骗的一项服务。一般在电子支付系统中预先记录一段文字或图片，当登录电子支付网站进行支付时，网页会自动显示用户的预留信息，以便验证是否为真实的电子支付网站。如果网页上没有显示预留验证信息或显示的信息与用户的预留信息不符，应该立即停止交易并拨打电子支付公司客户服务电话。

3. 数字证书

（1）数字证书的基本概念。数字证书（Digital Certificate 或 Digital ID）是网络通信中标志通信各方身份信息的一系列数据，提供了一种在 Internet 上验证身份的方式，其作用类似于现实生活中的身份证。数字证书是由权威公正的第三方机构，即 CA 签发的。以数字证书为核心的加密技术可以对网络上传输的信息进行加解密、数字签名和签名验证，以此来确保网上传递信息的机密性、完整性，交易主体身份的真实性，签名信息的不可抵赖性，从而保障网络应用的安全性。

数字证书利用一对互相匹配的密钥进行加解密。每个用户自己设定一把特定的、仅为本人所知的私钥，用它进行解密和签名；同时设定一把公钥并由本人公开，为一组用户所共享，用于加密和验证签名。当发送一份保密文件时，发送方使用接收方的公钥对数据加密，而接收方则使用自己的私钥解密，这样信息就可以安全无误地到达目的地，即使被第三方截获，由于没有相应的私钥，第三方也无法解密。

（2）数字证书的内容。数字证书是一个经证书授权中心数字签名的包含公开密钥拥有者信息以及公开密钥的文件。目前，证书的格式一般采用 X.509 国际标准。一个标准的 X.509 数字证书包括如下内容（如图 2-12 所示）：

图 2-12　数字证书的详细信息

数字证书的导入

数字证书的导出

1）证书的版本信息。

2）证书的序列号，每个证书都有一个唯一的证书序列号。

3）证书所使用的签名算法。

4）证书的发行机构名称。

5）证书的有效期，现在通用的证书一般采用 UTC 时间格式，它的计时范围为 1 950 ～ 2 049。

6）证书主题或使用者。

7）证书所有人的公开密钥信息。

8）其他额外的特别扩展信息。

9）证书发行者对证书的数字签名。

（3）数字证书的分类。数字证书根据用途、证明实体的不同，分为很多种类，现在常用的一般有以下几种类型：

1）个人身份证书（用户证书），用来表明和验证个人在网络上的身份的证书，个人的数字证书是唯一的，它确保了网上交易和作业的安全性和可靠性，可以用于网上支付、网上炒股、网上保险、网上理财、网上缴费、网上购物、网上办公等。

2）企业身份证书，用来表明和验证企业用户在网络上的身份的证书，它确保了企业网上交易和作业的安全性和可靠性，可应用于网上证券、网上办公、网上缴税、网上采购、网上资金转账、企业网上银行等。

3）服务器数字证书（站点证书），主要用于电子商务交易或支付企业的服务器，标志该企业在互联网中的身份，需要和网站的 IP 地址、域名绑定，以保证该企业网站的真实性和不被人仿造。其目的是保证用户计算机和服务器之间交易及支付时双方身份的真实性、安全性和可信任度等。

4）企业代码签名证书，Netscape 版企业代码签名证书代表软件开发者身份，用于对其开发的软件进行数字签名。使用 Netscape 浏览器申请，储存于 Netscape 个人用户目录下，专用于 Netscape 浏览器。Internet Explorer 版企业代码签名证书代表软件开发者身份，用户先要下载微软的 InetSDK，使用其中的工具生成证书请求，将证书请求通过受理点递交到 FJCA 签发，私钥储存于 Windows 的注册表中，专用于 Internet Explorer 浏览器。

5）CA 证书，发行数字证书的认证中心是安全网络支付的核心，如果它不可靠，那问题就严重了，所以认证中心一样需要拥有自己的数字证书，证实其 CA 的真实身份。在 IE 浏览器里，用户可以看到浏览器所接受的 CA 证书，也可选择是否信任这些证书；在服务器端，管理员可以看到服务器所接受的 CA 证书，也可选择是否信任这些证书。

6）安全电子邮件证书，用于证实电子邮件用户的身份和公钥，可以确保邮件的真实性和保密性。申请后一般安装在用户的浏览器里，用户可以利用它来发送签名或加密的电子邮件。

（4）认证机构。认证机构也称认证中心（CA），是一个负责发放和管理数字证书的权威机构，是电子商务体系中的核心环节，是电子交易中信赖的基础。在电子商务交易中，商家、用户、银行的身份都要由 CA 认证。CA 通过自身的注册审核体系，检查核实进行证书申请的用户的身份和各项相关信息，并将相关内容列入发放的证书域内，使用户属性的客观真实性与证书的真实性一致，CA 作为一个电子商务交易中受信任和具有权威性的第三方，需要承担网络上安全交易的认证服务，受理数字证书的申请、签发及对数字证书的管理。CA 以其公正、权威、可信赖的地位，获得证书使用者对它的信赖，并使用户通过对其发放的证书的信赖，实现对交易中持有证书的各方的信赖。

为了在 CA 之间建立起可以相互信赖的关系，建立起可信赖的数字证书链，使拥有由不同 CA 颁发的证书的用户可以相互认证，保证终端用户的安全和交易的方便性，CA 通常采用层次树状结构。上级认证中心负责签发和管理下级认证中心的证书，最下级的认证中心直接面向最终用户，将用户作为树的端节点，这些端节点又可以分为几组，每组有一个上级节点作为可信赖的机构，这些节点又可以分为几组，每组都有其上级节点作为可信赖的机构，依此类推，最后到达根结点，也就是最高级别的认证中心。在这种结构任意两个端节点都可以形成一个有效的相互认证。认证数字证书就是通过这种信任分级体系来验证的，每一个数字证书与签发它的 CA 联系，这个 CA 由于其与上一级 CA 相连，沿着这条线路就可以找到一个交易各方都信任的组织，就可以确定证书的有效性。CA 体系结构如图 2-13 所示。

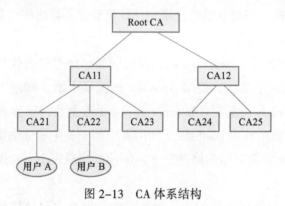

图 2-13　CA 体系结构

随着电子商务逐渐成为 21 世纪经济生活的新领域，互联网上的安全问题已经日益突出，建立完善的电子认证体系将成为电子商务发展的关键。美国的 VeriSign 公司是世界知名数字认证中心，该公司成立于 1995 年，为全球 50 多个国家提供数字认证服务，已为 2 700 多万的 Web 站点服务器提供了认证服务，使用它提供的个人数字证书的人数就更多了，世界 500 强的绝大多数企业的网上业务都选用 VeriSign 的认证服务。除了普遍的有限网络服务外，VeriSign 还为无线网络上的付款业务等提供安全严格的认证服务。VeriSign，就像 Internet 世界里的"世界工商行政管理总局"。VeriSign 的服务站点如图 2-14 所示。

为了保证电子商务在我国顺利开展，我国的 CA 发展迅速。1998 年，国内第一家以实体形式运营的上海 CA（SHECA）成立，此后全国先后建成了几十家不同类型的 CA。CA 认证的概念也逐步从电子商务渗透至电子政务、金融、科教等各个领域。从 CA 建设的背景来分，国内的 CA 主要分为三大类：行业或政府部门建立的 CA，如中国金融认证中心（CFCA）、中国电信认证中心（CTCA）等；地方政府授权建立的 CA，如上海市数字证书认证中心有限公司、北京数字认证股份有限公司等；商业性 CA 和跨国 CA 的代理机构，如天威诚信公司、亚洲诚信等。

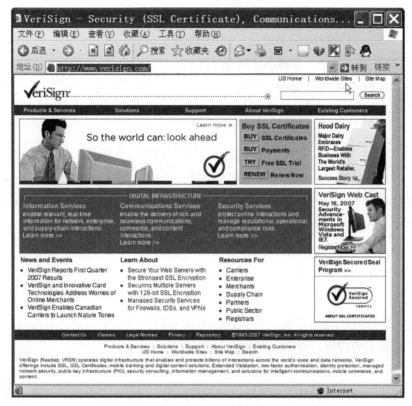

图 2-14　VeriSign 的服务站点

（5）数字证书的申请。不同 CA 的数字证书的申请步骤略有不同，但一般有下列几个步骤：

1）用户需携带有效证件（身份证或执照等）及其复印件到认证中心申请证书，填写申请表，也可以从网站直接下载证书申请表，填好后交予认证中心。

2）认证中心录入申请表数据，审核用户身份是否属实（身份审核可能需要一定的时间），如果审核未通过，则认证中心拒绝发证。

3）认证中心进行身份审核，审核通过后，签发证书。

4）用户获取证书。用户一般可通过两种方式获得证书：①由认证中心将证书存入存储介质（如 U 盘），交给用户；②用户在指定的时间到认证中心的站点上凭身份审核后得到序列号和密码，从网上下载数字证书。

证书可以存放在计算机硬盘、IC 卡、智能卡、USB 电子密钥或其他介质中。USB 电子密钥即 USB Key，它采用双钥（公钥）加密的认证模式，USB Key 是一种 USB 接口的硬件设备，外形如图 2-15 所示。它内置单片机或智能卡芯片，有一定的存储空间，可以存储用户的

图 2-15　USB Key 外形

私钥以及数字证书，利用 USB Key 内置的公钥算法实现对用户身份的认证。由于用户私钥保存在密码锁中，理论上使用任何方式都无法读取，因此保证了用户认证的安全性。

除了上述身份认证方式之外，在用户身份认证过程中为了保护用户密码输入的安

全，大多数网上支付页面还使用了软键盘技术。在输入用户名和密码的时候，可以不使用真正的键盘，而是在屏幕上显示一个软键盘，用鼠标输入密码，以防止按键记录被窃取，并且该"软键盘"在屏幕上出现的位置也是随机的，这样也能防止鼠标轨迹记录的窃密。这种方法只是加强了对诸如按键记录窃密的防护，但对"机器人暴力破解法"却没用。

4. 人脸识别认证

人脸识别认证是基于人的脸部特征信息进行身份识别的一种生物识别技术。人脸识别技术利用摄像头采集含有人脸的图像或视频流，并自动在图像中检测和跟踪人脸，进而对检测到的人脸进行脸部图像特征识别和匹配。

（1）人脸识别模型的组成要素。

用户：通常是电子商务和金融行业的用户，考虑到电子交易的安全，对用户在体验过程中具有人脸识别的需求。

智能设备及软件：包括智能手机等，摄像头采集人脸视觉对象，并通过软件转化成符合视觉匹配要求的数据，并对人脸建立数据模型。

人脸识别算法：对采集的人脸视觉对象与人像数据中心存储的图像数据进行匹配。

人脸数据库：将一定规模人群的人脸图像存储在人脸数据库中。当前我国人脸数据最为全面的数据库是公安部的居民身份信息中心所保留的人脸数据库。

（2）人脸识别模型的流程。

1）人脸图像采集及检测。通过摄像头采集人脸图像，首先对人脸图像精确定位，并挑选最能代表人脸的关键特征。

2）人脸图像预处理。原始图像由于受到各种条件的限制和随机干扰，往往不能直接使用，必须在图像处理的早期阶段对它进行灰度校正、噪声过滤等图像预处理（人脸图像的光线补偿、灰度变换、直方图均衡化、归一化、几何校正、滤波以及锐化等）。

3）人脸图像特征提取。针对人脸的某些视觉特征进行提取，并完成特征建模的过程。

4）人脸图像匹配与识别。提取人脸图像的特征数据与人脸数据库中存储的特征数据进行匹配，通过设定一个阈值，当相似度超过这一阈值，则把匹配得到的结果输出。

人脸识别认证就是将待认证的人脸特征与数据库存储的人脸特征模板进行相似度匹配，根据相似度对待认证的人脸信息进行身份认证。

人脸识别认证给用户带来更好的体验效果，认证方式更符合用户认知。但也存在一定的安全隐患，如对获取的人脸图像照片进行特征提取和建模，并与3D技术结合，通过3D建模技术将获取的图像转变为立体的人脸模型，从而破解人脸识别。

因此，可以将数字证书和人脸识别技术结合使用，既能保证电子支付的安全，又能给用户带来良好的购物体验。

五、资源控制技术

网上支付系统的资源控制技术主要包括链路负载均衡技术和应用负载均衡技术。

网上支付企业面对的用户遍布全国，甚至是全球，因此用户依托不同通信运营商的通信线路访问支付页面。但由于我国运营商之间存在的互联互通问题，不同运营商的用户互相服务效率很低，同时单条运营商链路存在单点故障也是性能瓶颈。链路负载均衡技术能够解决链路冗余问题。一般根据预定义的业务规则做出流量分配决定，即根据用户定义的参数，如地理相邻性、流量级别、服务器响应时间等来分配终端用户请求，并且自动状态检测能够及时发现问题并将用户请求路由到最佳的服务器资源。

应用负载均衡技术主要解决系统服务器响应性能的问题，该设备能够迅速检测出服务器的应用故障，将流量分配给性能最佳的服务器应用；能够充分利用所有的服务器资源，将所有流量均衡地分配到各个服务器，使系统性能等于所有服务器性能的总和，远大于流量"峰值"，有效地避免了"峰值堵塞"现象的发生。

六、入侵检测技术

入侵检测技术是主动保护自己免受攻击的一种网络安全技术。入侵检测技术能够帮助系统对付网络攻击，扩展了系统管理员的安全管理能力（包括安全审计、监视、攻击识别和响应），提高了信息安全基础结构的完整性。它从计算机网络系统中的若干关键点收集信息，并分析这些信息。入侵检测被认为是防火墙之后的第二道安全闸门，在不影响网络性能的情况下能对网络进行监测，可以防止或减轻网络威胁。

▶ **拓展阅读**

密码学家王小云：破解 MD5 和 SHA-1 两大国际密码

进入 21 世纪以来，我国在网络信息领域发展迅速，涌现出一大批高技术人才，他们在发展自身的同时也为国家做出了巨大贡献。

王小云就是其中一人，她于 1966 年出生于山东诸城，从小天资聪慧，尤其在数学领域表现出的天赋令人叹为观止，凭着自己的天赋和努力，于 1983 年成功考入山东大学数学系，最终获得博士学位并留校任教。在任教期间，王小云始终坚持学习，后来她对密码学产生极大兴趣，并开始致力于密码破译的研究。

所谓的密码学，简单来说就是一个"设计谜团"和"拆解谜团"的过程，而密码破译就是对别人设计的谜团进行拆解，但这种拆解要了解和遵循谜团的设计规则。置身其中的王小云感到奇妙无穷，充满了乐趣。MD5 加密是美国研制的一套程序加密方式，被世界很多国家所使用，而且大多数人对其评价颇高。当时美国声称没有人能够破解这套加密算法。经过了两年坚持不懈的研究，2004 年，在美国召开的国际密码大会上，王小云正式对外宣布自己和团队的破译结果。针对这种情况，美国又研发出更为先进的加密程序，但又被破解，从此王小云教授及其团队受到了各国关注。

2007年，美国技术研究员向全世界的密码学者征集新的密码算法并做出学术邀请，王小云果断放弃了这次机会，选择与国内的精英一起设计国内的密码算法标准，并对自己的选择倍感自豪，称祖国的需要就是她前进路上的最大动力。我们应该学习王小云求真务实的科学探索精神，坚韧不拔的钻研精神，树立科技报国的理想和信念。

单 元 小 结

通过本单元的学习，我们对网上支付的安全技术有了一个全面的了解。应用以上先进的安全技术的网上支付是非常安全的，但不是100%的绝对安全，而是相对安全。随着信息网络技术的进步与信用机制的完善，网上支付与结算一定会越来越安全。

课 堂 训 练 与 测 评

分析一个实际开展电子商务的企业，如京东商城、苏宁易购、淘宝网站等保证网上支付的安全技术策略。

知 识 拓 展

登录中国金融认证中心官网（https://www.cfca.com.cn），了解数字证书的类型与申请方法。

单元四　网上支付的 SSL 与 SET 协议

情境导入

单元三主要介绍了为保证网上支付安全而应用的各种安全技术，那么如何将电子商务网上支付的各参与方与这些先进的信息网络安全技术充分地结合起来，以保证安全、有序、快捷地完成网上支付流程呢？这需要一个协议来规范各方的行为与各种技术的运用。这个协议就是安全的网上交易协议。电子商务的安全标准协议正在走向成熟，并逐渐形成了一些国际规范。目前，国际上比较有代表性的是 SSL 与 SET 两种安全交易协议。

电子商务的安全不仅需要每一个交易个体采用相应的安全技术和对策，它还需要一套广大交易参与者都遵守的安全规则，即电子商务中的常用安全标准协议。本单元将带我们了解 SSL 与 SET 两种安全交易协议的原理与交易流程。

一、SSL 协议

1. SSL 协议简介

SSL（Secure Sockets Layer，安全套接层）协议最初由 Netscape 公司设计开发，它提供在 Internet 上的安全通信服务，也是目前电子商务业务中广泛应用的安全通信协议。本质上，SSL 协议是一种在持有数字证书的客户端浏览器（如 Internet Explorer、Netscape Navigator 等）和远程的 www 服务器（如 Netscape Enterprise Server、IIS 等，这里具体为电子商务服务器或银行的网络支付业务服务器）之间，构造安全通信通道并且传输数据的协议。

建立了 SSL 安全机制后，只有 SSL 允许的用户才能与 SSL 允许的 Web 站点进行通信，并且在使用 URL 资源定位器时，输入"https://"，而不是"http://"。

SSL 协议是介于应用层协议和传输层协议（TCP/IP 协议）两层之间的一个可选协议（如图 2-16 所示），建立用户与服务器之间的加密通信，确保所传递信息的安全性。SSL 协议包括两个协议：SSL 握手协议和 SSL 记录协议。其中，SSL 握手协议负责协议版本号的交换，完成加密算法和会话密钥的确定，通信双方的身份验证等功能。而 SSL 记录协议则定义数据传输格式，负责对信息的分片、压缩、加密等。这样，应用层通过 SSL 协议把数据传输给传输层时，已是被加密后的数据，TCP/IP 协议只负责将数据可靠地传送到目的地，弥补了 TCP/IP 协议安全性较差的弱点。

SSL 是工作在公共密钥和私人密钥基础上的，任何用户都可以通过获得公共密钥来加密数据，但解密数据必须要通过相应的私人密钥。使用 SSL 安全机制时，首先客户端要与服务器建立连接，服务器把它的数字证书与公共密钥一并发送给客户端，客户端随机生成会话密钥，用从服务器中得到的公共密钥对会话密钥进行加密，并把会话密钥在网络上传递给服务器，而会话密钥只有在服务器端用私人密钥才能解密，这样客户端和服务器端就建立了一个唯一的安全通道。

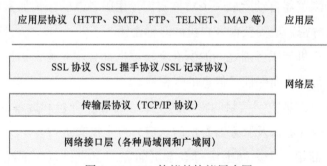

图 2-16　SSL 协议的协议层次图

2. SSL 协议的特点

SSL 协议实现简单，独立于应用层协议，而且大部分的 Web 浏览器（如 IE、Netscape）以及主要的服务器（如 IIS、Netscape Server 等）都支持 SSL 协议，便于在电子交易中应用，国际著名的信用卡支付系统就支持这种简单加密模式，应用比较广泛。但 SSL 协议也存在不足：

（1）因为它是一个面向连接的协议，是针对点对点通信设计的，只能提供交易中用户与服务器间的双方认证。而电子商务的支付系统需要涉及多方，SSL 协议不能对电子商务中支付各方提供信任关系，只能确保数据传输的安全，不能实现多方认证。

（2）SSL 只能保证资料传递过程的安全性，而传递是否有人截取就无法保证了。

（3）系统的安全性差，SSL 协议的数据安全性其实就是建立在 RSA 等算法的安全性之上，因此从本质上说，攻破了 RSA 算法就等同于攻破了此协议。

3. 建立 SSL 安全连接的过程

客户机的浏览器在登录服务器的安全网站时，服务器将访问要求发给浏览器（客户机），浏览器以客户机访问来响应。接着浏览器要求服务器提供数字证书，如同要求查看有照片的身份证。作为响应，服务器发给浏览器一个认证中心签名的证书，浏览器检查服务器证书的数字签名与所存储的认证中心的公开密钥是否一致，一旦认证中心的公开密钥得到验证，签名也就证实了。此流程完成了对商家服务器的认证。由于客户机和服务器需要在互联网上传输信用卡号、发票号、验证代码等，所以双方都同意对所交换的信息进行安全保护。

SSL 协议安全连接过程

具体连接过程如下：

（1）客户机向服务器提出访问要求，例如你要访问一个安全网站，必须输入对方的网址。

（2）服务器向客户机发出包含服务器公钥的证书。

（3）客户机自动验证服务器的证书，如果该证书不在客户机上，则浏览器会提示安全风险，也就是说，如果你愿意继续访问该网站，你选择确认即可。

（4）客户机的浏览器自动生成一个对称密钥，用服务器的公钥加密后，发送到服务器，服务器用私钥解密，从而获得客户机的对称密钥。

（5）此时，客户机与服务器之间的所有交换数据都会用对称密钥自动加密，并且送到对方后会自动解密，从而保证了信息的保密性。

以上过程实际上也是数字信封的密钥的生成、封装、分包和拆解的整个过程，SSL 协议完成了数据传输的加密及服务器身份的认定，但是没有进行客户机的数字签名。

例如，中国工商银行个人网上银行登录页面和网上支付页面都经过了 128 位 SSL 的加密处理。如图 2-17 显示，在中国工商银行个人网上银行登录用户名时即进入 SSL 安全连接。这时浏览器发出安全警报，单击"确定"，开始建立安全连接（如图 2-18 所示）。SSL 安全连接建立好后，在 IE 浏览器右下角状态栏上会显示一个"挂锁"图形的安全证书标识（如图 2-19 所示），该"锁型"图案表示用户通过网页传输的用户名和密码都将通过加密方式传送。单击挂锁图形，应显示安全证书信息（如图 2-20 所示）。

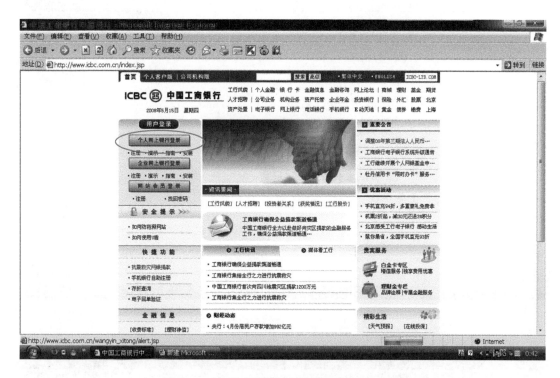

图 2-17 中国工商银行个人网上银行登录页面

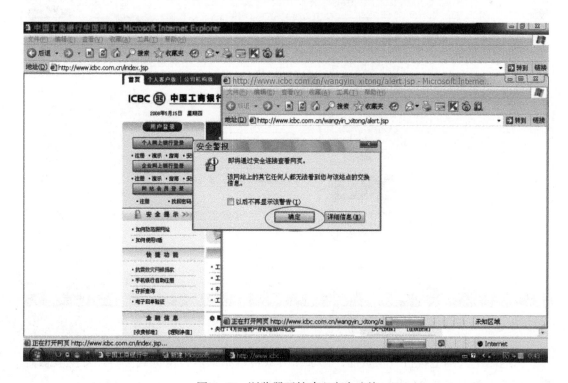

图 2-18 浏览器开始建立安全连接

图 2-19　SSL 安全连接已建立的页面

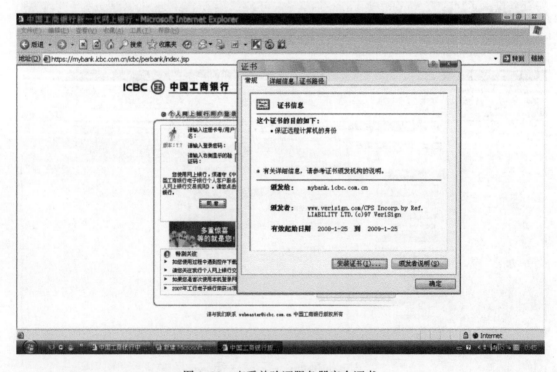

图 2-20　查看并验证服务器安全证书

　　当退出个人网上银行登录页面，即加密方式传输结束后，浏览器会离开交换敏感信息的页面，单击图 2-21 中的"是"，即断开 SSL 安全连接。

图 2-21　离开交换敏感信息的页面，断开 SSL 安全连接

二、SET 协议

1. SET 协议简介

SET（Secure Electronic Transaction，安全电子交易）协议是由美国 Visa Card 和 Mastercard 两大信用卡组织于 1997 年 5 月 31 日联合推出的用于电子商务的行业规范，其实质是一种应用在 Internet 上、以信用卡为基础的电子付款系统规范，目的是为了保证网络交易的安全。SET 妥善地解决了信用卡在电子商务交易中的交易协议、信息保密、资料完整以及身份认证等问题。由于 SET 得到了 IBM、HP（惠普）、Microsoft（微软）、Netscape（网景）、VeriFone（惠尔丰）、GTE、Terisa 和 VeriSign 等很多大公司的支持，已成为事实上的行业标准，目前已获得 IETF 标准的认可，是电子商务的发展方向。

2. SET 协议的目标

（1）机密性。信息在 Internet 上的安全传输，保证网上传输的数据不被窃取。

（2）保护隐私。对客户的订单信息和敏感的支付信息（如信用卡账号、密码等）进行隔离。在将包括消费者支付账号信息的订单送到商家时，商家只能看到订货信息，看不到消费者的账户信息；而银行只能看到相关的支付信息，看不到订货信息。

（3）多方认证性。通过客户与商家的相互认证，以确定通信双方的身份，一般由第三方 CA 机构负责为在线的通信双方提供信用担保与认证，对参与其中的支付网关也要进行认证，以防假冒。

（4）标准性。SET 协议的参与各方在交易流程中均有严格的标准可循，主要体现在要求软件遵循相同的协议和信息格式，使不同厂家开发的软件具有兼容性和互操作功能，并且可以运行在不同的硬件和操作系统平台上。

3. SET 协议的参与方

SET 支付系统主要由持卡客户（Card Holder）、商家（Merchant）、收单行（Acquiring Bank）、发卡行（Issuing Bank）、支付网关（Payment Gateway）、认证中心（Certificate Authority）六个部分组成。相应地，基于 SET 协议的网上购物系统至少包括电子钱包软件、商家软件、支付网关软件和签发证书软件。

（1）持卡客户。持卡客户即消费者，持卡客户要参加 SET 协议交易且用信用卡进行安全支付，必须先到发卡行申请并且取得一套 SET 交易专用的持卡客户端软件（如电子钱包软件），然后在自己联网的计算机上安装这个软件，并向 CA 申请数字证书。

（2）商家。商家在自己的电子商务网站上必须集成安装运行 SET 交易的商家服务器软件。当持卡客户在网上购物时，由网上商店提供服务；购物结束时进行网络支付，这是由 SET 交易商家服务器软件进行服务的。与持卡客户一样，商家必须先到银行进行申请，但不是到发卡行，而是到接收网上支付业务的收单行申请设立账户，然后向 CA 申请一张商家服务器的数字证书。

（3）收单行。这是商家开设账户的银行，其账户是整个支付过程中资金流向的地方，商家参加 SET 交易，必须在参加 SET 交易的收单行建立账户。收单行虽然不属于 SET 交易的直接组成部分，却是完成交易的必要参与方。支付网关接收商家转来的持卡客户支付请求后，要将支付请求转交给收单行，进行银行系统内部的联网支付处理工作。

（4）发卡行。这是指消费者在其中拥有账户的银行。消费者所拥有的支付工具就是由发卡行提供的，支付请求最后必须通过银行间专用金融网络，经收单行传送到持卡客户的发卡行，进行相应的授权和扣款。与收单行一样，发卡行也不属于 SET 交易的直接组成部分，且同样是完成交易的必要参与方，持卡客户参加 SET 交易，发卡行就必须参加 SET 交易。

（5）支付网关。这是公用网和金融专用网之间的接口。由于 SET 交易是在 Internet 这个公开的网络上进行的，而银行端的计算机主机及银行专用金融网络是不能与各种非安全的公开网络直接相连的。为了接收从 Internet 上传来的客户支付信息，在银行与 Internet 之间必须有个专用系统，接收处理从商家传来的支付扣款信息，并且通过专线传送给银行；银行对支付信息的处理结果通过这个专用系统反馈给商家。这个专用系统就称为支付网关。支付网关不能分析交易信息，对支付信息也只起保护与传输的作用，即这些保密数据对网关而言是透明的。

（6）认证中心。为了保证 SET 交易的安全，SET 协议规定参与 SET 交易的直接各方，包括支付网关、网上商家、持卡客户，在参加交易前必须到 CA 申请并安装数字证书，以向其他各方认证自己的真实身份。

4．SET 协议的工作流程

以目前流行的信用卡网上支付为例，当采用 SET 协议时，信用卡的支付流程其实就是电子钱包支付流程。需要进行的预备工作是持卡客户、网上商家、支付网关、收单行、发卡行等已经完成相应的网上交易的预备手续，包括持卡客户、网上商家、支付网关的数字证书的申请以及相应软件的安装运行。SET 协议的工作流程如下：

（1）持卡客户利用自己的个人计算机通过互联网选定所要购买的物品，并在计算机上输入订单，订单需包括在线商店、购买物品名称及数量、交货时间及地点等相关信息。

（2）通过电子商务服务器与有关网上商家联系，网上商家做出应答，告诉客户所填订单的货物单价、应付款数、交货方式等信息是否准确，是否有变化。

（3）客户选择付款方式，确认订单，签发付款指令，此时 SET 协议开始介入。

（4）在 SET 协议中，客户必须对订单和付款指令进行数字签名，同时利用双重签名技术保证商家看不到客户的账号信息。

（5）网上商家接受订单后，向客户所在发卡行请求支付认可。信息通过支付网关到收单行，再到客户的发卡行确认；批准交易后，返回确认信息给网上商家。

（6）网上商家发送订单确认信息给客户。客户端软件可记录交易日志，以备将来查询。

（7）网上商家发送货物或提供服务并通知收单行将货款从客户的账号转移到商店账号，或通知发卡行请求支付。在认证操作和支付操作中间一般会有一个时间间隔，例如在每天的下班前请求银行结一天的账。

前两步与 SET 协议无关，从第三步开始 SET 协议起作用，一直到第六步，在处理过程中对通信协议、请求信息的格式、数据类型的定义等，SET 协议都有明确的规定。在操作的每一步，客户、网上商家、支付网关都通过 CA 来验证通信主体的身份，以确保通信的对方不是冒名顶替，所以也可以简单地认为 SET 协议充分发挥了认证中心的作用，以维护在任何开放网络上的电子商务参与者所提供信息的真实性和保密性。

SET 协议的工作流程如图 2-22 所示。

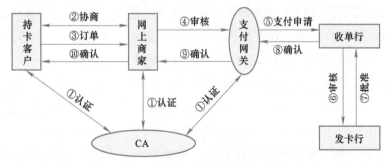

图 2-22　SET 协议的工作流程

5．SET 协议的特点

在 SET 协议开始介入后的处理过程中，对通信协议、请求信息的格式、数据类型的定义等，SET 协议都有明确的规定。以 SET 协议为基础的支付流程每一步都有严格与严谨的规范，并大量利用公开密钥加密法、私有密钥加密法、数字证书、数字摘要、数字签名、双重数字签名等安全技术，同时在操作的每一步，消费者、商家、支付网关都需要通过 CA 来验证交易各方的身份，以确保通信的对方不是冒名顶替者。所以，SET 协议充分发挥了认证中心的作用，维护了在任何开放网络上的电子商务参与者所提供信息的真实性和保密性。因此，以 SET 协议支持的支付流程是非常安全的。

但 SET 协议也存在不足之处：SET 协议采用了双重签名来保证各参与方信息的相互隔离，因此 SET 协议过于复杂，使用较麻烦。

三、SET 协议和 SSL 协议的比较

在 SET 协议出现之前，网上交易支付所用的安全措施主要是 SSL 协议。到目前为止，很多网上交易系统还是采用 SSL 协议。下面我们将对 SSL 协议与 SET 协议进行比较，以便了解两种协议的优缺点。

SSL 协议与 SET 协议都采用公开密钥加密法、私有密钥加密法、数字摘要等加密技术与数字证书等认证手段，在支持技术上，可以说两者是一致的；对信息传输的机密性来说，两者的功能是相同的，且都能保证信息在传输过程中的保密性与完整性。但 SSL 与 SET 两种协议在网络中层次不一样：SSL 是基于传输层的协议，而 SET 则是基于应用层的协议。SSL 协议在建立双方的安全通信通道之后，所有传输的信息都被加密，而 SET 协议则会有选择地加密一部分敏感信息。

SSL 协议中，商家也有数字证书，可向客户证明自己是一家真实存在的商家。有些系统也向客户发放数字证书，但该证书是发给浏览器软件的，而不是像 SET 协议那样，与信用卡绑在一起，这使 SET 协议更安全。SET 协议主要针对信用卡应用，而 SSL 协议则支持较多的网络支付手段，如网络银行服务、第三方支付服务等。

SSL 协议有一个很大的缺点，就是当信息经过商家中转时，不能保证商家看不到客户信用卡账户等信息；而 SET 协议则在这方面采取了强有力的措施，用网关的公开密钥加密持卡人的敏感信息，采用双重签名方法，保证商家无法看到持卡人传送给网关的信息，也使银行看不到客户的需求商品信息，保护了客户的隐私权。

当今市场上，已有了许多与 SSL 协议相关的产品及工具，而有关 SET 协议的相关产品相对较少。SSL 协议已被大部分 Web 浏览器和 Web 服务器所内置，因而容易被接受，各方面应用也比较简单，应用过程是透明的；而 SET 协议要求在银行建立支付网关，在商家的 Web 服务器上安装服务器端软件，在客户的计算机上安装客户端软件如电子钱包等，而且 SET 协议还必须向交易各方发放数字证书，实现较为复杂，成本也比较高。但 SET 协议安全防范机制较高，速度较 SSL 协议慢一些。

总之，SET 协议给银行、商家、持卡客户带来了更多安全，使他们在进行网上交易时更加放心，但实现复杂、成本较高；而 SSL 协议则相应地简单快捷，但存在一定的安

全漏洞。目前，SSL 协议的应用面比 SET 协议更广泛。

随着 Internet 的大规模应用，越来越多的商家追求更加安全的网上支付手段，SET 协议将逐渐被更多的企业、商家与客户所接受，因此具有良好的应用前景。

单 元 小 结

通过对本单元的学习，我们了解了 SSL 协议与 SET 协议，主要学习了这两种安全协议的基本工作与应用原理，并结合具体网上支付业务流程掌握了 SSL 与 SET 协议在网上支付中的应用。

课堂训练与测评

（1）通过分析网上支付的实际案例，运用所学知识，描述 SSL 协议与 SET 协议下的网上支付流程，比较两者的不同。

（2）在基于 SSL 协议的信用卡网上支付中，是如何应用本单元所述的安全技术的？

知 识 拓 展

通过网络搜索《中国网络诚信发展报告》，了解网络安全发展数据

实 战 训 练 项 目

网络支付安全技术实践操作—— 数字签名、CA 认证

☆ 实训目的

1. 熟练掌握数字签名、CA 认证的原理。
2. 熟练掌握数字签名、CA 认证操作。

☆ 实训形式

校内实训

☆ 实训安排

实训地点：实训室
实训课时：2 课时

☆ 实训条件

1. 具备网络条件的校内实训室。
2. 数字签名软件。

◇ 实训内容

1．数字证书的申请、导入、导出与使用。

2．使用数字证书完成代码数字签名。

3．使用数字签名工具完成文档数字签名。

◇ 实训步骤

1．个人数字证书的申请

（1）登录以下国内常见的认证中心，调研其数字证书的产品种类、申请方法。

1）中国金融认证中心：http://www.cfca.com.cn。

2）北京数字认证股份有限公司：http://www.bjca.org.cn。

3）上海市数字证书认证中心有限公司：http://www.sheca.com。

4）广东省电子商务认证有限公司：http://www.cnca.net。

（2）打开 IE 浏览器，查看 Internet 选项中的"内容"一项，单击"证书"，查看关于证书的信息，如图 2-23 所示。

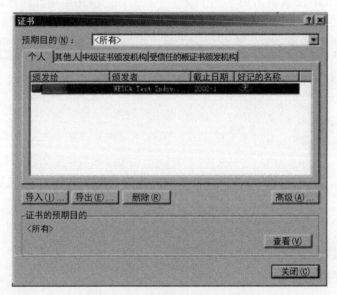

图 2-23　IE 浏览器中的证书信息

2．证书的导入与导出

前面我们已经知道了什么是数字证书、数字证书用于身份证明的原理以及获得数字证书的方法。现在我们来看看如何把已经安装好的数字证书导出为一个文件保存，以及如何把导出的数字证书文件导入数字标识形成数字证书。

（1）导出：打开 IE 浏览器，选择工具—Internet 选项—内容—证书，如图 2-24 所示。或者，选择开始—设置—控制面板—Internet 选项—内容—证书。

选择一个数字证书，单击"导出"按钮，此时会弹出证书导出向导，如图 2-25 所示。

单击"下一步"，可以选择是否将私钥和证书一起导出，如图 2-26 所示。

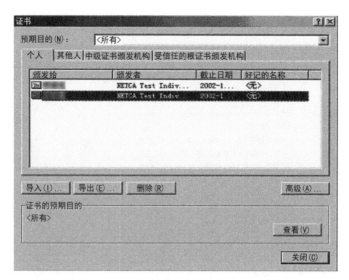

图 2-24 导出数字证书

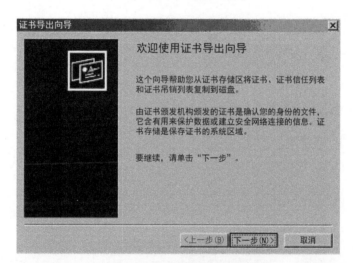

图 2-25 证书导出向导

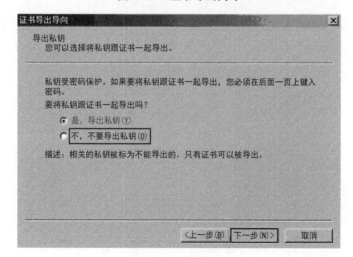

图 2-26 导出私钥

单击"下一步"，选择文件格式。因导出的证书按文件存放，故选择导出文件的格式，如图 2-27 所示。

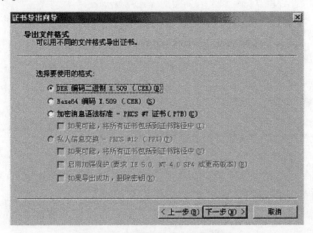

图 2-27　选择导出文件的格式

单击"下一步"，指定证书导出后文件的文件名和路径，如图 2-28 所示。

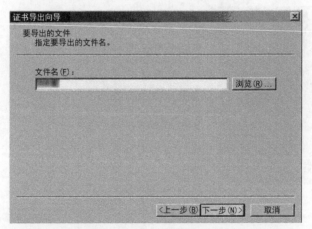

图 2-28　指定证书导出后文件的文件名和路径

单击"下一步"，此时页面显示前面你所选择的所有设置，如果完全正确则单击"完成"，如有错误则单击"上一步"，如图 2-29 所示。

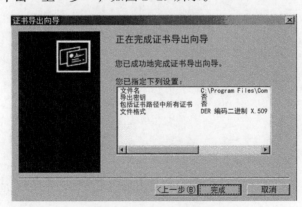

图 2-29　证书导出完成

（2）导入：打开 IE 浏览器，选择工具—Internet 选项—内容—证书。或者，选择开始—设置—控制面板—Internet 选项—内容—证书，选择一个数字证书，单击"导入"按钮，此时会弹出证书导入向导，如图 2-30 所示。

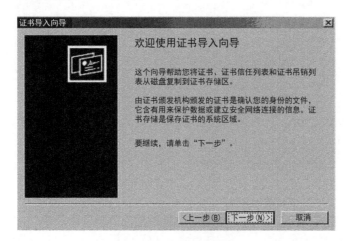

图 2-30　证书导入向导

单击"下一步"，根据向导提示选择导入证书的文件名和路径，如图 2-31 所示。

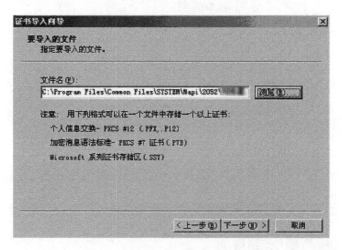

图 2-31　选择导入证书的文件名和路径

选择好以后单击"下一步"，此时为保护私钥需要为导入的证书的私钥键入一个密码，如图 2-32 所示。

单击"下一步"，此时需要选择导入证书的存储区，可以由系统自动选择，也可以由用户指定（如图 2-33 所示），系统默认该证书是用户自己的证书而存入"个人证书"之中。如果要导入对方的证书（这主要发生在你要利用对方证书给对方发送加密邮件的时候），则应该自己指定位置并选择"其他人"。

单击"下一步"，此时页面显示前面你所选择的所有设置，如果完全正确则单击"完成"，如有错误则单击"上一步"，如图 2-34 所示。

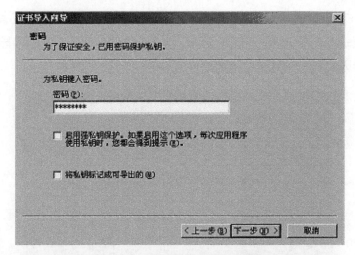

图 2-32　为证书的私钥键入密码

图 2-33　选择导入证书的存储区

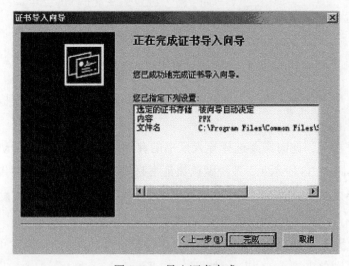

图 2-34　导入证书完成

3．利用证书对代码进行签名

第一步：下载微软的控件

在使用代码签名证书对程序员编写的程序代码进行签名之前，请到微软的网站上下载代码签名的工具。

第二步：运行 signcode.exe

保存并解压下载的文件后，请运行其中的执行文件 signcode.exe，然后逐步完成代码签名的过程。

第三步：查看代码的数字签名

用鼠标右键单击已经过数字签名的代码文件，选择"属性"，查看"属性"中的"数字签名"一栏，即可查看到对该文件进行的签名的证书信息，如果"属性"中没有"数字签名"的信息，那证明签名失败或者文件没有经过数字签名。

4．使用数字签名工具完成文档数字签名

（1）使用龙方数字签名工具软件，双击 setup 进行安装。

（2）在安装完成时，出现"您现在要生成一份证书吗？"对话框。选择"是"，进入生成证书向导。

（3）输入证书中的个人信息，完成后单击"下一步"，如图 2-35 所示。

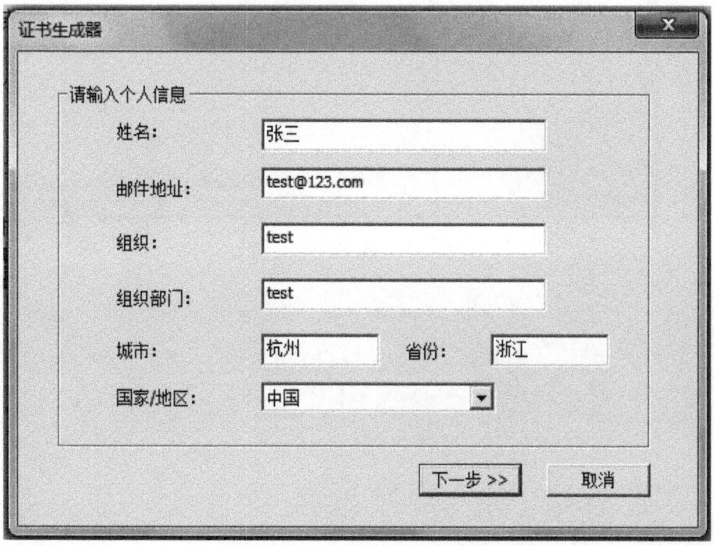

图 2-35　输入数字证书个人信息

（4）选择密钥信息，如图 2-36 所示。

这里算法可以选择 RSA 或 DSA，密钥长度可以选择 1024 或更长。当然也可以设置证书用途和证书的有效期。一般情况下，按默认即可。

（5）输入密钥密码，如图 2-37 所示。

单击"确认"，这时我们打开 Word，可以在 Word 中看到"龙方"的加载项，如图 2-38 所示。

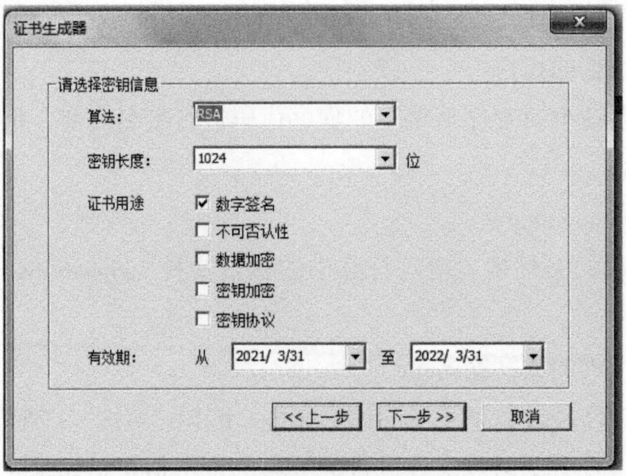

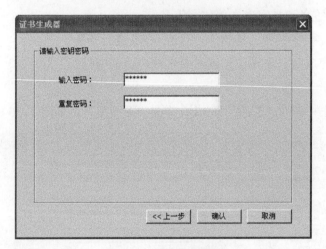

图 2-36　选择密钥信息

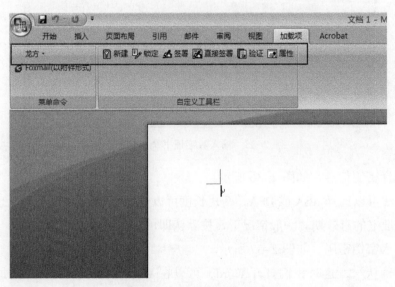

图 2-37　输入密钥密码

图 2-38　签名加载项

（6）进行数字签名。单击"签署"，我们就可以直接对文档进行数字签名。打开"龙方"菜单，选择"直接签署"，如图 2-39 所示。

进入签署向导，如图 2-40 所示，直接单击"确定"。

图 2-39　数字签名　　　　　　　　　　　　　图 2-40　签名确定

双击"此证书尚未绑定图片"区域，为签名加一张图片。这里可以用本课程提供的课件直接制作。加载好签名的效果如图 2-41 所示。

最后单击"确定"，即可以进行签名。最后效果如图 2-42 所示。

图 2-41　加载好签名的效果　　　　　　　　　图 2-42　签名效果

（7）验证签名。双击图 2-42 所生成的签名，选择"签名"选项卡，单击"验证"进行该签名的有效性验证，如图 2-43 所示。

图 2-43　验证签名

查看验证结果，如图 2-44 所示。

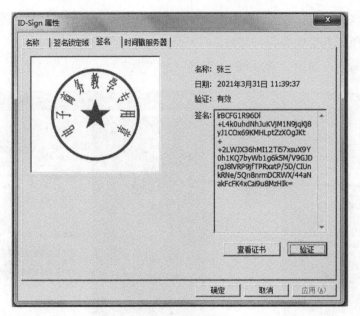

图 2-44　签名有效

从图 2-44 中可以看出，只要 Word 文档数据没有被篡改，验证后签名有效。若文档被篡改，再验证，则会导致签名无效。如图 2-45 所示。

图 2-45　篡改后签名无效

同时电子签名印章作废，如图 2-46 所示。

5. 完成 PDF 文档数字签名

使用各类 PDF 阅读软件也可以实现 PDF 文件数字签名，例如迅捷 PDF 阅读器，如图 2-47 所示。

选择数字证书，设置签名的详细信息和外观，单击"确定"即可完成数字签名，如图 2-48 所示。

图 2-46　电子签名印章作废

图 2-47　PDF 文件数字签名

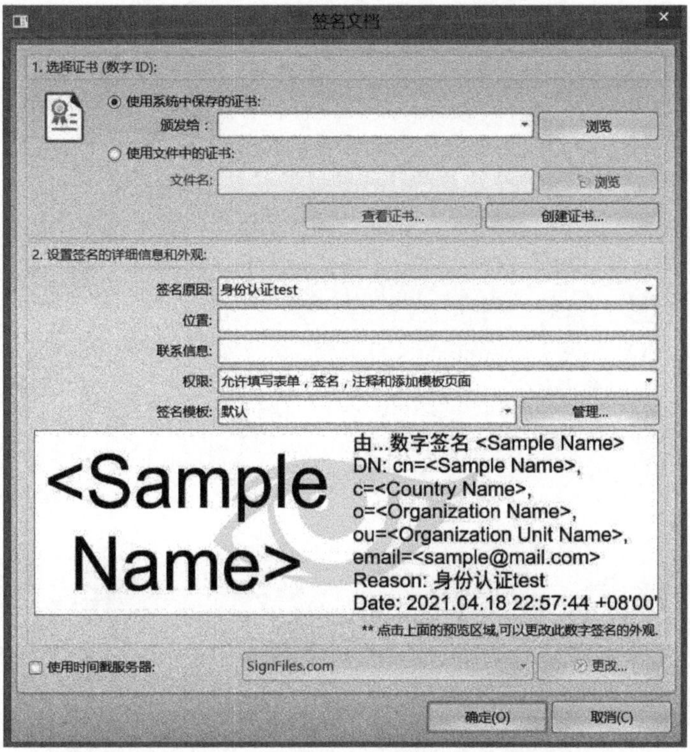

图 2-48　选择数字证书并设置签名的详细信息和外观

⚡ 实训考核

1．实训结束后要求每位学生提供调研实训报告。

2．老师能收到同学数字签名与加密的邮件。

3．实训指导老师将实训报告、实训态度与实训操作表现结合起来对学生的本次实训环节给予考评。要求学生全面掌握网络支付安全技术——数字证书的使用、数字签名操作流程。

Module 3

模块三
网上支付工具

通过前面模块的学习，我们基本理解了网上支付的一些基础知识，以及保证网上支付安全的一些技术与认证手段。随着众多实用先进的安全技术和工具的不断出现与应用，网上支付已经具备了安全可靠的技术基础。这也是目前很多网上支付工具快速普及的原因，它有力地促进了电子商务的快速发展。网上支付工具的支付、结算和运用方式各有特点。本模块主要对几种比较主要的网上支付工具如信用卡、电子现金、电子钱包、智能卡、电子支票等进行介绍，分析每种网上支付工具应用的技术、网上支付的业务过程，并在此基础上，结合国内外的发展情况，介绍它们的具体应用情况。

应知目标

◎ 了解信用卡网上支付的模式与业务流程。

◎ 了解电子现金网上支付的模式与业务流程。

◎ 了解电子钱包网上支付的模式与业务流程。

◎ 了解智能卡网上支付的业务流程。

◎ 了解电子支票网上支付的模式与业务流程。

应会目标

◎ 能够熟练使用信用卡完成网上支付。

◎ 能够熟练使用电子现金完成网上支付。

◎ 能够熟练使用电子钱包完成网上支付。

◎ 能够熟练使用智能卡完成网上支付。

◎ 能够熟练使用电子支票完成网上支付。

单元一 信 用 卡

情境导入

银行卡在个人支付方面的应用日益普及，人均银行卡交易金额不断上升。我国自1985年中国银行发行第一张银行卡以来，在继续发展银行卡资源共享的基础上，在全国范围内实现了联网通用。2002年，银行卡联网同步的实现和银联的成立，标志着银行卡发展到了的新阶段。中国人民银行发布的《2021年支付体系运行总体情况》报告显示，我国银行卡发卡量稳步增长。截至2021年年末，全国银行卡在用发卡数量92.47亿张，同比增长3.26%。全国人均持有银行卡6.55张，其中，人均持有信用卡和借贷合一卡0.57张。可见，银行卡在消费交易、现金服务、网上支付以及各种缴费业务方面扮演着越来越重要的角色。目前，我国网上交易绝大部分都是通过银行卡来完成支付的，越来越多的人愿意接受这种支付方式。

信用卡作为银行服务与信息技术相互融合的产品，一方面提高了银行的综合服务水平和质量，成为银行利润的重要来源；另一方面对于改善流通环境，提高居民生活质量，发展个人消费信贷，促进相关产业发展具有重要意义。特别对于迅速发展的互联网经济来说，信用卡为其提供了网上支付的一种主要方式和工具，信用卡必将在网上支付中发挥越来越大的作用。本单元中，我们将了解信用卡的基本知识、信用卡的网上支付模式以及目前常用的信用卡网上支付系统的操作流程。

一、信用卡的基本知识

1. 信用卡的起源与分类

信用卡于1915年起源于美国，是银行或其他财务机构签发给资信状况良好人士的一种特制卡片，是一种特殊的信用凭证，可以证明持卡人的身份、支付能力和信用状况等，并且不断创新。它是目前最流行的支付工具之一，用户可以在饭店、机场、旅馆、商场等场所刷卡结账、可通过ATM机提取现金，同时信用卡支付也是网上支付中最常见的一种方式。

随着信用卡业务的发展，信用卡的种类不断增多，概括起来，一般有广义信用卡和狭义信用卡之分。

从广义上说，凡是能够为持卡人提供信用证明、持卡人可以凭卡购物消费或享受特定服务的特制卡片均可称为信用卡。广义上的信用卡包括贷记卡、准贷记卡、借记卡、提款卡（ATM 卡）、支票卡及赊账卡等。本单元所讲的信用卡即指广义的信用卡。

狭义的信用卡是真正的凭借持卡人信用而获取银行资金支持进行消费的银行卡，因此称为 Credit Card。国外的信用卡主要指由银行或其他财务机构发行的贷记卡，即无须预先存款、可贷款消费的信用卡，是先消费后还款的信用卡。国内的信用卡主要指贷记卡或准贷记卡。

准贷记卡是指持卡人须先按发卡银行要求交存一定金额的备用金，当备用金账户金额不足支付时，可在发卡银行规定的信用额度内透支的信用卡，如中国建设银行的龙卡准贷记卡。

贷记卡是指发卡银行给予持卡人一定的信用额度，持卡人可在信用额度内先消费、后还款的信用卡，如中国建设银行的龙卡全球支付信用卡等。对于信用额度内的消费透支，持卡人在对账单规定的还款日期前全部还款，即可享受最短 25 天、最长 56 天的免息还款期，若选择最低还款额方式还款，则信用额度按还款金额恢复。国际标准双币信用卡（贷记卡）是指在国内特约单位和指定营业网点、国内和国外信用卡组织或国际信用卡公司受理点使用，以人民币和某一指定外币两种货币结算，具有信用消费、转账结算、存取现金等功能。使用国际信用卡在境外消费或支取外币现金所产生的外币欠款，可以使用人民币购汇还款。

借记卡是指先存款、后消费（或取现），没有透支功能的信用卡。借记卡按功能不同可以分为转账卡、专用卡和储值卡；按币种不同，可以分为人民币借记卡和国际借记卡（双币种）。转账卡是实时扣账的借记卡，具有转账结算、存取现金和消费的功能；专用卡是具有专门用途、在特定区域使用的借记卡，具有转账结算、存取现金的功能；储值卡是发卡行根据持卡人要求将其资金转至卡内储存，交易时直接从卡内扣款的预付钱包式借记卡。国际借记卡（双币种）可以在境内外通用，以人民币和某一指定外币结算，具有消费、转账结算、存取现金等功能。

信用卡按照不同标准可以划分为不同类别。按信用卡发卡对象不同，可分为公司卡和个人卡；按信用卡从属关系划分，可分为主卡和附属卡；按流通范围划分，可分为国际卡和地区卡；按信用卡发卡机构划分，可分为银行卡和非银行卡；按信用卡信息存储媒介划分，可分为磁条卡和芯片卡；按信用卡结算货币不同，可分为外币卡和本币卡；按信用卡账户币种数目划分，可分为单币种信用卡和双币种信用卡；按持卡人信誉地位和资信情况划分，可分为无限卡、白金卡、金卡、普通卡；按信用卡形状不同，可分为标准信用卡和异形信用卡；按清偿方式不同，可分为贷记卡、准贷记卡和借记卡。

2. 信用卡的特点

信用卡可采用扫码支付、POS 机结账、ATM 机提取现金等多种支付方式。信用卡大致的使用流程是：持卡人持卡购物或消费时，出示信用卡，同时提供密码口令；商家得到购物申请后，与发卡行联系，请求发卡行进行支付认可；发卡行在确认持卡人的身份之后，给商家返回一个确认可以交易信息；商家向持卡人提供商品或服务，并在签购单上签字；商家向发卡行提交签购单；发卡行向商家付款。这样就完成了一次交易。随后，发卡行向持卡人发出付款通知，持卡人向发卡行还款。

从信用卡的使用过程可以看出，相对普通现金而言，使用信用卡交易有以下优点：

（1）携带方便，不易损坏。信用卡一般是用塑料制成的磁卡或 IC 卡，小巧轻薄，便于携带，而且不容易损坏；而普通现金主币一般由纸制成，容易污损，此外，如果所需数量较多时，普通现金携带也不方便。

（2）安全性好。信用卡有账户和口令，丢失后可以挂失，而且还有口令保护；而普通现金丢失后，找回难度相对较大。

（3）具备电子支付和信贷功能。使用信用卡可以通过手机或计算机网络进行电子支付，可进行一定信用额度的透支，普通现金没有这样的功能。

当然，使用信用卡也存在着一些问题，其中最主要的就是安全问题。信用卡的安全已成为持卡人最关心的问题，很多人都担心因口令的泄露而导致信用卡被盗刷，不过安全电子交易协议可以有效保证信用卡交易的安全性；使用信用卡可以透支消费，给用户带来了方便，但这同时也给银行带来了用户恶意透支的问题；使用信用卡分期业务的手续费较高；信用卡具有一定的有效期，在到期前，持卡人应及时更换新的信用卡；若信用卡遗失，有可能给持卡人造成损失。

在我国，随着"金卡工程"的广泛深入开展以及银行卡网络的建成，银行卡的应用环境越来越好，应用范围也越来越广泛。目前，我国发行的信用卡主要有中国银行的长城信用卡、中国工商银行的牡丹信用卡、中国农业银行的金穗信用卡、中国建设银行的龙卡信用卡、交通银行的太平洋信用卡，以及招商银行的各种联名信用卡等。

二、信用卡的网上支付模式

信用卡是当今流行的网上支付方式之一。传统的信用卡支付是在商家、持卡人以及各自的开户银行之间进行的，整个支付是在银行内部网络中完成的。信用卡的网上支付主要有四种模式：无安全措施的信用卡支付模式、基于第三方经纪人的信用卡支付模式、简单加密的信用卡支付模式和基于 SET 协议机制的信用卡支付模式。

1. 无安全措施的信用卡支付模式

所谓无安全措施的信用卡支付模式是指持卡人利用信用卡进行支付结算时，几乎没有采取技术上的安全措施就把信用卡号码与密码等直接传送给商家，然后由商家和银行使用各自的授权来检查信用卡的合法性。可以看出，持卡人主要依靠商家的诚信来保护自己的信用卡信息，显然这种信用卡支付方式存在很大的安全隐患。

无安全措施的信用卡支付流程如图 3-1 所示。

图 3-1　无安全措施的信用卡支付流程

无安全措施的信用卡支付模式主要是在 20 世纪 90 年代初期，在电子商务各方面发展还不太成熟，特别是银行对电子商务的支持还不完善的情况下出现的，可以说是一种临时过渡方式，其主要特点是风险由商家负责、安全性很差，持卡人的信用卡信息完全被商家掌握，支付效率较低等。

2. 基于第三方经纪人的信用卡支付模式

在采取无安全措施的信用卡支付模式时，由于商家完全掌握了消费者的账户信息，存在信用卡信息在网上多次公开传输而导致信用卡信息被窃取的风险。为降低这一风险，可在买方和卖方之间设立一个具有诚信的第三方经纪人。

支付流程为：持卡客户（在线或离线）在第三方经纪人处开立一个应用账号，第三方经纪人就持有了客户的信用卡卡号和账号，客户使用应用账号从网上商家处进行在线订货，并把应用账号传送给商家，商家将客户应用账号、交易资金、支付条款等信息提供给第三方经纪人核实，第三方经纪人验证应用账号信息和商家身份，给客户发送电子邮件，要求客户确认购买和支付，得到客户确认后，第三方经纪人再返回给商家一个确认信息，商家收到确认信息后，接受持卡客户的购物订单，并给持卡客户与第三方经纪人发出交易确认通知，第三方经纪人收到商家交易确认信息后，按支付条款要求与银行之间办理资金转拨手续，完成支付过程。

基于第三方经纪人的信用卡支付流程如图 3-2 所示。

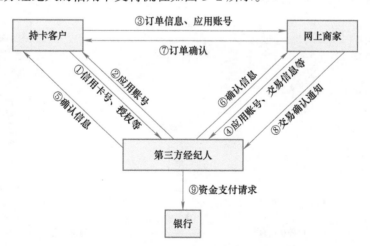

图 3-2　基于第三方经纪人的信用卡支付流程

基于第三方经纪人的信用卡支付模式的特点是：

（1）支付是通过双方都信任的第三方（经纪人）完成的。买卖双方预先获得第三方的某种协议，即买方在第三方处开设账号，卖方成为第三方的特约商户。

（2）信用卡信息不在开放的网络上多次传送，用户账号的开设不通过网络，即买方有可能离线在第三方开设账号，这样买方没有信用卡信息被盗窃的风险。

（3）卖方信任第三方，因此卖方自由度大，风险小。

（4）由于交易双方都对第三方有较高的信任度，风险主要由它承担，保密等功能也由它实现，因此支付方式的成功关键在于第三方。

（5）该方式虽然提高了支付的安全性，但支付效率较低，成本较高，性能价格比在小额支付结算中并不高。它同样属于电子商务发展初期利用信用卡支付结算的一种过渡方式。

3. 简单加密的信用卡支付模式

简单加密的信用卡支付模式是现在比较常用的一种支付模式，使用这种模式支付时，当信用卡信息被客户输入浏览器窗口或其他电子商务设备时，客户信用卡信息就被加密，作为加密信息通过网络安全地从买方向卖方传递。通常采用的加密协议有SSL、SHTTP等。

支付流程为：持卡客户在发卡银行开设一个信用卡账户，并获取信用卡卡号，客户向商家订货后，把加密的信用卡信息和订单信息一起传送到商家服务器。商家服务器验证其接收到信息的有效性和完整性后，将客户加密的信用卡信息传送给业务服务器，这时商家服务器无法看到客户的信用卡信息，经业务服务器验证商家身份后，将客户加密的信用卡信息转移到安全的地方解密，然后将客户信用卡信息通过安全专用网传送到商家银行。商家银行与客户发卡行联系，确认信用卡信息的有效性。得到证实后，将结果传送给业务服务器，业务服务器通知商家服务器交易完成或拒绝，商家再通知客户。

简单加密的信用卡支付流程如图 3-3 所示。

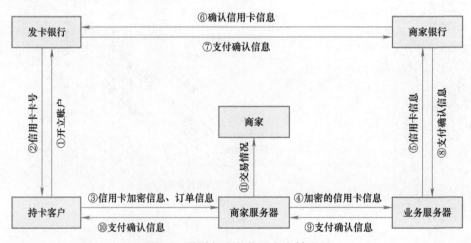

图 3-3　简单加密的信用卡支付流程

简单加密的信用卡支付模式的特点是：

（1）支付过程中，需要业务服务器和服务软件的支持，加密的信用卡信息只有业务提供商或第三方机构能够识别。

（2）交易过程中，交易各方都以电子签名来确认身份，数字签名是买卖双方在注册系统时产生的，且本身不能修改。

（3）交易中使用了对称的和非对称的加密技术。

（4）支付过程中，只需要一个信用卡卡号和密码，无须其他应建设设施，给支付客户带来了极大的方便，且对信用卡卡号等关键信息加密，使交易安全。

4. 基于 SET 协议机制的信用卡支付模式

SET 是安全电子交易的简称，是一种非常安全、逻辑非常严密的网上信息交互机制，它主要针对信用卡的网络支付应用。SET 最初由 Visa Card 和 Master Card 两大信用卡组织合作开发完成。所谓基于 SET 协议机制的信用卡支付模式，是在电子商务过程中利用信用卡进行网络支付时遵循 SET 协议的安全通信与控制机制，以实现信用卡的即时、安全可靠的在线支付。它提供了消费者、商家和银行之间的认证，确保了交易数据的安全性、完整可靠性和交易的不可否认性。

支付流程为：持卡客户选中商品后请求订货，并验证商家身份；商家返回空白订单，并传送商家证书；持卡客户发送给商家一个完整的订单及支付指令，订单和支付指令由持卡人进行数字签名，同时利用双重数字签名技术来保证商家看不到持卡人的账号信息；支付指令包含信用卡信息，说明持卡人已经做出支付承诺，这是 SET 协议的核心；商家接收订单后，利用其中的客户证书审核其身份，并将经双重签名的订单和支付指令通过支付网关送往专用金融网向发卡行请求支付认可，批准交易，发卡行返回确认信息给商家；批准即意味着银行承诺为持卡客户垫付货款，货款并未真正到账；商家将支付批准信息返回持卡客户，确认其购买并组织送货，完成订购服务；商家可请求银行立即将支付款项转移到商家账号，也可以成批处理。

基于 SET 协议机制的信用卡支付模式特点是：

（1）需要在持卡客户端安装客户端软件（电子钱包客户端软件），在商家服务端安装商家服务器端软件（电子钱包服务器端软件），在支付网关安装对应的网关转换软件等。

（2）需要各方申请安装数字证书并且验证真实身份。

（3）实现的是部分信息加密，以提高效率。

（4）使用对称密钥加密法、非对称密钥加密法、数字摘要技术、数字签名、数字信封、双重数字签名、数字认证等技术，十分安全，但涉及的技术多，成本较高。

（5）充分发挥 CA 作用，以保证在 Internet 上的电子商务各参与方所提供信息的真实性与保密性。

（6）由于加密、认证多，支付处理较复杂，速度稍慢。

IBM 公司宣布其电子商务产品 Net.Commerce 支持 SET 协议机制的应用，并且率先建立世界上第一个 Internet 环境下的 SET 支付结算系统，即丹麦 SET 付款系统，新加坡花旗银行付款系统也采用了 IBM 的 SET 付款系统。

中国银行发行的长城借记卡采用的就是这种基于 SET 协议机制的网络支付模式。基于 SET 协议机制的网络支付模式逻辑上更严密、更安全，随着各种条件的逐步具备，它将是电子商务安全网络支付的发展方向。

三、信用卡网上支付实例

快捷支付是由支付宝率先在国内推出的一种全新的信用卡支付理念，是支付宝联合各大银行推出的一种全新的支付方式，具有方便、快速的特点，是未来消费的发展趋势，其特点体现在"快"。

传统的支付方式存在诸多限制，如必须开通网银、只能使用 IE 浏览器、操作步骤烦琐等。这导致了用户流失率高、支付成功率低（传统网银支付成功率大约为 65%）、容易被钓鱼等问题。现在的支付场景越来越多，如手机支付、电话支付、电视支付等。系统也越来越复杂，如各种操作系统、各种浏览器。传统的支付方式已无法适应这些变化。在此背景下，支付宝推出信用卡快捷支付这一新一代支付产品。

快捷支付无须登录网上银行，可直接输入卡面信息及持卡人身份信息，根据安全规则可通过验证银行预留手机号码接收的校验码完成签约或支付，是一种便捷、快速、安全的付款方式。信用卡快捷支付业务流程如图 3-4 所示。

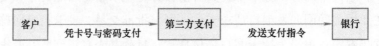

图 3-4　信用卡快捷支付业务流程

下面介绍信用卡快捷支付流程。

（1）登录支付宝账户，单击"交易记录"，如图 3-5 所示。选择需要付款的订单，单击"详情"—"付款"，如图 3-6 所示。

图 3-5　在"我的支付宝"页面单击"交易记录"

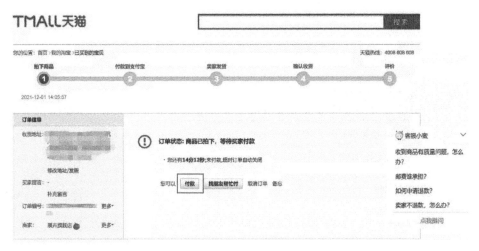

图 3-6　单击付款

（2）在"我的收银台"页面，单击"+银行卡"，如图 3-7 所示。

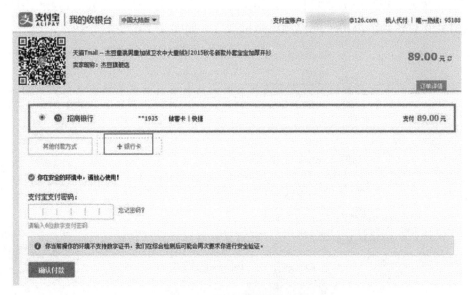

图 3-7　快捷支付添加银行卡页面

（3）在弹出的对话框中输入银行卡卡号，单击"下一步"，如图 3-8 所示。

图 3-8　快捷支付银行卡卡号输入页面

（4）选择"快捷支付"，单击"下一步"，如图 3-9 所示。

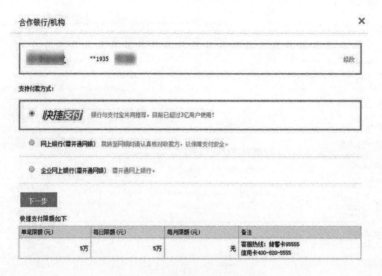

图 3-9　快捷支付选择页面

（5）在页面上填写姓名、证件、信用卡卡号、有效期、手机号码、校验码信息，并输入支付宝支付密码，单击"同意协议并付款"，如图 3-10 所示。

图 3-10　快捷支付信息填写及付款页面

（6）付款成功，同时快捷支付方式开通，下次付款时只需输入支付宝账户的支付密码即可完成付款。

快捷支付产品主要有以下特点：

（1）可跨终端、跨平台、跨浏览器支付。支持个人计算机、手机、电话、平板电脑、电视等终端，支持 IE、Chrome、Firefox、Opera、Safari 等浏览器。

（2）操作方便，只需要银行卡信息、身份信息以及手机就能支付，无须使用 U 盾等。

（3）没有大量的页面跳转，减少了被钓鱼的可能性。

（4）没有使用门槛，只要有银行卡，无须开通网银、无须安装网银控件、无须携带

U 盾 / 口令卡等。

（5）支付成功率达到 93% 以上。

快捷支付产品不但使用门槛低、操作方便快捷，安全保障手段也非常完善。

（1）双重密码保护，支付时需要支付宝密码以及手机动态口令。

（2）支付过程由支付宝 CTU 系统实时监控，所有异常交易都被重点关注。

（3）开通快捷支付的商户经过严格筛选，保证商户资质。

（4）大额交易回呼，如果用户使用快捷支付进行了大额交易，会由支付宝客服通过电话与持卡人确认是否本人操作。

（5）如果用户支付宝账户或银行卡被盗，盗用者通过快捷支付造成了持卡人的资金损失，支付宝将为持卡人承担所有损失。

（6）支付宝已通过 PCI 认证，即 Payment Card Industry（简称 PCI）认证，由 VISA、美国运通公司、JCB（日本信用卡株式会社）和 MasterCard 等国际组织联合推出，是目前全球最严格、级别最高的金融机构安全认证标准。

近年来，快捷支付凭借着其优势取得迅猛发展，截至 2021 年 11 月，与支付宝快捷支付的合作银行已经超过 100 家，覆盖了国内所有的主流银行。快捷支付功能降低了网上支付的门槛，同时也提高了安全保障性。以支付宝为例，用户第一次签约认证时，需要做双向网络认证，一是通过互联网与银行实时信息的认证；另外，针对金额较大的交易，支付宝还会通过人工回呼用户的方式，确认是否为其本人进行操作。如果确认非本人操作，可以及时截留资金并退回银行卡。此外，支付宝还建立了 72 小时赔付机制，如果用户否认交易并通过支付宝客服以及风险管理体系确认，在用户提供了相关证明后，支付宝会在 72 小时内全额赔付。部分使用支付宝"快捷功能"的用户可能遭遇网络盗刷，因此不宜将工资卡等账户与快捷支付功能关联。最好每次交易完成后及时关闭该功能，避免银行卡里的钱被人转走。当银行卡被陌生支付宝账户绑定，应先冻结银行卡。卡主更换或者注销已绑定过手机金融服务业务的号码时，原有绑定并不会因更换或注销而消除，应提高自身安全防范意识，及时申请解除绑定服务，防止被犯罪分子利用造成财产损失。

单 元 小 结

本单元通过介绍信用卡的概念、分类来描述信用卡的基本特点，介绍了主流的信用卡网上支付模式，并且对信用卡在网络环境中的支付结算方式与流程进行详尽描述，希望读者在把握基本规律的同时，在分析、认识和实际应用处理方面能有所创新。

课堂训练与测评

（1）目前我国广泛使用的银行卡有哪些？

（2）上网调研分析我国目前几种常见信用卡的网上支付的应用与技术特点。

（3）简述目前我国信用卡的网上支付应用状况。

知 识 拓 展

（1）登录中国人民银行网站了解《银行卡业务管理办法》。

（2）登录支付宝支付学堂了解各种银行信用卡快捷支付指南。

单元二 电 子 现 金

情境导入

　　电子现金是电子货币的一种，而且是近几年才研发出来的新型电子货币，是新生事物，目前其理论体系、应用规范与模式、普及应用等方面均在进一步发展中。电子现金也是一种非常重要的电子支付系统，它可以被看作是现实货币的电子或数字模拟，以数字信息形式存在，通过互联网流通，但比现实货币更加方便、经济。例如数字人民币，它是由中国人民银行发行的数字形式的法定货币，数字人民币以国家信用为保障，具有法偿性，经过数字人民币支付系统改造的商家都可以接受数字人民币。数字人民币采用中心化发行和央行对商业银行、商业银行对消费者的双层运营体系，实现了数字人民币的监管和追踪，可控、匿名的特点既可以满足消费者的隐私安全，也可有效防范洗钱等违法行为。随着较为安全可行的电子现金解决方案的出台，电子现金一定会像商家和银行界预言的那样，成为未来网上贸易便捷的交易手段。

　　本单元我们将在了解电子现金基本知识的基础上，掌握电子现金在电子商务中的网上支付模式以及常用电子现金的操作流程与应用状况。

一、电子现金的基本知识

　　电子现金又称数字现金（E-Cash），是一种以电子数据形式流通的、能被用户和商家普遍接受的、通过互联网购买商品或服务使用的货币。电子现金使用时与纸质现金类似，多用于小额支付，是一种储值型的支付工具。它把现金数值转换成为一系列的加密序列数，通过这些序列数来表示现实中各种金额的币值，具有现金的属性。用户用这些加密的序列数就可以在互联网上允许接受电子现金的商店购物了。用户在开展电子现金业务的银行开设账户并在账户内存钱后，可以随时通过互联网从银行账号上下载电子现金，从而保证了电子现金使用的便捷性。同时，电子现金的传输过程通常经过公钥或私钥加密系统，以保证电子现金使用的安全性。

电子现金的发明人是戴维·乔姆（David Chaum）。1995 年年底，设在美国密苏里州的马克·吐温（Mark Twain）银行接受了电子现金，现在电子现金及其支付系统已发展有多种形式。按电子现金载体来分，电子现金主要包括两类：一类是币值存储在智能卡上；另一类就是以数据文件的形式存储在计算机的硬盘上。

二、电子现金的网上支付模式

所谓电子现金的网上支付模式，就是在电子商务过程中，客户利用银行发行的电子现金在网上直接传输交换，发挥类似纸币的等价物职能，以实现即时、安全可靠的在线支付形式。

这种电子现金的网络支付模式，从电子现金的产生到传输过程，同样运用了一系列先进的安全技术与手段，如公开密钥加密法、数字摘要、数字签名以及隐蔽签名，所以其应用还是比较安全的。

电子现金网上支付模式的主要好处就是客户与商家在运用电子现金支付结算过程中，基本无须银行的直接中介参与。这不但方便了交易双方应用，提高了交易与支付效率，降低了成本，而且电子现金具有类似纸币匿名而不可追溯使用者的特征，可以直接转让给别人使用（就像纸币），并且保护了使用者的个人隐私。电子现金的这些特征与信用卡、电子钱包、网络银行、电子支票等网络支付方式不同，后者的支付过程一直有银行中介参与，而且是记名认证的。电子现金支付过程因为无须银行中介参与，存在伪造与重复使用的可能。在这一点上各电子现金发行行也正采取一些管理与技术措施来完善它。例如：发行行建立大型数据库来存储发行的电子现金序列号、币值等信息，商家每次接受电子现金后均直接来银行兑换入账，银行记录已经使用的电子现金；在接受电子现金的商家与发行行间进行约定，每次交易中由发行行进行在线鉴定，验证电子现金是否为伪造或重复使用的等。这样做的结果的确在一定程度上牺牲了电子现金像纸币一样充当一般等价物的自由流通性，但更加安全。随着电子现金相关的新技术的不断开发与应用，技术与应用规范的统一完善，电子现金也会更加自由地流通，真正发挥"网络货币"的职能。

三、电子现金的网上支付流程

电子商务中的各个交易方从不同的角度对电子现金系统提出了不同的要求。一般来讲，客户要求电子现金匿名、使用方便灵活；商家要求电子现金可靠，其所接受的电子货币必须能兑换成实体货币；银行要求电子现金不能重复使用，电子介质不能被非法使用和伪造。

应用电子现金进行网上支付，需要在客户端安装专门的电子现金客户端软件，在商家服务端安装电子现金服务器软件，在发行行运行对应的电子现金管理软件等。为了保证电子现金的安全及可兑换性，发行行还应从第三方 CA 申请数字证书以证实自己的身份，借此获取自己公开密钥 / 私人密钥对，且把公开密钥公开出去，利用私人密钥对电子现金进行签名。电子现金的网上支付业务处理流程涉及商家、客户与发行行三个主体，涉及初始化协议、提款协议、支付协议以及存款协议四个安全协议过程，一般分为以下步骤：

（1）电子现金的使用客户、电子现金接收商家与电子现金发行行分别安装电子现金应用软件，为了安全交易与支付，商家与发行行从 CA 申请数字证书。

（2）客户端在线认证发行行的真实身份后，在电子现金发行行开设电子现金账号，存入一定量的资金，利用客户端与银行端电子现金的应用软件，遵照严格的购买兑换步骤，兑换一定量的电子现金。

（3）客户使用客户端电子现金应用软件在线接收从发行行兑换的电子现金，存放在客户机硬盘（或电子钱包、IC 卡）上，以备随时使用（提款协议）。

（4）接收电子现金的商家与发行行间应在电子现金的使用、审核、兑换等方面有协议与授权关系，商家也可以在发行行开设接收与兑换电子现金的账号，也可另有收单银行。

（5）客户验证网上商家的真实身份，并确认能够接收本方电子现金后，挑选商品，选择己方持有的电子现金来支付。

（6）客户把订单与电子现金借助 Internet 平台一并发送给商家服务器。

（7）商家收到电子现金后，可以随时一次或批量到发行行兑换电子现金，即把接收的电子现金发送给电子现金发行行，与发行行协商进行相关的电子现金审核与资金清算，电子现金发行行认证后把同额资金转账给商家开户行账户。

（8）商家确认客户的电子现金真实性与有效性后，确认客户的订单与支付，并发货。

电子现金网上支付流程如图 3-11 所示。

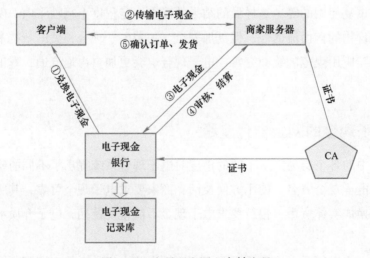

图 3-11　电子现金网上支付流程

四、电子现金的特点与存在的问题

客户在开展电子现金业务的电子银行设立账户并在账户内存钱，就可以用其进行购物。电子现金作为以电子形式存在的现金货币，同样具有传统货币的价值度量、流通手段、储蓄手段和支付手段四种基本功能，并且与其他网络支付方式相比，更能体现货币的特点与等价物的特征，因此电子现金兼有纸币和数字化现金的优势，具有安全性、匿名性与不可跟踪性、方便性、经济性、可分解性等特点。

1. 电子现金的特点

（1）安全性。电子现金是高科技发展的产物，它融合了现代密码技术，提供了加密、认证、授权等机制，不容易被复制和篡改，并且由于电子现金无须随身携带，因此减少了遗失和被偷窃的风险；普通现金有被抢劫的危险，必须存放在指定的安全地点，如保险箱、金库。保管普通现金越多，所承担的风险越大，在安全保卫方面的投资也就越大；而电子现金不存在这样的风险，高性能彩色复印技术和伪造技术的发展使伪造普通现金变得更容易了，但并不会影响电子现金。

（2）匿名性与不可跟踪性。客户用电子现金向商家付款，除了商家以外，没有人知道客户的身份或交易细节。如果客户使用了一个很复杂的假名系统，甚至连商家也不会知道客户的身份。保护客户隐私是电子现金的主要优点，因此电子现金不能提供用于跟踪持有者的信息，即使在进行网上支付时也无法追踪。电子现金是以打包和加密的方法为基础，它的主要目标是保证交易的保密性与安全性，以维护交易双方的隐私权。除了双方的个人记录之外，没有任何关于交易已经发生的记录。因为没有正式的业务记录，连银行也无法分析和识别资金流向，正因为这一点，如果电子现金丢失了，就如同纸币现金一样无法追回。

（3）方便性。纸币交易受时间、地点的限制；而电子现金借助 Internet 传输，就有较高的效率，并且电子现金的数字化流转形态使得用户在支付过程中不受时间、地点的限制，使用更加方便。

（4）经济性。纸币的交易费用与交易的金额成正比，随着交易量的不断增加，纸币的发行成本、运输成本、交易成本越来越高；而电子现金在网络上完成支付，大大节省了资源，避免类似纸币的巨额保管、运输、维护费用。

（5）可分解性。可分解性是指电子现金支付单位的大小可自行定义，不受实际现金系统的限制，这是电子现金同传统货币的一个重要区别。

2. 电子现金存在的主要问题

电子现金的发行和使用给人们带来了巨大的好处，但电子现金在应用上仍然存在许多问题，主要表现为以下方面：

（1）电子现金发展到现在仍然没有一套国际兼容的统一技术与应用标准，接收电子现金的商家和提供电子现金开户服务的银行还是太少，因而不利于电子现金的流通。

（2）电子现金的灵活性和不可跟踪性带来了发行、管理和安全验证等一系列问题。从技术上说，各个银行、商家都可以发行与使用电子现金，如果不加控制与管理，电子商务将不能正常发展，甚至带来严重的经济和金融问题。

（3）应用电子现金需要在客户、银行和商家计算机上均安装对应的电子现金软件，且对三方都有较高的软硬件要求，目前的运作成本也较高。为加强认证、防伪，预防重复消费，需要银行建立大型数据库对存储用户完成的交易和电子现金序列号进行记录，因而加大了投入，也限制了电子现金的自由流通性。

（4）电子现金的电子数据形式，满足不了人们欣赏纸质现金的直观与触摸感要求，在亲和力上差一些，不容易被大量的传统人士所接受。同时，如果某个用户的硬盘损坏，电子现金丢失，钱就无法恢复，这个风险许多消费者都不愿承担。

（5）存在货币兑换问题。由于电子现金仍以传统的货币体系为基础，因此从事跨国贸易就必须要使用特殊的兑换软件。

（6）对于无国家界限的电子商务应用来说，电子现金还存在税收、法律、外汇的不稳定性以及货币供应的干扰和遭受金融危机的潜在问题。

尽管存在种种问题，电子现金的使用仍呈现增长势头。

五、电子现金的应用实例

迄今为止，国际上各种科研机构和高科技公司陆续开发出了多种电子现金支付系统，这里介绍几种主要的电子现金支付系统。

1. DigiCash 的 E-Cash

DigiCash 是一家专门从事电子支付系统和电子现金开发的专业公司，其创始人戴维·乔姆是该领域的先驱之一。DigiCash 利用公开密钥密码体制开发了几种能够提供安全性和私密性的支付方案，包括针对公开网络和私人网络的解决方案。

DigiCash 公司于 1990 年成立，位于阿姆斯特丹。DigiCash 公司于 1995 年 10 月就开始在美国圣路易马克·吐温银行试验一种名为 CyberBucks 的电子现金系统，当时大约有 50 家互联网厂商和 1000 名客户使用这种电子现金。这个系统允许消费者利用电子现金进行联机交易。

E-Cash 是由 DigiCash 公司开发的一种基于软件的在线使用电子现金系统，电子现金采用的是硬盘数据文件的形式。E-Cash 是在 Internet 上应用完全匿名的安全电子现金，它具有纸质现金的私密性，并具有公开网络所要求的附加安全性。使用 DigiCash 公司发布 E-Cash 的银行包括 Eunet Deutsche、Advance 等世界知名银行。

E-Cash 支付系统的参与方有客户、商家与银行。客户与商家要使用 E-Cash，都应在开展 E-Cash 业务的金融机构开设一个账户，然后便可以从那里获得相应的电子现金软件：

客户电子钱包或商家电子钱包（也被称为电子钱包软件）。通过这些软件，客户可随时要求开户银行将自己账户中的现金转换成电子现金库里的电子现金。在使用时，可要求将一定数量的电子现金从银行的电子现金库里调入客户计算机的硬盘。电子现金软件主要用来管理并存储客户的电子现金，并使协议规定的存取款的步骤对客户尽量透明，而协议能够有效地防止银行知道 DigiCash 公司发行的电子现金序列号，起到保密的作用。

购物时，客户先在接受 E-Cash 的商场选定商品，如果决定购买，只需用鼠标单击"接收 E-Cash 支付"的按钮，商家钱包软件就会将一张付款请求发送到客户计算机，其中列出了商品名称、数量以及款额。如果同意付款，只需单击"同意"按钮，就完成了全部支付的过程。

客户使用 E-Cash 现金在对商品或服务进行支付后，商家必须把客户支付的电子现金提交到发行电子现金钱包的银行，银行将确认这笔电子现金是否被使用过，即银行将收到的电子现金与其自身数据库中的已花费的电子现金的序列号相比较，验证其有效性。如果确认未被使用过，银行就将这笔款项存入商家的账户中，商家在得到有效性的确认后就可向客户发送货物和提供电子收据。同样商家也可以用同样的程序向客户进行支付。

客户如果感觉余下的电子现金放在硬盘不安全，可以放回银行的电子现金库里。这种电子现金不仅可以用于网上购物，也可以像现金一样，在个人账户之间流通。与现实货币相比，它的优点是可以挂失，防盗性与防伪性较高。

E-Cash 现金的整个支付流程可概述如下：

（1）客户使用现金、存款与电子钱包软件申请兑换电子现金，采用盲签名的方式将其发送到 E-Cash 银行以得到授权。E-Cash 银行对其要使用的电子现金进行盲签名来实现电子现金的完全匿名，并将经过授权的电子现金发送到客户处，客户将其存入自己的计算机中。

（2）客户在商家的网站上浏览并选择所需要的商品，填写相关的订单信息，将其发送至商家服务器。

（3）商家收到订单后，向客户发送支付请求，请求信息中包括货款金额、商家银行、商家银行的 ID 等。

（4）客户在收到支付请求后，若同意付款，则用授权的 E-Cash 现金进行支付，将电子现金发送到商家服务器。

（5）电子现金便通过网络转移给商户，商家在收到电子现金后，将其发送到 E-Cash 银行验证真伪以及是否被复制、重复使用过。

（6）银行验证 E-Cash 现金是否有效后，将是否有效的指令传送给商家。

（7）商家在收到指令后，如有效，则组织发货，并将收到的 E-Cash 现金发送到银行请求兑付。E-Cash 银行将电子现金回收后，立即"销毁"，只保留其序列号，以备以后查询该电子现金是否被重复使用过，再将等额的货币转入商家的银行账户中。

在上述流程中，对于如何验证 E-Cash 现金是否有效，银行需事先建立一个已花费

E-Cash 现金序列号的数据库,银行可通过验证商家传送来的电子现金与数据库中的电子现金是否一致确认 E-Cash 现金的真伪以及是否被重复使用过。有效的 E-Cash 现金需满足下列条件:由银行某一面值的签名密钥签发的电子现金;具有电子现金终止使用期,且当前使用的日期在这一期限之前;序列号未出现在已花费的 E-Cash 现金数据库中。

此外,E-Cash 现金还可在个人账户间进行转移,但在这一过程中,收款方将 E-Cash 现金发送到银行验证其有效性时,银行在验证完该电子现金有效后将其立即"销毁",同时银行将自己"铸造"的 E-Cash 现金发送给收款方。

该电子现金的最大优点在于完全实现了匿名性,当客户从银行提取电子现金时采用了盲签名系统(Blind Signature System),也叫遮蔽式签名系统,这一系统允许客户从银行得到电子现金,而银行却不能将客户的身份与所领取的电子现金联系起来。银行在收到商家的电子现金后,根据自己签发时的签名进行兑现,但银行并不知道使用电子现金的客户是谁。同时,银行并不知道所提取的电子现金的序列号,因此,客户可以放心地使用 E-Cash 在商家处进行消费,并且即使商家与银行相互沟通,也无法确定 E-Cash 现金的消费者是谁,从而实现了电子现金真正意义上的匿名性。因此,E-Cash 保证了电子现金在传送过程中的安全性与购物的匿名性。由于其使用过程几乎与支付现金过程一样简单,很受用户的欢迎。

目前,由于 E-Cash 现金应用不是非常普及,某一家银行的 E-Cash 现金未必会被另一家银行所接受,因此客户与商家都必须在同一家银行开设账户。但随着 E-Cash 现金的普及,银行之间可能会提供这种交换,或第三方也有可能会提供对不同银行的 E-Cash 现金进行交换的服务。

2. CyberCash 公司的 CyberCoin

CyberCash 公司可提供多种互联网结算方式,包括信用卡小额支付和支票结算等服务。自 1995 年以来,CyberCash 公司一直提供在互联网上进行安全的信用卡服务,它是通过将商家的网站连到能对信用卡采购进行及时验证的信用卡处理器上来实现这一功能的。

我们在"信用卡网上支付实例"中学习了 CyberCash 信用卡网上支付模式,了解到 CyberCash 不适合小额交易。

CyberCash 公司通过它的 CyberCoin 来提供小额数字现金事务的支付服务,有效解决了这个问题。其资金传输特点与 DigiCash 相似,允许客户预付一笔 CyberCash,资金被从银行账户传输到 CyberCoin 钱包,客户把自己的 CyberCoin 放在 CyberCoin 钱包里,CyberCoin 钱包是一个存在客户计算机上的软件存储机制。商家可用 CyberCoin 来处理 25 美分到 10 美元之间的小额支付。提供有偿信息发布服务的商家可用这种小额支付服务来一次性收取这些低额费用;软件分销商可通过收取大量的 CyberCoin 来销售软件;另外,原来不得不按月订阅的商业网站现在就可以按天来提供订阅服务了。PayNow 是 CyberCash 公司提供的一种最新服务。客户可通过 PayNow 用其支票账户直接和 CyberCash 结算。个人和企业都可使用这种服务。

3. ECoin.net 的 eCoin

eCoin 是 ECoin.net 发行的电子货币，可用于在线支付商品。eCoin 提供在线小额支付，这种电子现金存储在客户计算机上的 eCoin 电子钱包里。同类似的小额支付系统一样，可以用它花几美分来下载一篇新闻报道，或浏览一个收费网站，或花几十美分下载一段音乐，当然价格由商家来决定。使用 eCoin 的前提是电子商务网站要支持 eCoin 电子现金，以便客户可以使用这种支付手段。客户在使用 eCoin 时，需要先下载一个电子钱包软件，把它作为插件安装在自己的浏览器上，而接受 eCoin 的商家不需要安装特殊的软件，可在其 html 页面上生成一个特殊的发票标志，以支持客户的 eCoin 管理程序（安装在用户浏览器上的钱包）。

eCoin 系统是客户、商家、eCoin 服务器组成的三方系统。eCoin 服务器相当于经纪人，它负责维护和更新客户与商家账号，接受客户软件的结算请求，并为商家网站核算发票。eCoin 服务器在 eCoin 自己的网站上运行，具备防止重复消费的功能。其结构可保证客户在商家面前是匿名的，但对 eCoin 服务器却不是匿名的。

4. 数字人民币

数字人民币是由中国人民银行发行，由指定运营机构参与运营并向公众兑换，以广义账户体系为基础，支持银行账户松耦合功能，与纸钞和硬币等价，并具有价值特征和法偿性的可控匿名的支付工具。

数字人民币具有法定地位、具有国家主权背书、具有发行责任主体。数字人民币采用了数字化的技术形态，其本质依然是法定的货币，同时是官方的支付工具和清算工具。它有四方面好处：一是节省现金流通的成本；二是强化支付系统的公共属性；三是为数字资产交易提供端对端的可靠支付工具；四是加强货币政策的传导机制。

2020 年，数字人民币开始在深圳、成都、苏州、北京、上海进行小范围试点。数字人民币的基本架构已经明确。一是采用间接发行模式。数字人民币既可选择"中央银行—公众"的直接发行模式，也可选择"中央银行—商业银行—公众"的间接发行模式。数字人民币采用间接发行模式和双层运营投放体系，不必再造金融基础设施，有利于节省投资；不必重构货币发行与管理格局，有利于管控风险；不必衔接不同特性的货币发行模式，有利于稳定市场。二是采用央行中心管理模式。数字人民币采用中心化的管理模式，以保证货币政策传导机制的可靠性，保证货币调控的效率。由于"现有区块链技术无法达到超大市场零售级别的高并发需求"，应该保持技术中性，不依赖区块链单一技术。三是采用"账户松耦合"方式。数字人民币采用"账户松耦合"加数字钱包的方式，可以脱离银行账户实现端对端的价值转移，减轻交易环节对金融中介的依赖，并且实现可控匿名支付。目前数字人民币的设计只限于替代流通中的现金。我国人口数量和支付市场规模居全球首位，数字人民币必须确保在高并发市场中运行的可靠性、安全性和权威性。为此，需要建立可靠的技术架构，需要开发丰富的应用场景，需要制定相应的法律制度，才能大范围推广应用。在未来数字人民币产品设计中，还将充分考虑特定群体的现实需求，通过多种技术手段，降低使用难度。中国人民银行将深入调研公众对数字人民币的服务需求，进一步提升数字人民币的普惠性，让更多的老百姓享受发展的红利。

数字人民币使用步骤：首先下载"数字人民币 App"完成注册、登录、设置。第二步上滑付款，下滑收款；第三步商户用 POS 机扫码；第四步用户确认消费金额，输入密码或选用免密支付；第五步付款成功。

数字人民币只存在付款方和收款方，不经过第三方平台，具有支付快捷的特点，付款方和收款方都没有网络也可以完成支付。商户和第三方平台无权获取消费者的身份信息和支付数据，隐私性较好。从支付流程上来说，数字人民币和支付宝、微信钱包的使用方式是一样的，都需要移动终端设备，扫码或出示付款码支付。但是支付宝、微信钱包里的资产实际上是银行卡里的钱，是基于各家银行进行相互结算的。数字人民币其功能属性与纸币类似，只是形态数字化，是国家法定货币。数字人民币相当于"电子钱"，支付时把钱直接付给商家，而微信、支付宝相当于"钱包"，里面既能装银行存款货币，也能装数字人民币。数字人民币全面推广后任何商家都不能拒收，即使没有网络也可使用，兑换纸币无服务费，而使用微信、支付宝支付时，商家可以拒绝消费者使用微信或支付宝，同时没有网络难以使用，提现过程中可能产生服务费。虽然数字人民币和微信、支付宝有本质区别，但在实际支付的过程中，这两种方式的体验差异并不大。数字人民币是支付方式的重要补充，而不是某种支付方式的替代者。同时数字人民币还有以下好处：不需要印钞纸、油墨、印钞机，发行成本降低，也能免去回收磨损老化人民币的高额成本。同时，每一张数字人民币的流通都有数据记录，对打击违法犯罪有很大帮助。数字人民币在国际交易的结算和清算领域更加便捷，有利于人民币走向世界。

数字人民币的使用方法

全球已有诸多国家在"央行数字货币"研发上取得实质性进展或有意发行"央行数字货币"，包括法国、瑞典、沙特阿拉伯、泰国、土耳其、巴哈马、巴巴多斯、乌拉圭等。

电子现金虽已经比较完善，但仍在不断发展过程中，发展的方向是更加安全、简便、实用，更加高科技化。随着较为安全可行的电子现金解决方案的出台，电子现金将会成为未来网上贸易方便的交易手段。

单 元 小 结

电子现金也是电子货币的一种，而且是近几年才研发出来的新型电子货币，是新生事物，其理论体系、应用规范与模式、普及应用等方面均在进一步发展中。通过对本单元的学习，我们对电子现金的基本知识、网上支付模式、应用特点以及应用状况有了一个全面的认识。

课堂训练与测评

（1）简述电子现金与生活中的纸质现金的异同。

（2）讨论数字人民币与微信支付、支付宝 App 支付有何不同。

（3）讨论数字人民币与虚拟货币有何不同。

知 识 拓 展

（1）通过网络搜索并了解《关于规范银行业金融机构发行预付卡和电子现金的通知》。

（2）通过网络搜索并了解数字人民币的相关发展数据。

单元三　电 子 钱 包

情境导入

电子钱包是客户在电子商务网站购物时进行小额支付结算的常用工具，通常与信用卡、电子现金等一起使用。目前，世界各国都在全力推动电子钱包项目的试验，有关其理论体系、应用规范与模式、普及应用等均在进一步发展中。电子钱包特别是 IC 卡（智能卡）的电子钱包将大大促进整个社会的信息化建设与应用水平。可以预期，在不远的将来，电子钱包在传统专用网络平台上与 Internet 公共网络平台上将会成为对金融机构、商家、普通客户都十分有利、有用的支付与结算工具。

本单元我们将学习电子钱包的基本知识、功能、分类、工作原理以及常用的几种电子钱包的使用方法与操作流程，以便为日后电子钱包相关业务功能的熟练操作打下坚实的基础。

一、电子钱包的基本知识

电子钱包（Electronic Wallet 或 E-Wallet）是客户在电子商务购物活动中常用的一种支付工具，它是一个客户用来进行安全网络交易特别是安全网络支付并且储存交易记录的特殊计算机软件或硬件设备。电子钱包就像生活中随身携带的钱包一样，能够存放客户的电子现金、信用卡卡号、电子零钱、个人信息等，经过授权后又可方便且有选择性地取出使用，是一种新式网络支付工具，可以说是"虚拟钱包"。

电子钱包有两种概念：一是纯粹的软件，主要用于网上消费、账户管理，这类软件通常与银行账户或银行卡账户连接在一起；二是用于小额支付的智能储值卡，持卡人预先在卡中存入一定的金额，交易时直接从储值账户中扣除交易金额。

电子商务活动中的电子钱包软件通常都是免费的，可以直接使用与自己银行账号相连接的电子商务系统服务器上的电子钱包软件，也可以采用各种保密方式调用 Internet 上的电子钱包软件。

二、电子钱包的功能

电子钱包具有以下功能：

（1）电子安全证书的管理。包括电子证书的申请、存储、删除等。

（2）交易记录的保存。保存每笔交易记录以备日后查询。

（3）保证电子交易的安全。进行 SET 交易时辨认商户的身份并发送交易信息。

（4）管理账户信息。查询已经发生的交易、金额、账户余额、银行账号上收付往来的账目、清单和数据等。

（5）实现自动支付流程。例如当钱包中某信用卡上的账户余额不足以支付时，电子钱包可以重新取出其他的支付工具用于支付。

三、电子钱包的分类

电子钱包可以是一个特殊的计算机软件，也可以是一个特殊的硬件装置，所以可以分为两类：当其形式上是软件时，常常被称为电子钱包软件，主要用于网上消费、账户管理，这类软件通常是与银行账户或银行卡账户连接在一起的，如 Microsoft Wallet；当其形式上是硬件时，电子钱包常常表现为一张储值的卡，即智能卡，也称 IC 卡，用集成电路芯片来储存电子现金、信用卡等电子货币以及消费者信息，该卡可以用来购买产品、服务和存储信息等，已经十分广泛地应用于金融、交通、社会保障等很多领域。

四、电子钱包的工作原理

1. 电子钱包的网上支付模式

电子钱包并不只限于在 Internet 平台上应用，还能在专用网络平台上应用，例如利用 IC 卡等硬件电子钱包，也可以像普通信用卡一样在 POS 机上进行消费。这种公共网络平台与专用网络平台上都能应用，安全性又较强的特点，是卡式电子钱包在国外比较普及的重要原因。这里主要叙述基于 Internet 平台的软件电子钱包的支付与结算，关于 IC 卡电子钱包的使用将在以后的单元中学习。

所谓电子钱包的网上支付模式，是在电子商务过程中客户利用电子钱包作为载体，选择其中存放的电子货币如信用卡、电子现金等，在 Internet 平台上实现即时、安全可靠的在线支付形式。

电子钱包的网上支付模式主要遵循 SET 机制。基于 SET 机制的网上支付流程中运用了一系列先进的安全技术与手段，如私有与公开密钥加密法、数字摘要、数字信封、数字签名、双重数字签名等技术手段以及数字证书认证工具，因此是非常安全的，这也保证了电子钱包的运用是安全的。利用电子钱包里的信用卡支付是完全遵循 SET 机制的，流程严谨而复杂；利用电子钱包里的电子现金支付时，除了验证双方的数字证书外，基本遵守电子现金的支付模式，电子钱包软件成了电子现金客户端软件，支付处理流程比较简单，无须银行的直接中介参与。所以两者在应用上还是有区别的。

电子钱包网上支付模式除了具有极强的安全性外，还有许多应用上的优点，如个人购物信息集中管理与方便应用、一包存放多张信用卡。对客户、商家与银行的要求也是严格的，特别是商务各方均须安装对应的电子钱包软件，各自申请一张数字证书。对客户来讲，需要先安装专门的电子钱包客户端软件，向电子钱包中添加电子货币（如信用卡），然后申请安装数字证书等。这个先期过程还是让用户感到挺麻烦，它没有基于 SSL 机制的信用卡支付那么简便。

2. 电子钱包的网上支付流程

在 Internet 这样的公共网络平台上应用电子钱包进行网上支付，需要参与各方（客户、商家以及银行）安装相应的电子钱包服务软件，中间涉及第三方 CA 的认证与数字证书颁发事务，以支持电子钱包整个流程的安全操作。

目前，在 Internet 平台上应用电子钱包主要是取出钱包中的信用卡账号进行网上支付，所以这里以钱包中信用卡的网上支付为例，描述电子钱包的网上支付流程，它在技术机制上遵守 SET 机制。因此，电子钱包（其中的信用卡）的网上支付流程与基于 SET 机制的信用卡网上支付流程基本一致，严谨、安全而复杂，应用多种密码技术与数字证书认证机制，涉及客户、网上商家、支付网关、发卡行、收单行、CA 等多个参与方。

利用信用卡的电子钱包的网上支付业务处理流程一般可概括为如下几步：

（1）客户到电子钱包支持银行申请一张相应的信用卡，且在银行网站通过网络下载得到对应的电子钱包软件；支持该行电子钱包的网上商家也须申请并且安装对应的电子钱包服务器端软件。

（2）客户在客户端成功安装下载得到的电子钱包软件，设置开包的用户名与开包密码，以保证电子钱包的授权使用。

（3）客户往自己的电子钱包中添加对应的信用卡（也可以使用电子现金、电子支票等），申请并且安装信用卡的数字证书。

（4）客户使用计算机通过 Internet 连接商家网站，填写订单、提交订单，商家电子商务网站回送订单确认收到信息。

（5）客户检查且确认自己的购物清单后，利用电子钱包进行网上支付（实际选择对应的信用卡，如长城借记卡）。电子钱包自动打开，客户输入自己的开包用户名与密码，确认自己的电子钱包且从电子钱包中取出对应的信用卡付款。具体的网上支付过程是由取出的电子货币形式决定的。如果使用信用卡支付，则后续的支付流程采用信用卡的SET网络支付模式进行支付结算；如果使用电子现金支付，则后续的支付流程采用电子现金模式进行支付结算。

（6）如果经发卡行确认后拒绝且不予授权，说明客户从电子钱包中取出的这张信用卡余额不足或者没有钱，客户可单击电子钱包的相应项打开电子钱包，取出另一张信用卡或者使用另外一种电子货币（电子现金），重复上述操作。

（7）发卡行证明信用卡有效且经客户授权后，在后台专用金融网络平台上把相应资金从客户信用卡账号转移至商家收单行的资金账号，完成支付结算，并且回复商家与客户。

（8）商家按照客户的订单要求发货，同时商家或银行服务器端记录整个交易过程中发生往来的财务与物品数据，供客户电子钱包管理软件查询。

到此，电子钱包购物的全过程就完成了，购物过程中虽经过多次的身份确认、银行授权、各种财务数据交换和账务往来等，但这些都是在极短的时间内完成的。上面只是借助电子钱包中信用卡进行安全网络支付的一般流程，也是目前 Internet 上电子钱包应用的大多数情况。随着技术的进步，新版电子钱包不仅支持信用卡的 SET 机制支付，也支持更为简便、更有效率、更为普及的信用卡 SSL 机制支付。除此之外，日益成熟的电子现金、电子零钱、电子支票等其他电子货币也纷纷加入电子钱包应用的行列，为电子钱包的方便应用、集中管理提供支持。利用电子钱包的电子现金支付，除需认证客户与商家的身份外，还可直接从电子钱包中取出电子现金直接支付商家，无须银行的直接中介参与，效率更高。

3. 电子钱包网上支付的特点

电子钱包网上支付的特点可归纳如下：

（1）便于个人资料管理与应用方便。客户成功申请电子钱包后，系统将在电子钱包服务器上为其开立一个个人专属的电子钱包信息档案，客户借助客户端软件可在此信息档案中增加、修改、删除个人资料。当需要应用时，只需在网页上单击"钱包"图标，就能把个人商务信息，如姓名、送货地址、E-mail、信用卡号等安全地发送到商家网站，不用每次重复填写，让客户感到省心、方便且高效。

（2）客户可用多张信用卡。很多持卡人都持有不止一张信用卡，并且可能持有不同银行发行的信用卡，例如持卡人同时持有中国银行的长城卡、中国工商银行的牡丹卡、中国建设银行的龙卡等，也可能同时持有多张同一银行发行的信用卡。许多人考虑将多张信用卡用于网上支付，在不同情况下或者购买不同商品时，采用不同的信用卡进行支付。电子钱包软件可以满足持卡人的这一要求，不但可以使用多张信用卡，还可以使用电子现金，并且可以让持卡人任意选择。但客户使用多张信用卡的前提是客户必须为电子钱包申请数字证书，以证实自己的真实身份，否则可能会给客户造成较大的损失。不过现在应用电子钱包除了设置电子钱包的用户名与开包密码外，取出信用卡使用时还需要卡应用密码，具有多重保护机制。

（3）可使用多个电子钱包。软件供应商提供的电子钱包客户端软件一般都具有能使用多个钱包的功能，也就是一个电子钱包软件可以授权多人使用，互不干涉。当启动电子钱包后，只要输入不同的用户名与开包密码，就能打开不同的钱包。每位用户只能打开自己的钱包取出自己的信用卡，而无法打开别人的钱包。

（4）可保存与查询购物记录。电子钱包软件每进行一次交易，无论成功或失败，都会将结果记录下来，供客户进行查询。电子钱包能够帮助客户记下所有网络交易情况，包括在哪家商店买了什么东西，花了多少钱，一目了然。客户借助电子钱包可对自己的网上消费情况掌握得清清楚楚，方便客户查询。

（5）具有较高的安全性。电子钱包用户的个人资料存储在服务器端，可以通过技术手段确保安全，而且不在个人计算机上存储任何人资料，避免资料泄露的危险，同时网络支付传输采用 SET 机制，安全可靠。

（6）对参与各方要求较高。使用电子钱包进行网上支付，需要在一整套电子钱包服务系统中进行，并且客户端需配置电子钱包客户端软件才可使用，给客户带来一定的不便。

（7）快速而有效率。应用电子钱包避免了很多信息的重复填写，速度比较快，因而交易效率较高。

五、电子钱包的应用实例

电子钱包是由英国西敏寺（West Minster）银行和米兰德（MidLand）银行联合开发的。经过几年的发展，电子钱包在世界各国得到了广泛应用。

1. iliumsoft eWallet

iliumsoft eWallet 是一个安全、实用的电子钱包，网站首页如图 3-12 所示。eWallet 电子钱包可以帮助用户存储信用卡卡号、银行账户信息、保险信息等，还支持信息的同步和备份。计算机上的电子钱包管理软件可以与移动应用程序进行交互，从而使用户可以轻松地在计算机上管理电子钱包。用户可以批量添加钱包项目，制作相关报告，并使每笔交易记录清晰明确。eWallet 的安全性非常高，可以全面保护用户信息安全。用户不仅可以输入信用卡卡号、信用卡密码，还能自定义图标、卡片背景以及安全级数，操作非常方便。eWallet 能够将用户的支付资料依照用户需求进行分类储存，而且每种类别都有预设格式设计，让用户储存资料更加方便。eWallet 使用 256 位 AES 加密算法，用户可以把它当成重要资料的储存工具，软件本身还能够设置密码保护，进一步提高交易安全性。

图 3-12　iliumsoft eWallet 网站首页

eWallet 电子钱包具有以下特点：

eWallet 电子钱包软件使用方法

（1）安全地存储用户的信息。eWallet 使用强大的 256 位 AES 加密算法，保护用户的个人信息免于落入不法之徒手中。弱密码和未受保护的数据，使用户存在身份被盗用的风险，且易成为诈骗的目标，eWallet 内置的密码生成器可创建强密码，保护用户的资金和信息安全。

（2）个性化用户的电子钱包。用户借助图标、卡片背景以及超过 30 个预制卡片模板，可创建自己想要的外观，或者通过保存自己的模板来获得所需的外观。

（3）用户可随时随地使用数据。eWallet 可用于台式机、笔记本电脑和各种移动端应用平台，如 iPhone、iPad、iPod touch。Mac（苹果电脑）和 Windows PC 可通过"云"或 Wi-Fi 与 eWallet 无缝同步数据。

2. 翼支付钱包

翼支付钱包（又称翼支付手机钱包）是中国电信旗下的运营支付和互联网金融的业务品牌，网站首页如图 3-13 所示。它可以将日常生活中使用的各类卡片（如银行卡、公交卡、会员卡等）装载在具有 NFC 功能的手机中，中国电信手机用户只需持 NFC 手机即可在商超、公交 / 地铁、餐饮等场所轻松实现消费及身份识别。

图 3-13　翼支付网站首页

　　我国电子钱包大致分三类：由行业卡演变而成的行业电子钱包（或准电子钱包）、银行发行的通用电子钱包以及第三方支付钱包业务。

　　中国电信推出的"翼支付"业务可使用电子钱包实现网上支付，即通过把客户的宽带账号、电话号码与钱包支付账户进行绑定，将可见的货币转为电子货币，从而可以随时随地为中国电信用户提供支付通道服务。同时客户可管理自己的电子钱包，进行安全的消费、转账和充值。除行业卡之外，各大商业银行也推出了通用电子钱包，中国银行将长城借记卡或国际信用卡与电子钱包相结合，推出了"中银电子钱包"网上支付结算业务，还能够实现管理账户信息、管理电子证书、处理交易记录以及更改口令等诸多功能。第三方支付钱包业务的代表就是支付宝 App、微信支付，相关内容将在模块六详细介绍。

　　总之，电子钱包的应用使得客户、商家以及金融机构三方都获利，随着电子钱包应用的逐渐普及、功能的逐渐完善，其业务范围越来越广泛，电子钱包也将成为重要的网上支付结算工具之一。

单 元 小 结

　　通过本单元的学习，大家对电子钱包的基本知识、功能、分类、工作原理以及常用的几种电子钱包的使用方法与操作流程有了一个全面的认识。

课堂训练与测评

　　分析电子钱包与智能卡的应用联系。

登录电信翼支付网站了解翼支付电子钱包的功能与使用方法。

单元四　智　能　卡

情境导入

20 世纪 70 年代中期，法国罗兰·莫雷诺（Roland Moreno）公司在一张信用卡大小的塑料卡片上安装了嵌入式存储器芯片，率先成功开发了 IC 存储卡。经过 20 多年的发展，真正意义上的智能卡，即在塑料卡上安装嵌入式微型控制器芯片的 IC 卡，由摩托罗拉和 Bull HN 公司于 1997 年研制成功。智能卡在欧洲非常流行。在美国，因为智能卡存储信息量较大，存储信息的范围较广，安全性较好，因而逐渐引起了人们的重视。2013 年，中国银联成为国际芯片卡标准化组织（EMVCo）成员。全球支付行业向芯片卡迁移，为产业各方带来了机遇。中国银联加入 EMVCo，正是顺应了这一趋势，有助于更好地参与全球支付行业变革，同时也为银联金融 IC 卡在全球的发行和受理奠定了坚实的基础。EMVCo 是负责制定与维护国际支付芯片卡标准规范的专业组织，管理和规范 EMV 标准的实施，其成员包括万事达、Visa、JCB 和美国运通。中国银联成为 EMVCo 成员，使参与芯片卡行业标准的机构更具代表性。2011 年，央行发布《关于推进金融 IC 卡应用工作的意见》，正式在全国范围内启动 IC 卡芯片的迁移工作，同时要求 ATM 终端和非现金终端进行金融 IC 卡受理改造。根据央行要求，商业银行在 2015 年全面发行功能强大、安全性与加密程度更高的 IC 芯片卡来全面替代磁条卡。

智能卡本质上是硬件式的电子钱包，它既可支持电子现金的应用，也可与信用卡一样使用；既可应用在专用网络平台上，也可应用在基于 Internet 公共网络平台的电子商务网上支付中。本单元我们将了解智能卡的基本知识、网上支付运行模式及应用特点与应用状况。

一、智能卡的概念和构成

1. 智能卡的概念

智能卡（Smart Card）是一种将具有微处理器及大容量存储器的集成电路芯片安装于塑料基片上而制成的卡片，也称集成电路卡（Integrated Circuit Card，IC 卡）。金融智能卡是在智能芯片上存储用户信息的电子支付工具，它类似信用卡，但卡上是芯片和小的存储器而非磁条。

由于智能卡内带有微处理器和存储器，因而能储存并处理数据，可进行复杂的加密运算和密钥密码管理，卡上有个人识别码（PIN）保护，安全性和可靠性高。智能卡应用范围广，可一卡多用。

金融 IC 卡大多是智能卡（或 CPU 卡），密钥、密码、用户的基本信息、金融信息和交易记录等数据都存放在电可擦可编程只读存储器（Electrically Erasable Programmable Read-only Memory，EEPROM）中。卡操作系统（Card Operating System，COS）担负着芯片的安全、通信、文件数据管理、执行交易命令流程和异常状态下的自我保护任务，例如在卡中如何加钱、减钱以及这些钱的读写需不需要受密码密钥的保护等，这些事情都是由 COS 管理的，COS 是智能卡的关键技术。

2. 智能卡的构成

智能卡包括三部分：塑料基片、接触面以及集成电路。

制作过程：半导体厂家将大的硅片切成小块，一个直径为 6 英寸的硅片可以造出上千个芯片；然后对小硅片进行光刻以生产必要的电路，并将它封装在黑色的集成电路模块中；接着将集成电路的输入输出端联结到大的接触面上，便于今后读写器的操作；最后把制作完成的模块嵌入到卡上，就形成了智能卡，如图 3-14 所示。

图 3-14 智能卡形式

二、智能卡的种类

常用的智能卡大致可以分为四种：存储卡、加密存储卡、CPU 卡和射频卡。

1. 存储卡

存储卡不能处理信息，只是简单的存储设备，从这个角度讲，它们很像磁卡，唯一的区别是存储量更大。但它们也存在和磁卡一样的安全缺陷，没有任何安全保障。

2. 加密存储卡

加密存储卡是在存储卡的基础上增加加密逻辑，保持存储卡的价格优势。一次性的加密卡（又称预付卡）用得较为广泛，如电话储值卡。

3. CPU 卡

CPU 卡有处理器和内存，因此不仅能储存信息，还能对数据进行复杂的运算。由于其可以实现对数据的加密，安全性有了显著提高，可以有效地防止伪造，用于储蓄卡、信息卡和其他对安全性要求较高的应用场合。

4. 射频卡

射频卡是在 CPU 卡的基础上增加了射频收发电路，非接触式读写，可以大量地用于交通行业。

三、智能卡的特点

智能卡比磁条信用卡更为安全，无须联网，可以脱机工作，持卡人可以直接与有关公司、商家、机构进行及时结算，也可以作为网络电子转账支付的工具。其具体有以下优点：

（1）体积小，可靠性强，交易简便易行。智能卡具有防磁、防静电、防机械损坏和防化学破坏等功能，信息保存期长，读写次数在10万次以上，至少可用10年。对用户来说，智能卡提供了一种便利的方法，它能够为用户记忆某些信息，使得智能卡应用系统本身能够根据用户的需要进行配置，而不需要用户去学习和适应这种应用。

（2）安全性高。智能卡从设计到生产，设置了多级密码，并具有独特的不可复制且防外部侵入的存储区。同时，智能卡采用国际标准和技术协会的DES加密标准与加密算法进行加密，因此显著提高了智能卡的安全性，伪造或者使用非法窃取的卡都是非常困难的，智能卡本身经过严格的防伪技术处理，也不可能被复制，安全性很高。

（3）存储容量大。智能卡可存储签名、身份证号码、个人身份证认证资料、收支平衡表、重要的信息摘要、重要的几笔交易或最后的几笔交易等；不仅可以用于储蓄、消费，还可用于支付税金和各种公共费用，甚至可作为电子病历等非金融交易卡使用。

（4）智能卡既可在线使用，也可脱机处理。由于智能卡本身就是一个微机，能够记录全部授权额度和交易日志等信息核实数据，只要不超额消费或非法透支，在脱机的情况下仍然能够正常使用，不需要通过网络和中心计算机通信就可以直接进行处理，因此节省了联通网络所需的费用和时间。而使用磁卡消费必须访问银行主机账户，因此消费只能在联机时间内进行，其速度的快慢和稳定取决于通信线路的质量，在网络不能到达的场所无法使用。

（5）适用范围广。智能卡的用途已经超出了通常的金融业务和商业业务，扩大到各行各业和日常生活之中。

由于智能卡与磁卡相比具有存储信息容量大、安全性能高、使用快捷方便等优点，因此国际信用卡组织和各国银行都在大力推广智能卡的应用，我国在"金卡工程"的总体规划中也提出了金融交易卡要以智能卡为主导，以磁卡为过渡的方针。

智能卡的缺点是制造过程复杂，成本也比磁卡高，但随着微电子技术的进步和数量的增加，这些缺点将逐渐被克服。

四、智能卡的支付流程

智能卡支付是指用户通过存储支付数据的智能卡进行安全认证的远程支付。智能卡支付技术以具有安全芯片的智能卡作为银行卡、电子钱包、电子现金等支付账户的载体，提供基于PBOC（The People's Bank of China，中国人民银行）规范流程的安全计算和存储，实现身份验证、交易数据保护、交易数据完整性和不可抵赖性的技术支持，从而保证支付交易的整体安全。

在电子商务交易中,客户首先向智能卡发行银行申请智能卡,申请时需要在银行开设账户,提供输入智能卡的个人信息。申请到智能卡后,客户就可以使用智能卡进行支付了。客户可通过手机终端访问支付平台,选择相应商品并发起支付请求,订单生成后,通过手机终端与智能卡进行交互,读取并认证卡内的支付账户后,将交易请求发送至移动支付接入平台,并最终转发至账户管理系统完成支付交易授权。

智能卡内安装了嵌入式微型控制器芯片,可储存并处理数据。卡上的价值受用户的个人识别码(PIN 个人身份号码)保护,因此只有用户能访问它。多功能的智能卡内嵌入高性能的 CPU,并配备有独立的操作系统(COS),能够如同个人计算机那样自由地增加和改变功能。这种智能卡还设有"自爆"装置,如果犯罪分子想打开智能卡非法获取信息,卡内软件上的内容将立即自动消失。

五、智能卡应用实例

1. Visa Cash

Visa Cash 是一种硬件电子钱包,是具有存取款和转账消费功能的智能卡。到目前为止,已有几个国家在进行实验。Visa Cash 有两种不同的卡:①一次性卡,它的工作方式类似于电话卡;②可以重新装入的卡,它的工作方式类似于 Mondex 卡。在亚特兰大举行奥运会期间,Visa Cash 卡被用作首选的支付方式。

持卡人需事先在卡中存入一定金额,用款时逐笔扣减,并可以随时往卡中增加资金。电子钱包卡一般用于小额款项的无现金支付,它无须授权,通过 POS 机终端查询余额就能消费。在芯片的支持下,智能卡的安全性十分可靠,它无须第三方提供支持,就可以实现在消费者和商店间安全的资金直接转换。智能卡具有匿名性的优点,如公交充值卡等。消费者使用这类智能卡无须在银行留有账户;但其最大缺点在于,无论是消费者还是商店,都需要安装特殊的硬件设备。

电子钱包卡的持卡人可以通过 ATM 机或经改装后的家用电话向卡中存入金额,银行或其他发卡机构通过电子化处理,将该笔金额以二进制数据形式存入,并通过类似于信用卡的中央处理设备控制电子钱包卡的使用限额。电子钱包卡可以用来在有终端的商场购物,缴纳自助加油站的汽油费、公用电话费和停车费等。消费时一般是通过卡中的个人识别码(PIN)进行识别和身份验证,不需要核查持卡人的信誉及签字。交易资金直接通过商家的 POS 机或其他终端设备转移到商家的终端上。商家可以在营业日结束后或一段时间后,将交易所得资金的累计金额转到他们在银行的账户上。当储存在卡中的金额用完后,持卡人可以再次向卡中充入资金。

上述类似于信用卡的电子钱包,需由发卡机构的中央处理机来进行管理,增加了交易的成本费用,对一些小额的交易来说显然是不经济的。就发卡机构而言,其中央处理机还面临着数据大量积累后的存储问题。而 Mondex 就是一种不需要中央监管设备且类似于现金的电子钱包。

2. Mondex 智能卡

1995 年 7 月，英国西敏寺银行和米德兰银行在伦敦以西的斯温顿小城开展了一项实验。凡参加实验的人一律不用货币，无论是到饭店用餐，还是购物、乘车，均使用"Mondex 智能卡"（如图 3-15 所示）。这是一种内置有微处理器的类似于信用卡的卡片，人们称它为 Mondex 电子货币。

Mondex 智能卡不同于普通信用卡，用它付账时，既不用在收据单上签字，也不用等待计算机或电话来核准支付的金额，人们可以很方便地把存放在卡里的电子货币从一张卡转到另一张卡。持卡人可以使用五种不同的货币，但使用 Mondex 智能卡需要一套电子设备，包括一台可随身携带的微型显示器（如图 3-16 所示）和一部 Mondex 兼容电话（如图 3-17 所示），微型显示器用来显示 Mondex 智能卡内"电子货币"的存储数额和进行 Mondex 智能卡之间的现金转移，Mondex 兼容电话有一个专门插入卡片的接口，使用该电话可对 Mondex 智能卡进行充值。人们还可以用 Mondex 智能卡作为一种"家庭银行"使用，用它来进行各种形式的交易。为了便于客户使用该卡支付，斯温顿各个商店和服务性公司都专门安装了电子收款机（如图 3-18 所示）。

图 3-15　Mondex 智能卡

图 3-16　使用 Mondex 智能卡所需的微型显示器

图 3-17　Mondex 兼容电话

图 3-18　电子收款机

1997 年初，万事达公司购买了 Mondex 51% 的股份。Mondex 的合作伙伴还包括

AT & T 及其子公司 VeriFone 以及世界各地许多大银行，其发展势头较猛。Mondex 智能卡在英国、法国、挪威、澳大利亚、新西兰、哥斯达黎加、菲律宾、以色列、加拿大、美国等国家和地区都得到了广泛的应用。

Mondex 是一种与信用卡近似的智能卡，有自己的微处理器和稳定的存储器，它通过在卡中事先存入一定金额的电子现金来实现消费或在个人账户间进行资金的转移，属于预支付类电子现金系统。除可到传统银行通过计算机转移资金到卡中外，还可以通过 ATM、电话、Internet 等直接从银行（包括网上银行）转移资金到卡中，并通过便携式读取终端机将资金在两卡之间转移。

Mondex 智能卡的使用流程如下：

（1）客户到银行申请 Mondex 电子现金，发卡行向客户发放 Mondex 智能卡，并将客户的银行存款转换成相应的 Mondex 电子现金，存放到 Mondex 智能卡中。该过程中，银行存款与 Mondex 智能卡中电子现金的金额是此消彼长的关系。

（2）客户浏览商家网站并选择所需要的商品，填写相应的订单，选择智能卡支付。

（3）商家的"币值转移终端"设备与客户的 Mondex 智能卡建立起通信。客户输入智能卡 PIN，"币值转移终端"设备将客户输入的 PIN 与 Mondex 智能卡中的 PIN 相比较，如一致，则受理支付请求。

（4）客户将 Mondex 智能卡中的电子现金发送到商家处。这一过程中智能卡的读写设备无须与发卡行网络进行实时连接，即 Mondex 智能卡可实现离线支付。

（5）商家收到 Mondex 电子现金后，立即组织发货，并可持 Mondex 电子现金到发卡行请求兑付，发卡行将等额的货币转入商家的银行账户中。

在上述支付流程中，客户与商家在使用 Mondex 电子现金进行交易与支付时，客户不需要出示自己的身份，并且依据客户发送的 Mondex 电子现金，商家与银行也无从发现客户的身份，因此 Mondex 智能卡的应用能够避免商家与银行获悉客户的身份，在一定程度上保护了客户的隐私。

3. 闪付卡

闪付是中国银联的产业品牌之一，标示银联非接触式支付产品，用于 PBOC2.0 非接触式 IC 卡等支付应用，具备小额快速支付的特征。用户选购商品或服务，确认相应金额，可用具备"闪付"功能的金融 IC 卡或银联移动支付产品，在支持银联"闪付"的非接触式支付终端上，轻松一挥便可快速完成支付。闪付卡（卡面有中文"闪付"和英文"QuickPass"字样）如图 3-19 所示。

一般来说，单笔金额不超过 1 000 元，无须输入密码和签名。非接触式"闪付"终端，主要覆盖日常小额快速支付商户，包括超市、便利店、百货、药房、快餐连锁等零售场所和菜市场、停车场、加油站、旅游景点等公共服务领域。小额免密免签是基于安全性极高的金融 IC 卡开发的一项业务，既便捷又安全。统计显示，2015 年业务开通以来风险比率为千万分之二，远低于万分之一点一六的行业平均交易欺诈率。2019年4月，中国银联联合商业银行共同开展新一轮告知服务，提供小额双免一键开关功能。2019年4月6日，中国银联已联合商业银行建立线上快速理赔通道，在云闪付App安全中心上线快速赔付受理功能，对于正常用卡客户发生的双免盗用损失，经确认核实都可得到全额赔付。

银联手机闪付与
云闪付的区别

图3-19　闪付标识

为维护持卡人合法权益，保障资金安全，进一步加大对银联卡盗刷犯罪活动的打击力度，中国银联还针对闪付双免业务设立了"盗刷举报"奖励基金，鼓励持卡人积极举报闪付双免业务盗刷的犯罪线索，联合公安部门、产业各方共同严厉打击盗刷犯罪行为。

小额双免业务在国际上已是成熟的支付方式，在美国、英国、澳大利亚、新加坡等发达国家和地区，以及马来西亚等欠发达国家均有广泛应用。闪付产品提供信用卡还款、便民缴费、在线购物等服务，可在全国超过90万台支持非接触式支付的终端上"即挥即付"。随着银联在全国50个城市陆续建成100个近场支付服务商圈，银联闪付支付将变得更加便捷和轻松。国内一线城市各大连锁知名便利店、快餐店、大型超市、部分电影院和一些娱乐饮食业巨头门店已经具备使用闪付功能的资质和硬件配套。

单 元 小 结

通过对本单元的学习，大家在对智能卡基本知识了解的基础上，学习了智能卡的网上支付流程及智能卡应用实例。

课堂训练与测评

调研总结智能卡被用于生活中的哪些方面，并展望其应用前景。

知 识 拓 展

（1）登录网络搜索并了解《中国人民银行关于推进金融IC卡应用工作的意见》。

（2）登录网络搜索并了解金融IC卡的发展。

单元五　电子支票

情境导入

支票作为仅次于现金的支付工具之一，在支付活动中起着非常重要的作用。在美国，支票是最常用的付款方式之一，一般家庭缴付每月的水电费、煤气费、房租，都是以支票为主。支票是他们最熟悉的支付方式之一。随着电子商务的产生与发展，支付交易对支票提出了更高的要求，电子支票便在这样的环境下应运而生，PayPal 与亚马逊也都提供电子支票支付。电子支票借鉴纸质支票转移支付的特点，利用数字传递将资金从一个账户转移到另一个账户。用电子支票支付，事务处理费用较低，而且不涉及透支额度或者预支付，是现实的支付形式，所以一般成功率为百分之百，消费者付款后也很难拒付，因此在 BtoB 大额交易以及国际事务中是非常有效的支付方式。使用电子支票支付，消费者提交支票账户信息，支票处理系统将电子支付通知发到银行，银行随即把款项转入商家银行账户，这一支付过程在数秒内即可实现。

> 本单元我们将了解电子支票的一些基本知识，如电子支票的应用特点、电子支票的网络支付运行模式，即同行电子支票网络支付模式和异行电子支票网络支付模式，以及电子支票操作流程和应用情况，为我们以后熟练使用电子支票进行网上支付打下坚实的基础。

一、电子支票的基本知识

1. 传统支票

传统支票就是传统的纸质支票，由付款人直接签发给收款人，支付的目的和时限都很清晰。支票的付款人和收款人可以是个人，也可以是企事业单位或组织机构。生效的支票除了格式信息，还必须有付款人的签名和收款人的背书。背书是指在票据的背面或粘单上记载有关事项并签章的票据行为。

传统支票支付流程如图 3-20 所示。

（1）客户在客户开户银行申请支票账户，申领授权支票本。

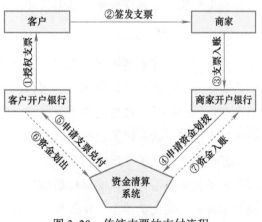

图 3-20　传统支票的支付流程

（2）客户填写支票上相关信息，签章后交给商家。

（3）商家收到支票后，先验证再背书，然后交给商家开户银行要求入账。

（4）商家开户银行确认支票后，和客户开户银行之间通过资金清算系统进行资金划拨。

传统支票在给人们带来方便的同时，也带来了一系列的问题：首先，纸质支票的处理成本过高；其次，支票的处理速度较慢，这主要是收款人在收到支票前的等待时间与将支票兑现所耗费的时间较长，一般一张支票的处理时间为 2～3 天，大量的在途资金给收款人带来了不少的损失；最后，传统支票易于伪造。

2. 电子支票

电子支票（Electronic Check，E-Check）也称数字支票，是将传统支票的全部内容电子化和数字化，形成标准格式的电子版，借助计算机网络（Internet 与金融网）完成其在客户之间、银行和客户之间以及银行与银行之间的传递与处理，从而实现银行客户间的资金支付结算。简单地说，电子支票就是传统支票的电子版，它包含和传统支票一样的信息，如支票号、收款人姓名、签发人账号、支票金额、签发日期、开户银行名称等，具有与传统支票一样的支付结算功能。

电子支票借鉴了传统支票转移支付的优点，是利用数字传递将钱款从一个账户转移到另一个账户的电子付款形式，这种电子支票的支付是在与商户及银行相连的网络上以密码方式传递的，多数是用数字加密签名或个人账户（PIN）代替手写签名。电子支票系统传输的是电子资金，最大限度地利用当前银行系统的电子化与网络化设施的自动化潜力，事务处理费用较低，而且银行也能为参与电子商务的商户提供标准化的资金信息。电子支票的最大特点在于极大地降低了交易过程中的支付成本，缩短了支票的运转周期，节省了大量在途资金。

电子支票是用电子方式实现传统支票功能的新型电子支付工具。电子支票与传统支票相似，采用电子方式呈现，使用数字签名为背书，使用数字证书来验证付款者、付款银行和银行账号，其安全认证是由公开密钥密码法的电子签名来完成的。

3. 电子支票的载体

在电子支票体系结构下，要保证交易的真实性、保密性、完整性和不可否认性，其中最重要的一个环节就是确保私有密钥的安全性。现行的做法是客户使用智能卡来实现对私有密钥的保护。在智能卡上，拥有一整套性能极强的安全保密控制机制，安全控制程序被固化在只读存储器之中，因而具有无法复制和密码读写等可靠的安全保证。

客户要通过电子支票进行支付，需要在计算机上安装读卡器和驱动程序。读卡器通过一根串行电缆与计算机的串行通信口相连，在安装驱动程序时，智能卡设备的加密驱动程序将被安装在机器上。Web 服务器首先验证客户端证书的有效性，在确认证书有效后，Web 服务器发送一串随机数给客户端浏览器（浏览器与智能卡通信时，要求输入智能卡的 PIN，增加了安全性），智能卡使用私有密钥对这串随机数进行数字签名，签名后的随机数串被回送给 Web 服务器，并由 Web 服务器验证签名。如果签名验证通过，Web 服务器和浏览器之间使用 SSL 协议规程，建立安全会话通道进行通信，二者之间发送和接收的信息已经过加密，客户可以进行相关的操作。

二、电子支票的网上支付模式

电子支票支付借鉴了传统支票的特点，其支付过程与传统支票十分相似，不同之处主要在于支付方式采用了电子化手段。电子支票的网上支付模式按照参与银行的情况，可分为同行电子支票网上支付模式和异行电子支票网上支付模式两种。

1. 同行电子支票网上支付模式

像传统支票一样，同行电子支票的应用由于只涉及一个银行的资金结算问题，比较简单、方便与可靠。因此，同行电子支票的网上支付流程比较简单，如图 3-21 所示。

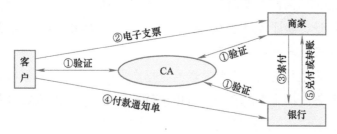

图 3-21　同行电子支票网上支付流程

同行电子支票网上支付流程如下：

（1）客户与开户银行、商家与开户银行之间密切协作，通过严格的认证阶段，如相关资料的认定、数字证书的申请与电子支票相关软件——"电子支票簿"的安装应用、电子支票应用的授权等，以准备利用电子支票进行网上支付。

（2）客户与商家达成网上购销协议，并选择用电子支票支付。

（3）客户将电子支票上的有关内容填写完整，电子支票上包含支付人姓名、支付人账户名、接收人姓名、支票金额等项目，客户用自己的私钥在电子支票上进行数字签名，用商家的公钥加密电子支票，形成电子支票文档。

（4）客户通过网络向商家发出电子支票，同时向银行发出付款通知单。

（5）商家收到电子支票后，通过 CA 对客户提供的电子支票进行初步验证，并背书电子支票，验证无误后将电子支票送交开户银行索付。

（6）开户银行在商家索付时通过 CA 对客户提供的电子支票进行最后验证，如果有效即向商家兑付或转账，即从客户资金账号中转拨出相应资金到商家资金账号；如果支票无效，如余额不足、客户非法等，即把电子支票退回商家，告知索付无效信息。

（7）开户银行代理转账成功后，在网上向客户发出付款成功通知信息，方便客户查询。

2. 异行电子支票网上支付模式

异行电子支票由于涉及两个或多个银行以及中间的用于银行间资金清算的票据交易所（资金清算系统），所以流程较为复杂一些，但实施技术的难度与同行电子支票应用并无大的区别，需要银行间、银行与票据交易所间在电子支票上达成协议就可以了，其网上支付流程如图 3-22 所示。

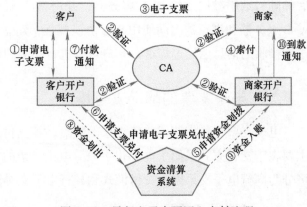

图 3-22　异行电子支票网上支付流程

异行电子支票网上支付流程如下：

第（1）～（3）步均与同行支付相同。

（4）客户通过网络向商家发出电子支票，商家收到电子支票后，通过 CA 及其开户银行对支票进行认证，验证客户电子支票的有效性。若收到的电子支票是有效的，便会接受客户的该项业务，发出确认信息。

（5）商家的开户银行把电子支票发送给票据交易所的资金清算系统，请求兑付。

（6）资金清算系统向客户的开户银行申请兑换支票，并且把兑换的相应资金发送到商家的开户银行。

（7）商家开户银行向商家发出到款通知，即资金入账，而客户的开户银行则向客户发出付款通知，即为客户下账。

实际业务处理中，由于电子支票正在发展中，特别是在 Internet 平台上的应用还不太成熟，因此不同的银行业务流程处理、电子支票形式与发送方式以及技术应用可能有所区别，需要在管理与技术上进一步规范。

三、电子支票网上支付的特点

银行专网上的电子资金传输从 20 世纪 60 年代就开始使用。现代的电子支票系统或电子资金传输主要是将操作移到了 Internet 等公用网上，它通过剔除传统支票，最大限度地利用了当前银行系统的自动化潜力。

电子支票同通过信用卡进行的网上交易一样，客户首先通过 Internet 和商家进行信息交流，或者是在商家的网站上挑选自己满意的商品，或者是通过电子邮件和商家谈妥了买卖的各种条件，在决定如何付款的时候，客户就可以选择电子支票支付方式。电子支票既适合个人付款，也适合企业之间的大额付款。网上银行和大多数银行金融机构通过建立电子支票支付系统，在各个银行之间发出和接收电子支票，就可以向广大客户、向全社会提供以电子支票为主要支付工具的电子支付服务。采用电子支票付款可以脱离现金和纸张进行，使用这种方式可以节省时间，减少纸张传递费用，没有退票，灵活性强，可以减少传输和票据的清分等事务处理的费用，而且处理速度会大大加快。

与传统支票相比，电子支票主要有以下特点：

（1）电子支票的使用方式与传统支票的使用方式相同，使用简单，易于被人们理解和接受。另外，电子支票的遗失可办理挂失止付。

（2）电子支票适用范围广，可以很容易与 EDI 应用相结合，可以较好地支持企业与企业间、企业与政府部门间的电子商务市场。电子支票可切入企业与企业间的电子商务市场。在线的电子支票可在收到支票时验证出票者的签名、资金状况，避免收到传统支票时发生的无效或空头支票的现象。此外，由于支票内容可以附在贸易双方的汇票资料上，所以电子支票容易和 EDI 应用的应收账款结合，推动 EDI 基础上的电子订货和支付。

（3）通过应用数字证书、数字签名以及各种加解密技术，采用唯一电子支票号码验证技术，提供比传统支票中使用印章和手写签名更加安全可靠的防欺诈手段。同时，加密的电子支票比数字现金更易于流通，买卖双方的银行只要用公开密钥认证确认支票即可，数字签名也可以被自动验证。

（4）电子支票能给第三方金融机构带来效益。第三方金融机构能借助收取买卖双方的交易手续费而获取利润，或如同银行一样提供存款账务查询服务，在提高客户满意度的同时获取利润。

（5）电子支票技术将公共网络连入金融支付和银行票据交换网络，以达到通过公共网络连接现有付款体系，最大限度地利用当前银行系统自动化潜力，充分发挥现有的金融结算基础设施和公共网络的作用。例如：通过银行 ATM 网络系统进行一定范围内普通费用的支付；通过跨省市的电子汇兑、清算，实现全国范围的资金传输以及在世界各地银行之间的大额资金（从几千到几百万元）传输。

（6）电子支票打破地域的限制，最大限度地缩短了支票运转周期，减少了在途资金。

（7）电子支票业务流程的自动化和网络化，节省了大量的人力物力，极大地降低了处理成本。

建立电子支票支付系统的关键技术有两项。①与传统支票兼容的技术，包括图像处理技术和条码技术。支票的图像处理技术首先是将物理支票或其他纸质支票进行图像化处理和数字化处理，再将支票的图像信息及其存储的数据信息一起传送到电子支票系统中的电子支付机构；条码技术可以保证电子支付系统中的电子支付机构安全可靠地自动阅读支票。实际上，条码阅读器除硬件外，还包括阅读条码的阅读程序，该程序能够对拒付的支票自动进行背书，并且可以立即识别背书，加快了支付处理、退票处理和拒付处理的速度。②支票的安全传递技术，包括加密签名技术和数据压缩技术等。

电子支票传输系统目前一般是专用网络系统，国际金融机构通过自己的专用网络、设备、软件及一套完整的用户识别、标准报文、数据验证等规范化协议完成数据传输，从而保证安全性。这种方式已经较为完善。电子支票的整个事务处理过程要经过银行系统，而银行系统又有义务出文证明每一笔经它处理的业务细节，因此使用电子支票的一个最大问题就是隐私问题。

电子支票支付当前发展的大致方向是今后将逐步过渡到公共 Internet 平台上进行传输。目前的电子资金转账（Electronic Fund Transfer，EFT）或网上银行服务（Internet Banking）方式，是将传统的银行转账应用到公共 Internet 平台上进行的资金转账。一般在专用网络上应用具有成熟的模式（如 Swift 系统），而用于公共 Internet 平台上的电子资金转账仍在实验之中，这种支付方式主要用于 BtoB 交易模式的支付需要。

四、电子支票发展中存在的问题及对策

1. 法律问题

电子支票使用数字签名技术，把支票的纸质载体完全抛弃，从而可以在网络上直接传输。我国现在电子支票的应用还很少，主要原因是电子支票的法律地位难以得到确认，1996 年施行的《中华人民共和国票据法》，使银行望而却步。电子支票虽然被称为支票，但它同票据毕竟有很大区别。从其功能和运作上来讲，电子支票更接近于 ATM 卡类的支付工具。在我国，最为有效和可行的方法是制定专门的"电子票据法"，对电子票据，尤其是电子支票的相关问题进行规范和调整。

2. 技术问题

一项针对网上支付的调查表明，客户对网上支付最为关心的是其安全性问题。由于电子交易涉及的金额一般较大，交易的安全性问题尤为突出。数字签名系统和加密体系的建设是实现网上支付的安全保证。中国金融认证中心的建立在很大程度上解决了数字签名、数字证书的问题，而加密体系还需要在今后不断地加强和完善。

3. 投入与产出问题

当人们从电子商务的狂热中清醒过来的时候，如何从电子商务中获利的问题摆在了面前。抢占网上支付服务的制高点，无疑是每个参与建设网上支付体系的机构所追求的目标，但各机构应根据自身的特点分别制定进入的时间和具体的服务范围，做到量力而行。

4. 统一性的问题

我国已有几家银行和地区金卡中心推出了 BtoB、BtoC 网上支付系统，其他一些银行也正跃跃欲试。如何统一技术标准已是一个很紧迫的问题。中央银行应按"统一规划、统一标准"的原则来指导网上支付体系的建设。

5. 电子支票的监管问题

电子支票由于其交易的虚拟性，因而很容易被当作洗钱的工具。中央银行应加强对电子支票的研究，加大对网上支付欺诈现象的打击力度。随着科学技术的进步，一些中

介性的技术服务机构正起着支付结算和资金清算的职能，而我国的现有法律规定只有银行和特许机构才能从事支付结算和资金清算。如何规范网上交易，也是中央银行所面临的一大课题。

五、电子支票支付应用实例

目前，在美国还普遍使用纸质支票，而在欧洲，纸质支票的使用正在逐渐减少，究其原因在于纸质支票的处理成本比较高，此外借记卡的使用包含了以电子方式确认交易资金的可行性，这为纸质支票的电子化带来了启示，这里我们将学习其中的几种电子支票的有关知识。

1. NetCheque 支付系统

NetCheque 是由美国南加州大学信息科学协会开发的一种基于 Kerberos 应用的在线电子支票支付系统。它将现在使用的普通支票处理方法，在 Internet 上实现。

NetCheque 支付系统中除客户、商家与银行之外，还包括 Kerberos 服务器。NetCheque 系统使用 Kerberos 服务器来产生数字签名和支票背书，提供客户签发支票的信用担保服务，允许被授权的持票者从 NetCheque 账户上提取现金，同时防止非法持有者存储不是发行给他的支票，并与银行合作完成整个支付过程。NetCheque 支票信息主要包括支票数额、货币单位、日期、账户号码、收款人、客户签名以及商家和银行背书。其中，前5项是明文，是支票持有人可读的，后3项是加密的，是收票行可验证的。

NetCheque 支付系统的运作流程如下：

（1）NetCheque 在签发支票时，客户首先生成支票明文部分，包括支票金额、货币单位、日期、账户号码、收款人等信息。然后客户从 Kerberos 服务器上获得一个标签 TC，用来向银行证实自己的身份（首先客户应通过 Kerberos 的信息验证），同时用以证明 Kerberos 服务器对这张支票的信用授权。客户根据支票内容生成一份证明文件，并使用一个与银行共享的密钥 K 对证明文件进行加密，即得到加密过的证明文件 AC，这是开户行对其所签支票的授信。支票明文部分 +TC+ 开户行的证明文件 AC，就构成了一张完整的电子支票。

（2）客户通过电子邮件或一条客户与商家建立起来的加密线路，向商家发送电子支票，商家收到支票后，首先读出支票的明文部分内容，通过验证 TC 和 AC 来确定客户身份、信用及电子支票的有效性后，取出明文部分，加上商家名称、背书时间等内容，形成背书后的支票。

（3）背书后的支票通过安全线路，被传送给商家的开户行，开户行通过验证确认是否接受支票，并通知商家。如果客户与商家是同一个开户行，则直接将客户银行账户上的资金划拨到商家账户上；如果非同一家开户行，则支票需要在各银行间进行清算，最终将客户银行账户上的资金划拨到商家账户上。若支票支付必须在多个银行之间进行清算，每个相关银行都必须把其背书附加到支票上，当客户银行清算时，所附加的背书可以用来跟踪原来的路径到商家账户。

（4）银行完成支付清算后，向商家发送到款指示。NetCheque 支付系统在许多方面是模仿传统支票的处理方法，使该系统在 Internet 上得以实现。在整个支付流程中，NetCheque 支付系统是基于 Kerberos 应用的电子支票系统，而 Kerberos 中使用的是对称加密算法，在运算速度方面比使用非对称加密算法的方案效率更高一些，并且 NetCheque 支付系统使用 Kerberos 提供对客户签发支票的信用担保，加强了身份认证的力度，提高了系统的安全性。

2. HKICL 电子支票存票服务系统

我国香港银行同业结算有限公司（Hong Kong Interbank Clearing Limited，HKICL）是香港金融管理局和香港银行公会共同拥有的私营公司。电子支票存票服务系统是由 HKICL 提供的电子支票存票平台。电子支票存票服务系统提供一个渠道，已注册的用户可将电子支票存入在参与此服务的银行开立的银行账户。用户只需拥有一个电子邮件地址和一个在参与此服务的银行开立的账户，便可申请和使用电子支票存票服务。HKICL 电子支票存票服务系统在全球的合作银行有百余家。

中国建设银行（亚洲）提供的电子支票支持人民币、港元和美元，可以使用 PDF 格式储存，支持电子本票。

电子支票从开票到入票均通过网络进行，为用户提供完全无纸化的电子支付体验。一张有效的电子支票必须符合 PDF 文件格式并附有账户持有人、授权签名者以及发票银行的电子签名。电子支票提供多元化的付款渠道，交易更为安全便捷；减少纸张的使用，更加环保；免除实体支票交付及承兑环节，节省人力及时间。

HKICL 电子支票存票服务系统的运作流程如下：

（1）签发电子支票前的准备工作。付款人先通过网上银行账户注册电子支票服务，申请数字签名以签署电子支票，同时付款人须征得收款人的同意并获得收款人最新电子邮件地址，以便收款人收取电子支票。

（2）签发电子支票。

第一步：用户登入网上银行账户。

第二步：选择电子支票签发服务。

第三步：输入收款人姓名、支票日期和支票号码。

第四步：银行会按付款人的指示发出附有数字签名的电子支票。

第五步：下载电子支票，然后通过电子方式（如电子邮件）传送至收款人。

（3）存入电子支票。存入电子支票前，登录 HKICL 电子支票存票服务系统，可以通过网页 http://www.echeque.hkicl.com.hk（如图 3-23 所示）和手机 App 应用程序两种方式登录。

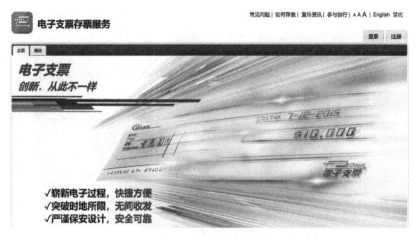

图 3-23　HKICL 电子支票存票服务系统页面

　　第一步：登录电子支票存票服务系统网站（如图 3-23 所示）或手机 App 应用程序，选择电子支票存票服务，如图 3-24 所示。

图 3-24　电子支票存票服务系统网站或手机 App 应用程序

　　第二步：登记银行账户号码，用来存入电子支票（如之前未登记）。若已登记，则选择已登记的银行账户号码来存入电子支票，如图 3-25 所示。

图 3-25　登记银行账户号码

　　第三步：上传电子支票，如图 3-26 所示。

图 3-26　上传电子支票

第四步：确认入账资料后单击（或点击）"下一步"，再单击（或点击）"确认"后，完成电子支票上传，如图 3-27 所示。

图 3-27　电子支票上传确认

第五步：系统会将电子邮件通知发送至用户登记的电子邮件地址。此外，用户可以通过电子支票存票服务系统的"查询存票记录"查阅电子支票的状况，如图 3-28 所示。

图 3-28　电子邮件通知

使用 HKICL 电子支票存票服务系统的注意事项如下：

（1）确认已征得收款人的同意，并得到收款人最新的电子邮件地址，以便收款人收取电子支票。

（2）发出电子支票前，确保电子支票上的数据准确无误。

（3）使用安全的电子渠道传送电子支票，如有需要可在传送前加密。

（4）除非需要保存电子支票用于记录，否则应在发送电子支票或存入电子支票后删除计算机及 / 或智能电话内的电子支票。

（5）签发支票时除了收款人的名称外，不要输入任何个人资料。

（6）不要扫描传统支票用作电子支票。

（7）不要打印电子支票用于存入电子支票。

（8）不要重复存入同一张电子支票。

（9）不要接受收款人提交的电子支票作抵押向对方提供抵押贷款。

我国在电子支票研究与应用上较落后于发达国家，这有待进一步加快我国金融信息化进程。目前，中国人民银行和各商业银行已建立起全国范围内的支付结算、资金清算体系。如何有效利用现有网络资源来实现电子支票的各项功能，减少硬件设备投入、软件开发等一系列费用，已成为我国金融科技界面临的一大难题。随着数字签名、数字证书和加解密技术的日趋完善，实际的中大额网上支付应用需求已经出现，而且在电子商务飞速发展的形势下，BtoB 电子商务已成为网上交易的主流，考虑其研发的前瞻性，我国开展电子支票研发的时机已经成熟。特别是对于银行来说，我国已加入 WTO，金融机构必将与国外的金融机构在提供现代化的金融服务方面展开激烈的竞争，因此研发电子支票系统也就显得特别紧迫与必要。

单 元 小 结

通过本单元的学习，我们对电子支票的一些基本知识，如电子支票的应用特点、电子支票的网上支付运行模式以及电子支票的网上支付操作流程和应用情况有了一个全面的认识。

课堂训练与测评

简述电子支票支付模式。

知 识 拓 展

登录电子支票存票服务网站，了解其使用方法与流程。

网上支付工具调研

✧ 实训目的

1. 了解电子现金、电子钱包、电子支票的原理。
2. 掌握电子现金、电子钱包、电子支票的使用方法。

✧ 实训形式

校内实训

✧ 实训安排

实训地点：实训室

实训课时：2课时

✧ 实训条件

具备网络条件的校内实训室

✧ 实训内容

1. 电子现金、电子钱包、电子支票的使用。
2. 通过网络调研电子现金、电子钱包、电子支票的支付流程、支付特点与安全机制。

✧ 实训步骤

1. 数字人民币的使用

下载并安装数字人民币App，了解其使用方法。

2. 电子支票的使用

（1）登录电子支票存票服务系统网站（http://www.echeque.hkicl.com.hk），如图3-29所示。

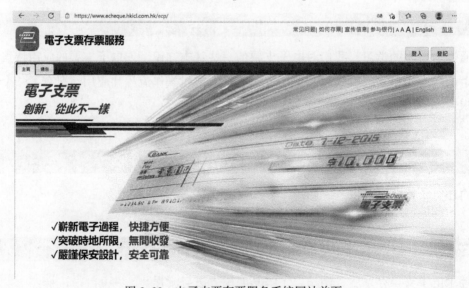

图3-29　电子支票存票服务系统网站首页

（2）尝试注册账户并登录，如图 3-30 所示。也可以通过手机 App 注册与登录，手机 App 的功能和计算机网页版是一样的。

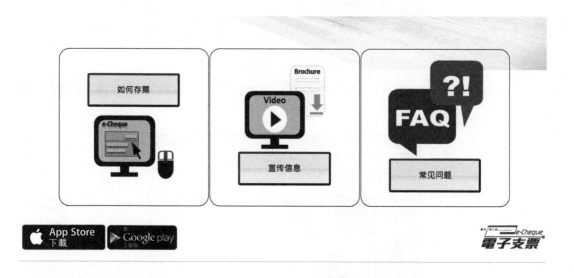

图 3-30　账户注册页面

（3）通过查询网上电子支票使用指南，了解电子支票的存票方法，如图 3-31 所示。

图 3-31　电子支票使用指南

3. 下载并安装 eWallet 电子钱包软件，了解其使用方法。

（1）下载 eWallet-Win-Install.exe 并安装，如图 3-32 所示。

图 3-32　电子钱包安装

（2）单击"Next"（下一步），并选择安装路径，如图 3-33 所示。

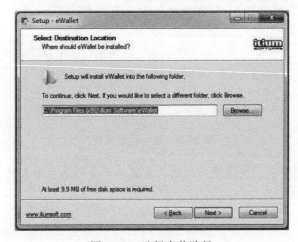

图 3-33　选择安装路径

（3）继续安装，单击"下一步"（Next）→"完成"（Finish），即可完成安装，如图 3-34 所示。

图 3-34　完成安装

（4）同时桌面出现电子钱包软件标识，如图3-35所示。

（5）选择"Sign Up"（注册）或（Get a Free Trial）（试用），即可输入电子钱包使用密码，如图3-36所示。

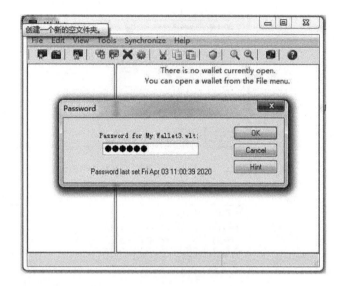

图 3-35　电子钱包软件标识　　　　图 3-36　输入电子钱包使用密码

（6）打开电子钱包，选择"Credit Card"，添加信用卡账户，如图3-37所示。

（7）输入信用卡账户详细信息，如图3-38所示。

（8）设定信用卡账户名称，如图3-39所示。

（9）完成电子钱包信用卡账户的添加，如图3-40所示。

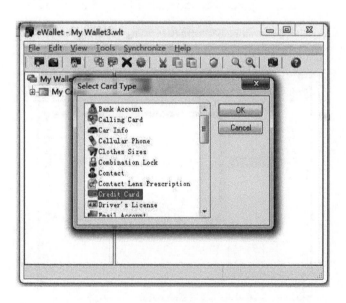

图 3-37　选择添加信用卡账户

图 3-38　输入信用卡账户详细信息

图 3-39　设定信用卡账户名称

图 3-40　电子钱包信用卡账户添加完成

4．通过网络调研了解一种电子现金、电子钱包、电子支票的支付流程、支付特点与安全机制，并填写表 3-1。

表 3-1　电子现金、电子钱包和电子支票的支付流程、支付特点与安全机制

调 研 内 容	支付工具名称		
	电 子 现 金	电 子 钱 包	电 子 支 票
支付流程			
支付特点			
安全机制			

⚡ 实训考核

1．实训结束后要求每位同学上交实训报告。

2．实训指导老师将实训报告、实训态度及实训操作的表现结合起来，对学生本次实训环节给予考评。要求学生掌握对电子现金、电子钱包、电子支票的操作，并且流程正确。

Module 4

模块四
网 上 银 行

随着 Internet 技术、电子商务技术在全球范围内的不断发展，网上银行作为一种新型的客户服务方式迅速成为世界各国银行界关注的焦点。世界各国银行纷纷制定出网上银行的发展战略，陆续推出了各项网上银行服务，为电子商务的开展提供了必要条件，极大地丰富了电子金融服务。同时，我国各家银行也纷纷推出了网上银行服务，网上银行正蓬勃兴起。

本模块结合我国实际发展情况，分别介绍了网上银行的概念、分类，网上银行与传统银行的比较，网上银行的系统建设与系统结构，网上银行的金融业务与网络支付模式，网上银行安全风险分析以及国内外网上银行的发展状况。

应知目标

◎ 了解网上银行的概念、分类、特点及系统结构。

◎ 了解网上银行的金融业务与网络支付模式。

◎ 了解国内外网上银行的发展现状。

应会目标

◎ 能够完成网上银行的申请及相关业务功能的操作。

◎ 能够安全使用网上银行完成网上支付。

单元一　网上银行的相关知识

情境导入

　　1995 年 10 月 18 日，全球首家以网上银行冠名的金融组织——美国安全第一网络银行（Security First Network Bank，SFNB）诞生，从此打开了金融领域"虚拟世界大门"。一种新的银行模式诞生，对 300 多年来的传统金融模式产生了前所未有的冲击，这种冲击影响力的深远意义至今仍在发展和继续。那究竟什么是网上银行？网上银行与传统银行相比有哪些不同呢？本单元将对网上银行的一些基本知识进行概述。

　　通过对网上银行的一些基本知识的了解与认识，为网上银行的相关业务功能的熟练操作打下坚实的基础。

一、网上银行的概念

　　网上银行（Electronic Bank）又称网络银行、在线银行。它是指银行利用 Internet 技术，通过 Internet 向客户提供开户、销户、支付、转账、查询、汇款、信贷、网上证券交易、投资理财等服务项目，使客户足不出户就可以享受到综合、统一、安全和实时的银行服务。可以说，网上银行是在 Internet 上的虚拟银行柜台。网上银行既是一种新型的银行机构，也是崭新的网上金融服务系统。它借助 Internet 遍布全球并不间断运行，信息传递快捷且具有多媒体化的优势，突破传统银行空间与时间的局限性，拉近客户与银行的距离，为客户提供全方位、全天候、便捷、实时的快捷金融服务。网上银行的应用目标是在任何时候（Anytime）、任何地方（Anywhere）、以任何方式（Anyhow）为客户提供金融服务，所以网上银行也称 AAA 银行。

　　一般意义上的网上银行包括三个要素：一是需要具备 Internet 或其他电子通信网络，如计算机网络、传真机、电话机或其他电子通信手段；二是基于电子通信的金融服务提供者，如提供电子金融服务的银行或证券服务机构；三是基于电子通信的金融服务消费者，如以电子通信形式消费的各类终端用户，或者基于虚拟网络的各种金融服务代理商等。

　　与网上银行相似的另一个概念是电子银行，电子银行是商业银行利用计算机技术和网络通信技术，通过自动化设备，以人工辅助或自动形式，向客户提供方便快捷的金融服务，如自动柜员机（ATM）、POS 机、呼叫中心（Call Center）、无人银行等。相比较而言，电子银行的概念是广义的，而网上银行的概念是狭义的，网上银行仅包括 Internet 上的电子银行服务，也可以说，网上银行是电子银行发展的高级阶段，是 Internet 时代的电子银行。

二、网上银行的分类

网上银行的理论、应用体系、形式其实都在发展中，因此世界上出现了一些网上银行的不同称呼，涉及了网上银行的分类问题，目前网上银行主要有两种分类方式。

1. 按网上银行的主要服务对象分类

网上银行按照服务对象分类，可以分成个人网上银行和企业网上银行两种。

（1）个人网上银行。个人网上银行主要面向个人及家庭，它体现了网络时代的特点，满足了客户个性化的需求。客户可以通过个人网上银行服务，完成实时查询、转账、汇款、缴费、自助贷款、网络支付、证券服务、个人理财等功能。借助个人网上银行可以使客户随时掌握自己的财务状况，轻松处理大量的生活费用支付、消费、转账等业务。

（2）企业网上银行。企业网上银行主要适用于企业和政府部门等企事业组织客户。企事业组织可以通过企业网上银行服务实时了解企业财务运作情况，及时在组织内部调配资金，轻松处理大批量的网络支付和工资发放业务，并可以处理信用证相关业务。对电子商务的支付来讲，一般涉及的是金额较大的支付结算业务，因此对安全性的要求很高。

2. 按网上银行的组成构架分类

网上银行按照组成架构分类，可以分成纯网上银行和以传统银行拓展网上业务为基础的网上银行两种形式。

（1）纯网上银行。纯网上银行是一种完全依赖于 Internet 发展起来的全新网上银行，这类银行开展网上银行服务的机构除后台处理中心外，没有其他任何物理上的营业机构，雇员很少，银行所有的业务几乎都在 Internet 上进行，例如 1995 年 10 月 18 日诞生的世界第一家网上银行——美国安全第一网络银行，其主要业务都在网上进行，通过互联网提供全球范围的金融服务。但在我国，网上银行受中国人民银行颁发的《网上银行业务管理暂行办法》的限定，因此在我国，这种纯网上银行没有生存的法律环境；另外从实际情况看，由于我国人民的消费习惯，纯粹的网上银行在我国也缺乏生存的商业空间。

（2）以传统银行拓展网上业务为基础的网上银行。以传统银行拓展网上业务为基础的网上银行是指现在传统银行运用 Internet 开展传统银行业务及开发出新的网上金融服务，把传统银行业务延伸到网上，在原有银行的基础上再发展网上银行业务，是实体与虚拟结合的银行。这种形式与前一种形式的不同之处在于，它是利用 Internet 辅助银行开展业务，而不是完全地电子化与网络化。目前，我国开办的网上银行业务都属于这一种形式，如中国工商银行网上银行、中国银行网上银行、中国农业银行网上银行及招商银行网上银行等。

三、网上银行的发展

1. 网上银行的发展阶段

追溯历史，网上银行不完全是新生事物，其运行模式早在 20 世纪 50 年代就有类似雏形，只是那时并没有 Internet，而是在专用网络上进行，它的发展是伴随着银行的电子化与信息化的发展进程而发展的,网上银行的发展可以分成以下三个阶段。

(1)计算机辅助银行管理阶段(20世纪50年代~80年代中后期)。自20世纪50年代以来,计算机逐渐在美国和日本等国的银行业务中得到应用,但早期的金融电子化技术是简单的脱机处理,银行应用计算机主要用于分支机构及各营业网点记账和结算,以解决手工记账速度慢的问题,提高财务管理效率、减少错误率。后来金融电子化开始从脱机处理发展为联机处理系统,使各银行之间的存、贷、汇等业务实现电子化联机管理,并且建立起较为快速的通信系统,以满足银行之间汇兑业务发展的需要。20世纪60年代末兴起的电子资金转账技术及应用,为网上银行发展奠定了技术基础。

(2)银行电子化或金融信息化阶段(20世纪80年代中后期~90年代中期)。20世纪80年代以后,随着计算机普及率的提高,商业银行逐渐将发展重点从电话银行调整为个人计算机银行,即以个人计算机为基础的电子银行业务。20世纪80年代中后期,在国内不同银行之间的网络化金融服务系统的基础上,形成了不同国家之间不同银行之间的电子银行,进而形成了全球金融通信网络。在此基础上,出现了各种新型的电子网络服务,如以自助方式为主的在线银行服务(个人计算机银行)、自助柜员机系统(ATM)、销售终端系统(POS机)、家庭银行系统(HB)和企业银行系统(FB)等。随着信息技术的进步,银行的电子化水平也在逐步提高。ATM技术从最初只能提供少数几种交易发展到可以处理100多种交易。

(3)网上银行阶段(20世纪90年代至今)。20世纪90年代以来,伴随Internet在各行各业中的广泛应用,银行为满足电子商务的发展和金融行业竞争的需要,纷纷借助Internet及其他网络开展各种金融业务。尽管网上银行与计算机辅助银行管理和银行电子化都是在计算机及其通信系统上进行的操作,但是网上银行提供的各种服务不受时空、设备及软件的限制,具有更加积极的开放性和灵活性。网上银行的出现使银行服务完成了从传统银行到现代银行的一次变革。

2.网上银行的发展动因

近年来,网上银行迅猛发展。究其原因,网上银行的迅速发展主要缘于技术、社会和银行内部三个方面。

(1)技术原因。计算机技术、网络技术和通信技术的飞速发展为网上银行的出现及其发展提供了技术基础和市场需求条件,同时也给金融服务业带来了更加激烈的竞争。

(2)社会原因。网上银行是电子商务发展的要求。银行作为电子化支付和结算的最终执行者,起着连接买卖双方的纽带作用。电子商务突破了传统商务在时间和空间上的限制,以每周7天24小时的交易方式对传统的银行服务提出了挑战。作为电子商务活动的主要参与者,银行为适应电子商务发展的需要,提供了便捷迅速的网上银行的资金支付与清算全日制服务。因此,电子商务带来的网上资金流是网上银行发展的原动力,电子商务发展的需要催生了网上银行,使网上银行成为电子商务正常开展的必要条件。同时,电子商务的蓬勃发展也构成了网上银行发展的牢固的商业基础;互联网的普及、网络用户的增加则构成了网上银行的客户基础。

（3）银行内部原因。网上银行发展的最根本原因是出于对服务成本的考虑和对行业竞争优势的追求。目前，传统的银行业务面临许多压力，例如银行员工工资成本越来越高，支出较大，而银行业之间的竞争在不断加剧，造成银行收益相对减少。面对严峻的现实，银行只有扩大服务范围，提高服务质量，才能在激烈的竞争中立于不败之地。网上银行不需要固定场所，它在任何一台计算机上都能进行金融服务的交易，已经表现出了传统银行所无法比拟的全天候、个性化、效率高而费用低廉的竞争优势。因此，从银行自身生存和发展来说，也需要尽可能快地拓展网上银行业务，谁占了先机，谁就能赢得主动，赢得客户和利润。

因此，网上银行的产生是时代的必然产物，网上银行已成为银行业今后发展的重要方向之一，而其虚拟金融服务，也必将在实践中克服种种弊端而走向成熟和完善。

四、网上银行的优势

网上银行是银行为适应网络时代的发展需要而推出的新型金融服务方式。与传统银行相比，新兴的网上银行作为高科技的产物具有相当明显的优势，同时随着信息网络技术的进步，包括有线网络与无线网络的广泛应用，网上银行正引起和影响着传统银行的变革和发展。

网上银行这一新生力量给银行业注入了新的活力，代表了未来银行的发展方向，但同时也给银行也带来了巨大的挑战。网上银行较之传统银行具有以下优势：

1. 具有低廉的成本优势

传统银行拓展业务依靠增设营业网点，需要大量的土地、设备、资金、人力等资源的投入，而网上银行通过使用信息技术、计算机技术与客户接触、沟通与交易，把银行的业务直接从银行柜台转移到了 Internet 上，无须依赖密集的分行网点，可节省大量资金、设备、人力，具有运作费用低、无纸化操作的特点，符合成本效益原则，产品价格竞争力强，并体现绿色银行的理念。网上银行与其他传统商业银行相比，容易进行成本控制，其成本比一般的传统商业银行要低 1/4，而其交易成本是电话银行的 1/4，是普通银行的 1/10。

2. 更容易实现业务创新

网上银行打破了传统的银行业务界限，业务综合经营水平大为提高，可充分利用 Internet 丰富的信息资源，为企业提供信息评估、财务分析、集团理财、客户关系管理；为个人提供投资理财等高附加值的个性化服务，使客户通过公共浏览器享受到有声有色、图文并茂的优质金融服务。

3. "3A" 式服务，突破时空限制

网上银行突破了时间、空间的限制，它利用网络技术将自己和客户连接起来。在各种安全机制的保护下，客户可以随时随地在不同的计算机终端登录互联网办理各项银行

业务。特别对于在海外没有分行网络的银行来说，网上银行可打破地域界限的限制，非常具有实效性，有利于银行在海外取得突破性的发展。

4. 网上银行能够辅助企业强化金融管理，科学决策，降低经营风险

银行业务的电子化、网络化运作使客户的信息容易收集，也便于银行与客户间的互动，使双方更加了解。对银行的各种信息进行统计、分析、挖掘的结果，有助于强化银行的金融管理，提高管理的深度、广度和科学度。

综上所述，网上银行提供了一种先进的网络支付结算方式，已经表现出了传统银行所无法比拟的全天候、个性化、效率高、费用低廉等竞争优势，所以它必将成为将来商业支付结算的趋势与方向，并且这种趋势随着 Internet 应用的普及与信息技术的进步会变得更加明显。

五、网上银行对传统银行的影响

网络技术的发展对传统银行的经营模式和理念形成巨大的冲击，网上银行对传统银行的影响主要体现在以下七个方面：

1. 网上银行改变了传统银行的经营理念

网上银行的出现改变了人们对银行经营方式的理解以及对国际金融中心的认识，一系列传统的银行经营理念也随之发生重大转变。例如，一直被当作银行标志的富丽堂皇的高楼大厦将不再是银行信誉的象征和实力的保障，那种在世界各地铺摊设点发展国际金融业务和开拓国际市场的观念将被淘汰，发展金融中心必须拥有众多国际金融机构的观念及标准将发生重大调整。这样，就削弱了传统银行分支机构网点的重要性，取而代之的将是支持银行业务发展的信息设备。

2. 网上银行改变了传统银行的营销方式和经营战略

网上银行能够充分利用网络与客户进行沟通，使传统银行的营销以产品为导向转变为以客户为导向，通过提供更迅捷和高效的服务，以速度赢得客户，变被动为主动。网上银行将业务重点转为向客户提供个性化服务，通过积极与客户联系，获取客户的信息，了解不同客户的不同特点，能根据每个客户不同的金融和财务需求"量身定做"个人的金融产品并提供银行业服务，最大限度地满足客户日益多样化的金融需求。同时，也能处理与客户的关系，将服务转向人性化管理，如咨询和个人理财业务，向客户提供更加具体全面的服务。网上银行突破了时空局限，改变了银行与客户的联系方式，从而削弱了传统银行分支机构网点的重要性，取而代之的将是能够进行银行业务的计算机和 ATM 机。

3. 网上银行改变了传统银行经营目标的实现方式

银行经营目标实现方式的改变主要体现在安全性、流动性上，从库存现金向电子现金的转变使安全概念也发生了转变。因为电子货币的使用使银行资金的安全已经不再是传统的保险箱或者保安人员所能保障的，对银行资金最大的威胁是"黑客"的偷盗。因此，银行必须转变安全概念，从新的角度特别是保护信息资源的角度确保资金安全。电子货币的独特存取方式也将带来流动性需求的改变，电子货币流动性强的特点取消了传统货币层次的划分，更不可避免地导致银行的流动性需求发生改变。

4. 网上银行的开展促使银行更加重视信息的作用

在信息社会里，银行信用评估的标准正在发生改变，表现为银行获取信息的速度和对信息的优化配置将代表信用。在如今的电子商务时代，银行获取信息的能力将在很大程度上体现其信用，而电子商务也要求传统银行在信息配置方面起主导作用。

5. 网上银行加快金融产品的创新

网上金融产品易诞生也易消亡的特点对银行的金融产品创新提出了更高的要求。在网络时代，新的金融衍生工具创造将翻倍加速，但也可能被淘汰、消失得更快。这一方面为银行突破传统的历史阶段性发展模式而利用技术创新进行跳跃式发展提供了可能，另一方面则对银行自身的创新能力提出了更高的要求。如果银行自身没有具备创新的实力，就有可能长期处于"跟随者"的不利地位，时刻有被淘汰的危险。

6. 网上银行将会使传统银行的竞争格局发生改变

基于 Internet 平台的网上银行提供的全球化服务，金融业全面自由和金融市场全球开放，银行业的竞争也不再是传统的同业竞争、国内竞争、服务质量和价格竞争，21 世纪的银行业竞争将是金融业与非金融业、国内与国外、网上银行与传统银行等的多元竞争格局。

此外，由于网上银行进入的壁垒相对较低，这就会使一些非银行金融机构利用其在技术和资金上的优势从事银行业务，甚至一些大的航空公司和零售公司也在计划进军网上银行。网上银行可能通过网络将触角伸向全世界，把眼光瞄准全球，把地球上每个公民都作为自己的潜在客户去争取未来市场的份额，这就使银行竞争突破了国界演变为全球性竞争。在传统银行规模效应继续发挥作用的同时，网络化已经带来了"新规模效应"。银行营业网点的扩张不再是规模效益的代名词，网上银行第一次为中小银行提供了可与大银行在相对平等条件下的竞争机会。因为借助 Internet 提供的银行服务，只要提供足够的技术处理能力，不论银行大小，都是处在同一起跑线上。同时，网上银行将以高质量、低价格和方便快捷的服务方式吸引大批高层次客户。可见，网上银行会使 21 世纪的银行竞争由表层走向深层，由一元化（同业内）走向多元化（同业内外、国内外、网内外）。

7. 网上银行将给传统的金融监管带来挑战

由于网络的广泛开放性，网上银行能够突破时空限制，在全球范围内经营，金融风险一旦发生，将波及世界任何角落，产生一系列连锁反应，因此传统的监管方式不再能满足网上银行的发展需要，这将给金融监管带来新的课题。巴塞尔委员会及各国银行监管当局密切关注网上银行的发展并进行研究，同时网上银行的监管更加需要国际合作，做到信息共享。

总之，网上银行的出现也为传统银行带来了巨大的影响，网上银行正引起和影响着传统银行的变革与发展，传统银行也必须接受这些变革的挑战。

六、网上银行的系统组成

总结目前世界上众多网上银行的组成框架，概括来说，网上银行的系统架构主要由网上银行技术架构、管理架构、业务功能架构三部分组成，其与电子银行的架构相似，只是增加了 Web 技术与相应工具的应用。当然，随着移动商务技术的发展，目前网上银行业务进一步拓展，相应的系统架构也进行了调整与拓展，例如无线网络技术的应用将支持无线或移动金融业务（如移动支付、移动办公）的开展，相应的网上银行系统框架将加入无线应用支持模块。

1. 网上银行技术架构

网上银行技术架构是根据银行的业务需求及其现有 IT 系统，基于 CA 证书安全体系的网上银行建设架构。它采取"客户/网上银行中心/后台业务系统"，即客户交互层、信息处理层与交易处理层三层体系结构，提供信息服务、客户服务、账务查询和网络支付转账等功能。典型的网上银行技术架构如图 4-1 所示。

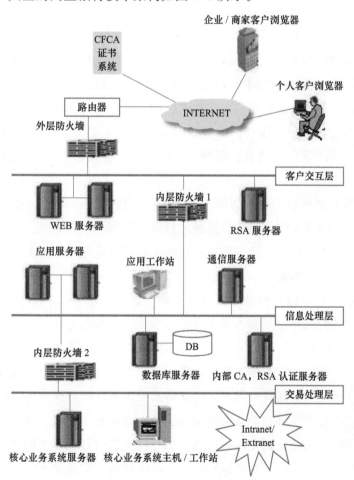

图 4-1　典型的网上银行技术架构

（1）客户。网上银行系统的客户端包括外部和内部两种客户。外部客户是寻求银行提供存款、取款、支付转账、贷款等金融业务的用户，而内部客户是银行内部的员工与管理人员等。网上银行的外部客户体现为 Internet 用户，通过计算机的浏览器访问网上银行的网站，需要通过外层防火墙的认证，才可以登录到网上银行系统。网上银行的内部客户体现为 Intranet 用户或 Extranet 用户，访问系统也要通过内层防火墙认证。防火墙将 Intranet 用户与系统外界隔离开，以保护其安全性。特别是为了保证安全，在后台的应用服务器与外部客户之间设置两层或多层防火墙。

网上银行系统可以有多种接入方式，客户端可从 DDN 接入、Modem 拨号接入、局域网 LAN 接入、ADSL 接入或手机无线网络等接入，应用方式采用专用客户端软件的 C/S 模式或基于 Web 应用的 B/S 模式。

（2）CA。CA 负责银行和用户的证书颁发、验证、废除和维护等工作。为了防止监听、中途截取等非安全情况发生，银行还与国内外权威安全认证中心达成安全数据传送协议以及数字签名等手段。只有认证的用户才可以进入网上银行系统，传送数据时必须以密文传送，如中国金融认证中心（CFCA）；同时对于银行内部用户的身份认证，还应设立银行内部 CA。

（3）路由器与防火墙。路由器与防火墙对流入网上银行系统的数据进行过滤，并且隔离银行内部网络与非安全的 Internet。防火墙作为一道防线，限制外界用户对内部网络的访问及管理内部用户访问外界网络的权限，可有效防止非法用户的入侵。一般来说，目前网上银行系统通常采用双防火墙来将网上用户与普通用户加以区分。普通用户即没有办理网上银行开户的用户，只能访问仅用于公布银行公用信息的公用 Web 服务器，从而获得银行的服务性信息；而网上银行用户则有权访问 Web 应用服务器，并通过 Web 服务器进行所需的业务功能处理。这样，将众多的非网上银行用户隔离于外层防火墙外，避免了部分非法用户的侵入。内层防火墙用于隔离网上银行的 Web 服务器与应用服务器以及防止非法用户和数据通过金融专用网、Intranet 或 Extranet 进入系统，主要是行业内部用户。同时，内层防火墙将网上银行系统与原有的业务系统完全隔离，也保证了银行内部网络的安全。

（4）Web 服务器 + 银行网站。Web 服务器存放和管理 Web 网页内容，向前台提供客户交易界面，同时对外提供基本的信息传递服务，管理包括网络支付与结算等业务信息系统在内的相应网页文件以及其他银行信息的发布。应该说，Web 服务器是网上银行内外的接口，是银行外部客户的主要应用界面。虽然其安全性没有后台的业务信息系统的要求高，但有更大的访问量的需求，因此将其设置在外层防火墙的后面。Web 服务器借助网络银行应用程序与客户的桌面浏览器进行标准的通信连接，使客户可以随时随地通过计算机登录银行网站，浏览银行信息、进行网上银行各项业务的操作。银行网站负责银行信息公布和对外宣传，并提供到网银中心的链接。网站是提供给用户的唯一访问站点，用户只需记住网站，无须了解银行内部其他的主机地址。

（5）应用服务器。在 B/S 结构中，网上银行的所有具体业务应用程序安装在此服务器上，应用服务器（群组）成为网上银行系统的信息处理层。它支持 ASP（Active Server Page）、JSP（Java Server Page）等业界标准的服务器端应用，与 Web 服务器一起构成网上银行金融业务（如网络支付与结算、网络转账、网络理财、网络企业财务等）应用系统的运行环境，实现网上交易业务的逻辑控制和流程处理，完成与 Web 服务器之间和与数据库服务器之间的信息交换。可以说，网上银行的业务处理核心就是这个应用服务器。为了保证整个系统的高可用性与良好的灾难恢复、系统备份，可以根据业务量的大小决定采用多台 Web 服务器和应用服务器，像 IBM 公司的 Net Bank 系统软件就充分利用其 WebSphere 集群技术，可以根据业务量的变化非常灵活地动态配置群组服务器的数量，所有的服务器都是服务器群组的一个单独的具有独立业务功能的单元。当一台应用服务器不能负载过大时，可以动态地请求送到不同的应用服务器，这就是均衡负载。对于客户来说完全感觉不到其中的差别。负载均衡器能够智能地平衡用户流量负载，实时跟踪网络任务和服务器的负荷，将每个任务分派到最适当的服务器。这种结构增强了应用服务器的健壮性，也扩充了它的容量。

（6）数据库服务器。银行业务数据库（DB）用于存放各种应用数据，存放用户信息（个人资料、账务信息、服务信息、交易信息）以及用户定制信息等，是宝贵的信息资源，是系统安全与商务安全的焦点。为便于发展综合业务服务，建议将数据库进行集中存放与管理。对于大的商业银行，由于数据量大，应当设立独立的数据库服务器；若是中小商业银行，也可以将数据库服务器与应用服务器软件结合在一起，通过双机互为备份方式保证数据的高可靠性，一旦其中一台意外停机，另一台立即接管全部工作，从而实现系统的高可用性与维护性。

数据库服务器的主要作用是保存、共享各种即时业务数据（如客户支付金额）和静态数据（如利率表），支持业务信息系统的顺利运作；客户登录时进行客户的合法性检查，并对数据库中的关键数据进行加密，以保证客户数据的安全。

（7）RSA 认证服务器。当用户试图访问受保护的系统时，可以通过设置安全认证服务器，如 RSA 认证服务器，应用相关 RSA 代理软件等启动一个认证会话，设置并且实施安全策略，保护对专用网络系统、文件及应用的访问。其中包括可以根据每天的时间、周期或根据小组或用户定义的权限，确定内部资源的访问权限，定义和报告报警情况（如某个网络端口访问失败重试次数），创建用户访问日志等。借助如 RSA 认证服务器所提供的功能，银行可用 RSA 代理软件保护网上银行的各种访问端口、数据文件、应用及其他资源。它还针对外部攻击和员工的恶意破坏，提供重要保护能力。

（8）通信服务器。为了使网上银行系统有更好的扩展性，在网上银行系统还应放置一台加密和通信服务器，负责与各计算机中心连接，通信协议可采用 TCP/IP。客户的交易请求都通过此服务器分发到各计算机中心的通信服务器上，所以此服务器的设计必须满足一对多的要求，同时还要完成均衡负载、加解密、扩展服务端口的任务。

（9）内部管理和业务操作工作站。网上银行系统中的内部管理和业务操作工作站主要是供银行内部系统管理员和业务操作员使用的计算机。系统管理员负责对网上银行系统的管理、维护、监控等，银行业务操作人员对相关业务进行处理，如各种申请表单的审核、处理等。

根据上述网上银行的技术架构，可以大致规划网上银行的一般业务处理流程（主要是 B/S 应用模式，当然也支持 C/S 应用模式）如下：

1）客户端通过浏览器登录网上银行的 Web 服务器，借助 Web 页面发出相关的网络金融服务请求（如网络支付结算请求）。

2）请求经过防火墙的安全检查到达 Web 服务器，当 Web 服务器接收到客户的交易或服务请求后，再进行一系列的安全检查，包括密码核验、Session 检查等，只有通过安全检查后的交易请求才会被转发至应用服务器。Web 服务器对请求进行区分，对存储于本地的静态信息，直接返回相应信息（静态页面或图形），对于交易请求则转发给应用服务器（群组）。

3）应用服务器（群组）在进行负载均衡后，处理交易信息，在必要时以特定协议和银行大型主机系统（交易处理层）通信，即将交易请求送交后台业务处理模块，完成相应账户的借贷、转账、信息更新操作及其他有关处理。

4）数据库服务器将更新相应的数据库表。

5）应用服务器的业务处理系统（如网络支付结算系统）对处理结果进行优化，生成页面信息返回给 Web 服务器，最后由 Web 服务器将页面信息（交易结果）返回给客户端浏览器，完成这一交互操作。

2. 网上银行的管理架构

网上银行业务部门的形成主要有三种形式：一是从银行原有的信息技术部演变而来；二是创立新的网上银行部门；三是对原有的信息技术部或科技发展部、银行卡／信用卡部和服务咨询部等若干个部门的相关业务人员进行整合而形成的。

网上银行业务部门的目标是为银行的各种业务活动提供硬件和软件服务，使银行内部与外部的业务活动信息安全、快捷、准确地传递与共享，从而保证银行业务的顺利进行。

网上银行的管理架构主要体现为人员与部门的组成架构，一般按照系统结构、应用结构、数据结构和网络结构为原则设置管理部门，使软件运行与硬件维护获得良好的支持。参照目前一些商业银行的网上银行业务部门的管理架构设置，典型的网上银行管理架构包括以下部分：

（1）市场拓展部。专注于从事网络金融品种及网络金融服务市场的开拓和发展，不断对网络金融品种及服务进行创新，形成适合于网络经济与电子商务发展的各种金融服务营销方式和理念。

（2）客户服务部。主要负责对网上银行的网络客户提供包括各类网络金融业务在内的技术支持和服务咨询，密切联系客户，把握客户对网络金融服务需求的变化趋势。

（3）技术支持部。不仅需要负责对网上银行的软硬件系统设备进行安全管理与维护，还负责相关金融服务产品的开发。

（4）财务服务部。主要负责对网上银行软件与硬件的投资、服务资金、成本和收益等财务指标进行分析与控制。

（5）后勤服务部。负责对网上银行服务活动过程中的各种后勤需求提供支持，如打印、消耗品的购买等。

3. 网上银行的业务架构

网上银行根据主要客户的需求变化，设置网上金融服务品种和业务流程；根据服务品种和业务流程，构筑网上银行的具体业务内容。当然，网上银行的业务领域也会随着网上银行的发展和不断完善而更加丰富多彩。

单 元 小 结

通过对本单元的学习，大家对网上银行的基本概念、发展阶段及动因、特点、分类、对传统银行的影响、优势以及网上银行的系统组成等有了一个全面的认识。

课堂训练与测评

（1）网上银行的产生对传统银行有什么影响？网上银行能否完全替代传统银行？

（2）举一个你最了解的网上银行实例，分析其特点。

知 识 拓 展

通过网络搜索《电子银行业务管理办法》，了解电子银行业务的相关管理规则。

单元二　网上银行的金融业务

情境导入

"银行柜台前的长队、一米线外的等候以及繁杂的各种手续，即便是 24 小时服务的自助银行，也总得出门坐车。在家里一点鼠标，什么都有了。"在某科研单位工作的小刘，使用网银已有三年时间了，他认为使用网上银行有无可比拟的优势。

"网上银行其实是在互联网上开通的虚拟银行柜台，能提供行内及跨行转账、网上证券、投资理财、代理缴费等传统服务项目，基本上可办理除现金业务以外的所有银行业务。"中国工商银行河北省分行电子银行部的一位工作人员说，对于许多时尚的年轻人来说，使用网上银行支付已是不二的选择。网上银行到底能为我们提供哪些金融业务呢？本单元将对网上银行的金融业务进行一个全面的介绍。

只有对网上银行金融业务有一个全面的认识，才能进一步体会到网上银行的便捷性，才能更好地使用网上银行所提供的各项业务功能。

从国内外一些银行的网上银行功能分析中可以看出，网上银行提供的金融业务服务大体可分为四类：

（1）信息服务类。银行可以通过互联网发布公共信息。其中，静态信息包括银行的历史背景、概况、机构设置、经营状况、业务品种介绍以及操作方法和注意事项等；动态信息包括国内外经济金融信息、外汇牌价和利率、新闻、行情等广大客户比较关心而又需要不断更新的信息。网上银行还能提供交互式信息查询功能，客户可以通过 E-mail 进行相关信息查询。通过发布公共信息，为客户提供有价值的信息，让客户更深入地了解银行，了解银行的业务品种和经营状况，了解各种规章制度，为客户办理业务提供方便。

（2）查询类。客户可以通过互联网在线查询自己账户的即时余额和交易记录，内容包括个人账户余额查询、个人账户交易历史查询、企业综合账户余额查询、企业综合账户交易历史查询、支票情况查询、企业授信额度查询、企业往来信用证查询、客户贷款账户资料查询等。

（3）在线交易类。这是指银行通过互联网向客户提供存贷款业务、支付、转账等在线交易，其中在线支付将成为网上银行金融服务最重要的一部分。

（4）扩展业务类。包括中间业务如证券交易、网上购物和网上支付、移动电子交易等以及与呼叫中心（Call Center）和客户关系管理系统（CRM）结合提供个性化金融服务。

网上银行根据服务对象的不同可以分为企业网上银行和个人网上银行，因此网上银行金融业务分为个人网上银行金融业务和企业网上银行金融业务两类。由于商务性质不同，企业网上银行和个人网上银行虽然在应用模式上基本类似，但在应用条件、业务功能上还存在很多不同的地方。

一、个人网上银行金融业务

个人网上银行主要面向个人及家庭，它体现了网络时代的特点和满足了客户个性化的需求。个人网上银行将传统银行面向个人的金融服务和现代信息结合起来，真正把银行柜台直接送到客户家里，使客户通过互联网轻松处理大量生活费用网上支付、消费、账户管理、理财等业务。随着业务的发展需要，个人网上银行金融业务也会不断拓展新的业务领域，更好地满足客户个性化需求。不同的个人网上银行根据业务重点的不同在金融业务开展内容或名称上均有所选择和不同。

中国工商银行"金融@家"个人网上银行为客户提供集银行、投资、理财于一体的网上金融业务服务。这里以中国工商银行"金融@家"个人网上银行为例，介绍个人网上银行主要的业务功能。

（1）我的账户。通过我的账户栏目；可以管理各类网上银行注册卡及其下挂账户、查询账户信息、办理转账汇款等业务。

（2）定期存款。通过定期存款栏目，可以在注册卡之间或注册卡内的账户之间，办理本外币定期存款，如整存整取、存本取息、零存整取、教育储蓄等。

（3）通知存款。通知存款是指存款人在存入款项时不约定存期，支取时需提前通知银行，约定支取存款日期和金额方能支取的定期存款。

（4）转账汇款。转账汇款是指工行通过网上银行渠道为客户提供汇款业务的相关服务。客户通过"转账汇款"栏目可实现注册账户转账、工行转账汇款、跨行汇款、跨境汇款、批量转账汇款、手机号汇款、E-mail汇款、西联汇款等。

（5）贷款。贷款栏目通过网上银行渠道为客户提供贷款业务的相关服务。客户可以在线填写申请信息，申请办理贷款业务，查询贷款明细。

（6）银医服务。客户可以通过银医服务栏目在线办理协议医院挂号、查询银医明细、查询诊疗进度和管理银医三方协议。

（7）养老金。经过客户所在单位的授权，客户可以通过养老金栏目查询养老金明细、对账单、基本信息、通告信息等养老金相关信息，修改基本信息中部分内容或设置投资比例。客户可以查询对应养老金账户的权益信息、资产信息和领取信息等。

（8）在线财务管理。在线财务管理栏目为客户提供收支记账、资产负债、财务分析统计、财务规划报告、财务计划等服务。

（9）理财。理财栏目是个人理财业务的综合频道，客户可以查询本外币理财产品信息、进行理财产品交易及理财服务管理、进行交易查询等。

（10）基金。客户通过该栏目可以在线办理基金买卖交易、管理基金账户、查询基金交易明细和最新发布的基金产品信息等。

（11）贵金属。客户可以通过贵金属栏目对账户贵金属、实物贵金属、贵金属递延和贵金属积存进行交易。还可以在此查询账户贵金属的实时行情和走势图，并可以进行即时交易、获利委托交易、止损委托交易或双向委托交易。

（12）网上国债。客户可以网上国债栏目在网上进行记账式国债交易、储蓄国债（凭证式）交易、储蓄国债（电子式）交易、行情及信息查询。

（13）结售汇。个人客户通过网上银行办理小额结售汇交易，其中购汇是指客户通过网上银行提交指定用途的用汇申请并在规定限额内向银行购买外汇的业务。结汇是指客户通过网上银行向银行提交结汇的申请并在规定限额将外币换为人民币的业务。客户还可以在线查询小额结售汇交易明细信息。

（14）银证业务。通过银证业务栏目，客户可以在线办理证券委托交易、管理资金账户、查询最新证券信息和股票行情。

（15）网上期货。网上期货栏目是工行通过电子银行，为个人期货投资者提供期货交易结算资金查询、转账等服务的业务。客户可通过电子银行进行银行与期货公司之间的转账交易，以及客户相关交易明细的查询。

（16）保险。通过"保险"栏目，客户可办理在线投保、追加、转换、部分领取 / 赎回、投保记录查询、续期缴费等业务。

（17）银商银权转账。银商银权转账是指工行在网上银行为商品交易市场会员提供注册银商转账服务、办理出入金、查询明细等服务。客户可查询工行已能在网上提供银商转账服务的商品交易市场，并可在此注册此项服务。

（18）预约。通过在线预约栏目，客户可以在线签订预约服务，并查询、修改及终止已签订的预约服务。

（19）生活缴费。通过生活缴费栏目，客户可以缴纳本地的各类日常生活费用；购买商品、服务或缴纳学杂费；签订、撤销或查询委托代理扣费协议。其中，在线缴费指客户可以在线为本人或他人缴纳手机费、电话费、水费、电费、燃气费等各种日常生活费用，或购买工行代理企业的商品或服务。代缴学费指客户可在线缴纳本人或他人的本、异地大、中、小学的学杂费。客户还可通过网上银行签订委托中国工商银行代理扣缴该费用的协议，实现费用的自助扣缴，并可在网上随时查询、撤销相关扣款协议。

（20）信用卡服务。信用卡服务栏目集办卡、换卡申请、卡片启用、客户卡片资料查询 / 修改，分期付款等业务于一体，客户通过此栏目可自助办理相关业务。

（21）网上汇市。通过网上汇市栏目，客户可进行个人网上银行外汇市场交易以及各类委托交易，查询外汇买卖交易明细、汇率等，还可以查看全球外汇市场即时信息与评论，以作投资参考。

（22）工行 e 支付。工行 e 支付是工行为满足个人客户便捷的小额支付需求而推出的一种新型电子支付方式。客户设置支付账户别名（4 ～ 12 位字母数字组合）后，使用工行 e 支付交易时可直接输入账户别名，无须记忆支付账户后六位。

（23）工银信使。工银信使是工行以手机短信、电子邮件等方式向客户指定的手机号码或电子邮箱发送电子信息的业务。客户可通过信使服务订制所需要的财经信息、基金信息、股票信息、理财产品信息、账务信息、余额变动、重要提示、对账单、业务处理、汇款通知、登录短信、信用卡 E-mail 还款提醒以及赠送信息等。客户还可通过该功能进行信使服务查询、修改、终止、展期和手机、邮箱、地址、缴费账号等信息的修改。

（24）电子银行注册。在"电子银行注册"栏目，客户可以通过网上银行渠道开通手机银行、电话银行、短信银行等电子银行，并对其交易明细进行查询。

（25）银行卡服务。银行卡服务是指集理财金卡服务、灵通卡服务、信用卡服务等于一体的综合性自助服务。其中，卡片个性化设置是为保障客户的用卡安全，对客户持有的牡丹灵通卡、理财金卡在自助设备、POS 机等交易渠道转账、取现、消费的开关及限额进行的设置。

（26）安全中心。安全中心是为了保证网上银行的安全使用而设置的，客户在这里进行修改密码、修改预留验证信息、网银交易权限管理、U 盾管理、口令卡管理、手机短信认证设置、网上挂失、计算机绑定等相关操作与设置。

（27）客户服务。客户服务栏目提供管理客户信息、红利账户、站内信、积分服务、个人支票、注销网上银行、账户销户、风险能力评测等服务。

二、企业网上银行金融业务

企业网上银行将传统银行服务和现代新型银行服务结合起来，利用成熟先进的诸多信息网络技术，以保证企事业单位客户使用的安全性和便利性。无论是中小型企业还是大型集团公司，企业网上银行都可以使企业随时掌握自己的财务状况，轻松处理大量的支付、工资发放、大额转账、BtoB 电子商务等业务。当然，企业网上银行金融业务会随着业务的发展需求，也会不断地拓展新的业务领域。不同的企业网上银行根据各自的业务倾向，在金融业务开展内容上或名称上均有所选择和不同。

现以中国工商银行为例，介绍企业网上银行的业务功能。

客户在中国工商银行网点办理好企业网上银行注册手续，客户凭普通卡证书、卡号和密码即可登录企业网上银行，获得基本的网上银行服务。中国工商银行企业网上银行是指中国工商银行以互联网为媒介，为企业或同业机构提供的自助金融服务。目前，中国工商银行企业网上银行能为中小企业、集团企业、金融机构、社会团体和行政事业单位提供以下服务：

（1）账户管理。账户管理是指客户通过网上银行进行账户信息查询、下载、维护等一系列账户信息服务，协助集团客户集中管理和实时监控本部及遍布全国的分支机构账户。

（2）收款业务。收款业务是为收款企业提供的向企业或个人客户收取各类应缴费用的功能。适用于对外提供公用事业服务或需经常向多家企业客户收取服务费用的企业客户，如煤气公司、自来水厂、社保中心、电力公司等；还适用于有代收需求的企业，如保险公司，可以取代传统的批量扣划业务；同时有跨地区集中收取费用需求的企业等都可以使用网上银行的收款业务。它的申办手续简便，收费方式灵活，可进行异地收款，为收费客户提供了一条及时、快捷、高效的收费"通道"，解决了一直困扰收费客户的"收费难"问题，帮助企业快速回笼应收账款。

（3）付款业务。付款业务是为企业提供的一组向本地或异地企业或个人划转资金的功能。付款业务包括网上汇款、向证券登记公司汇款、电子商务 BtoB 网上支付、外汇汇款、企业财务付款、在线缴费业务，是传统商务模式与现代电子商务模式相结合的产物，是中国工商银行为满足各类企业客户的付款需求而精心设计的全套付款解决方案。

（4）集团理财。集团理财是为集团企业客户提供的调拨集团内各账户资金以及对集团内的票据进行统一管理的一组功能。集团总公司可随时查看各分公司账户的详细信息，还可主动向分公司下拨或上收资金，实现资金的双向调拨，达到监控各分公司资金运作情况、整合集团资金统一调度管理的目的。

（5）国际业务。国际业务是指工行通过网上银行向企业客户提供的网上结汇及信用证业务，实现了结汇、进口信用证、出口信用证、进口代收、出口托收等相关功能，同时客户在网上银行提交了开证申请和开证资料后，可以上传纸质资料的影像文件，实现国际结算业务的完全电子化处理。

（6）信用证业务。信用证是指银行有条件的付款承诺，即开证银行依照开证申请人的要求和指示，承诺在符合信用证条款的情况下，凭规定的单据向第三者（受益人）或其指定人进行付款或承兑；或授权另一银行进行该项付款或承兑；或授权另一银行议付。网上银行信用证业务为企业网上银行客户提供了快速办理信用证业务的渠道，实现了通过网络向银行提交进出口信用证开证申请和修改申请、网上自助打印"不可撤销跟单信用证开证申请书"和"信用证修改申请"、网上查询进出口信用证的功能。网上信用证业务大大节省了客户往来银行的时间与费用，提高了工作效率，同时也为集团总部查询分支机构的信用证业务情况带来了便利，满足了客户财务管理的需求。

（7）网络融资。网络融资是营业网点贷款业务受理方式的扩充，是为企业提供的一组贷款查询、发放、管理等功能。企业可向银行提交各种融资产品的融资申请。

（8）投资理财。投资理财是中国工商银行为满足企业追求资金效益最大化和进行科学的财务管理需求而设计和开发的，是为企业提供的集基金交易、国债交易、通知存款、协定存款等多种投资途径为一身的网上投资理财服务功能。

（9）贵宾室。贵宾室是专为中国工商银行贵宾客户提供的，为满足贵宾客户特殊财务需求而提供的自动收款、预约服务、余额提醒、企业财务室等一组特色服务功能。给予贵宾企业优质、高效、省心的银行服务，从而减轻客户财务工作量，降低资金运营成本，提高资金的使用效率，优化业务操作流程，协助客户形成良好的资金运作模式。贵宾室服务对象包括在企业客户中有一定经营规模、经营效益良好、合作关系密切的所有在网上银行注册的企业客户。一般客户如果没有申请贵宾室服务，不能使用此功能。

（10）代理行业务。根据中国工商银行网点众多、资金汇划迅速、服务手段强大等优势，目前企业网上银行代理行业务为客户提供代签汇票与代理汇兑两种代理结算合作方式。其中，代签汇票是指商业银行使用中国工商银行网上银行系统为其开户单位或个人代理签发中国工商银行银行汇票的一组功能；代理汇兑是指代理行客户通过中国工商银行网上银行系统为中国工商银行客户办理向其他银行汇兑业务的一组功能。

（11）银财通。银财通是为财政预算单位提供的一组对零余额账户查询、支付、公务用卡指令编辑的功能。

（12）企业年金。企业年金是指企业及其员工在依法参加基本养老保险的基础上，自愿建立的补充养老保险制度。该功能受年金计划受托管理人的委托，向企业提供各类年金信息查询服务，可查询员工基本信息、员工个人年金账户明细、企业年金账户明细、企业年金计划信息表等。

（13）商务卡管理。商务卡管理是指单位客户通过网上银行对其下属的商务卡与公司卡的集中管理。该功能为单位客户提供三项子功能：商务卡业务、运通公司卡业务、自动转账业务。

（14）资金托管。资金托管是指资金托管的委托人双方通过与中国工商银行签订三方托管协议，委托人一方（缴款人）在中国工商银行开立资金托管专户，由中国工商银行负责对专户内资金进行托管，并按照托管协议中约定的条件，将托管资金向委托人另一方或约定的第三方进行划转的业务。

（15）监管审批。监管审批是指中国工商银行提供资金监管功能，实现监管方对被监管方的用款申请进行审批，同时提供查询余额和明细等服务。

（16）票据业务。票据业务是指通过中国工商银行网上银行和银企互联系统，实现纸质票据和电子票据的统一管理，可以在企业端的管理软件上进行票据的查询，发起相应的额度调整、托收、质押、业务申请等功能，并实现集团自主管理，盘活集团内全部票据资产。

（17）智富通卡管理。智富通卡管理是指客户通过企业网上银行完成卡片额度维护、卡片信息维护、卡渠道功能维护、卡内账户权限维护、卡内账户额度维护、卡默认账户维护处理等。

（18）供应链金融。供应链金融是中国工商银行为核心企业及其上下游企业提供的集供应链管理、供应链信息管理服务、融资服务、结算服务等于一体的一整套综合性金融服务。

（19）客户服务。客户使用客户服务功能可进行企业资料维护、数字证书管理、电子工资单上传、工银信使定制等操作。其主要功能介绍如下：

1）首页定制。它是定制企业客户进入企业网上银行后最先显示出来的页面。

2）相关下载。客户可以用此功能下载企业网上银行工具软件和账户信息。

3）客户资料。可提供对企业信息的查询或修改功能，如电子邮件、联系电话、传真等。

4）工银信使。工银信使（余额变动提醒）服务是为企业客户提供的一种有偿信息增值服务。企业定制工银信使服务后，其对公结算账户无论是通过联机交易、自助设备（ATM 机、POS 机、自助终端）还是通过网上银行和电话银行所发生的余额变动，都会通过短信方式进行实时通知。

5）证书管理。客户证书到期前1个月内，系统会自动提示客户证书快要到期，单击此功能可自动缴纳证书服务费，缴费成功后提示客户已经缴费完毕，即可单击"确定"按钮更新证书。

6）电子工资单上传。通过批量上传企业工资单，使得企业员工可以登录个人网上银行查询各自的工资单。

单 元 小 结

通过对本单元的学习，大家对个人网上银行的查询、转账、支付结算等业务以及企业网上银行的账户查询、转账、收款、付款、企业理财等业务有了一个全面的认识。

课堂训练与测评

查看中国农业银行网上银行、中国建设银行网上银行、招商银行网上银行业务功能演示，对比其个人网上银行与企业网上银行提供的业务服务功能的区别。

知 识 拓 展

（1）登录中国工商银行网上银行业务功能演示板块，了解中国工商银行网络银行各项业务功能的使用方法。

（2）登录中国建设银行网上银行业务功能演示板块，了解中国建设银行网络银行各项业务功能的使用方法。

单元三　网上银行的业务申请

情境导入

随着金融电子技术的飞速发展，网上银行现代电子金融服务平台一经面市，便受到了消费者，特别是那些金融"尝鲜族"们的热烈追捧。像网上银行这种依托现代网络技术建立起来的虚拟银行服务方式，就很受一些习惯网络生活的年轻人喜爱。那么如何才能成为"网银一族"呢？同时，网上银行经过短短几年的发展，提供的业务服务领域日益丰富，应用也日渐普及，那么政府部门、企业如何享受网上银行的网上服务呢？其中还有不少门道需要了解一下。

目前，世界上的主要发达国家均有网上银行服务。由于每个国家的管理制度和国情等不一样，不同国家网上银行的业务申请程序各有不同，没有完全一样的严格格式，甚至一个国家的不同银行的网上银行也有差别。有的银行需要用户本人持有效身份证件到该银行的营业网点办理网上银行申请手续；有的银行则提供柜台、网站或电话等多种申请和开通渠道。每个用户根据自己所持有的不同的银行卡，对应不同的网上银行使用规定。同时，对于同一个网上银行，其推出的多种网上银行产品服务，由于安全要求、金额、业务用途等的不同，其业务申请程序也可能有所不同，但基本的业务程序设置还是比较相似的。下面仍以中国工商银行网上银行为例，分别介绍个人网上银行与企业网上银行的业务申请程序，使大家对个人网上银行与企业网上银行的业务申请有一个深入的了解。

一般个人客户只要拥有银行的资金账户（包括储蓄账户、定期账户或银行卡账户），就可以在网上或营业柜台填写开户申请表单，成为网上银行的客户。有些银行个人网上银行依据客户类别的不同，应用权限也不一样，申请流程上也有一些差别。

中国工商银行客户申请个人网上银行有两种方式：①客户携带本人身份证件及注册卡直接到营业网点柜面办理注册手续；②通过登录"www.95588.com"网站进行自助注册，但网上自助注册只能查询账户而不能进行网上支付、对外转账、个人汇款、代缴学费等操作，自助注册客户若要开通对外转账、个人汇款、代缴学费功能，可携带本人身份证件及注册卡到工行任何一个网点办理开通手续，当日即可开通使用工行个人网上银行系统。

企业网上银行的申请一般都必须到营业网点柜台办理注册手续。

一、个人网上银行业务的申请

中国工商银行"金融@家"个人网上银行具体申请步骤如下：

1. 申请银行卡

要申请开通个人网上银行，首先要申请中国工商银行任意一张牡丹卡，如工行牡丹信用卡、牡丹灵通卡等，图4-2所示为工行灵通卡与牡丹信用卡。如果没有，可以带着本人身份证，到任何一家中国工商银行柜台申请，要做的就是填一张表格而已。当然，如果在申请银行卡的同时就直接让柜台工作人员帮您开通网上银行的话，那么下面的第二步就可以跳过了。

图4-2　中国工商银行灵通卡与牡丹信用卡

2. 注册并开通网上银行

（1）进入中国工商银行官网主页"http://www.icbc.com.cn"，如图 4-3 所示，单击"自助注册"进入网上自助注册须知页面。

图 4-3　中国工商银行官网主页

（2）阅读《网上自助注册须知》，如图 4-4 所示，单击"注册个人网上银行"。

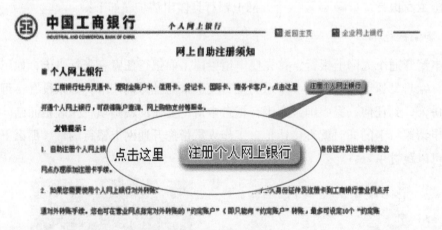

图 4-4　网上自助注册须知

接下来，会弹出一个"中国工商银行电子银行个人客户服务协议"，如图 4-5 所示，阅读协议后，单击"接受此协议"，表示同意。

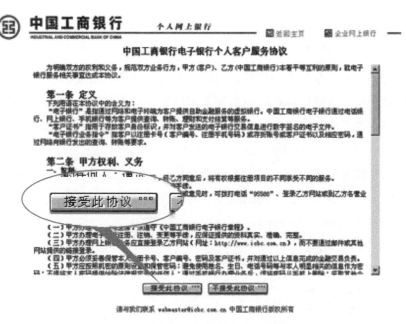

图 4-5　中国工商银行电子银行个人客户服务协议

（3）进入用户自助注册页面，如图 4-6 所示，正确输入注册卡卡号，并提交。

（4）进入用户详细信息填写页面，如图 4-7 所示，请认真如实填写申请开通资料，并单击"提交"。

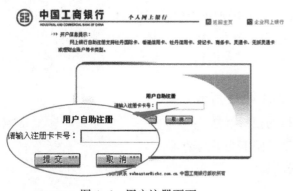

图 4-6　用户注册页面

图 4-7　用户详细信息填写页面

这张表格上的"开户地区"就是您所在的省份和城市，注册卡号即银行卡号。这里特别要提醒的是两个密码：①"注册卡密码"，这个密码是在银行柜台取款或者在自动柜员机上取款时的密码；②"网上银行密码"，这是网上银行的初始密码，尽量用字符和数字混合填写，以后每次登录网上银行都要用到。开通了网上银行之后，如果在日常生活中要刷卡消费，也就是网下消费，则用网下密码（自动柜员机上用的密码）；而登录网上银行，则要用网上密码，也就是这里设定的字符和数字混合的网上银行密码。

（5）确认信息，如图 4-8 所示，申请成功，这样就正式成为个人网上银行的非证书客户了。

3. 安装个人网上银行控件

网上购物，资金安全是第一位的，所以首先要在计算机中安装一个比较安全的"防盗门"，这对于第一次使用网上银行的朋友来说是非常重要的，在网吧、公共场合的计算机上以及多人共用的计算机上，尽量不要使用网上银行的收付款功能，以防账号信息被窃取。

（1）进入中国工商银行官方网站的注册页面。如果已经开通了网上银行，可以直接单击"个人网上银行登录"，出现的就是下面的登录提示页面，如图 4-9 所示。

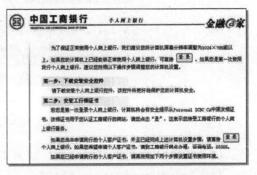

图 4-8 用户自助注册确认页面　　　　图 4-9 个人网上银行登录提示页面

注意：请先按照第一步的提示下载个人网上银行控件。

（2）单击"个人网上银行控件"，弹出如图 4-10 所示的窗口。可以单击"Save"按钮，将程序保存到指定文件夹中后再进行安装，也可以单击"Run"直接运行并安装控件。

4. 登录个人网上银行

登录个人网上银行需填写以下信息（如图 4-11 所示）：

1）注册卡号 / 登录 ID：开通网上银行的银行卡号。

2）登录密码：网上银行初始密码，不是网下交易的密码。

3）验证码：输入图 4-11 中右侧显示的数字。

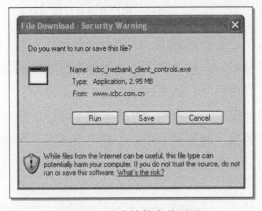

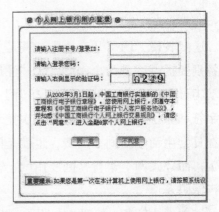

图 4-10 安全控件安装页面　　　　图 4-11 登录个人网上银行需填写的信息

单击"同意"，就进入了网上银行页面，银行在验证用户登录信息后即刻显示网上银行账户页面，用户可以在该页面使用账户查询等功能。

这时，用户个人网上银行自助注册成功。为了保证安全，建议首次进行网上支付前，先登录中国工商银行个人网上银行修改网上银行登录密码与支付密码，尽量使用数字和字母的组合。网上自助注册或在营业网点注册的客户均可以在网上自助注销网上银行。

二、企业网上银行业务的申请

在中国工商银行开立账户且信誉良好的企业客户，包括企业、行政事业单位、社会团体等，均可开通企业网上银行。企业客户按规模分为集团客户和一般客户两大类。集团客户是指总部及其分支机构在中国工商银行对公营业网点开立存款账户，且总部需要通过企业网上银行系统查询分支机构账户或同时需要通过企业网上银行系统从分支机构账户转出资金的企业。一般客户是指没有开设任何分支机构的企业或总部不需要通过企业网上银行系统查询分支机构账户，也不需要通过企业网上银行系统从分支机构账户转出资金的集团性企业等。

中国工商银行企业网上银行根据功能、介质和服务对象的不同可分为普及版和证书版。企业网上银行普及版适用于需要实时掌握账户及财务信息、不涉及资金转入和转出的广大中小企业客户。客户在中国工商银行网点开通企业电话银行或办理企业普通卡证书后，就可在柜台或在线自助注册企业网上银行普及版了。客户凭普通卡证书卡号和密码即可登录企业网上银行普及版，获得基本的网上银行服务。企业网上银行普及版为客户提供了账户查询、修改密码、首页定制等功能，客户还可以使用网上挂失功能在线自助办理普通卡证书挂失。如果客户不满足获得最基本的账务查询等服务，还需使用更丰富、更强大的网上银行功能，可以使用企业网上银行证书版。

中国工商银行企业网上银行具体申办流程如下：

（1）仔细阅读有关资料。仔细阅读《中国工商银行电子银行章程》《中国工商银行电子银行企业客户服务协议》及有关介绍材料。

（2）准备申请材料。客户应准备有关部门核发的法人代码证，填写一份网上银行企业客户注册申请表以及企业开户行需要的其他材料。《网上银行企业客户注册申请表》《企业或集团外常用账户信息表》《企业贷款账户信息表》《客户证书信息表》和《分支机构信息表》等表格可向开户行索取。取得申请表后，客户应如实填写表中各项内容，加盖单位公章，并保证内容的真实性。特别应注意的是，应准确填写联系地址，否则可能耽误申请事宜。

（3）提交申请材料。客户将企业全部申请材料交给开户行，由开户行对申请材料进行审批。

（4）等待审批结果。银行在收到申请表的2周之内，会通过电话、电子邮件或信函给予客户答复；对于未通过开户行审批的，申请材料原件将被退回客户。

（5）领取客户证书（或 Usbkey）和密码信封。开户行将在审批同意之日起的 2 周内通知客户到开户行领取客户证书和密码信封，领取后的次日客户就可使用银行的网上银行了。同时，银行会将客户端安全代理软件发送给客户，客户可按银行所提供的安装说明下载并安装软件，银行也可为客户提供上门安装服务。安装好后，使用客户代理软件输入用户密码，就可以登录网上银行，进入网上银行进行账号管理及享受其他金融服务了（注意：集团客户此时只能操作总部的账户，必须得到分支机构的授权后，才能对分支机构的账户进行操作）。

（6）集团客户办理各分支机构账户查询、转账授权书的核实。对于中国工商银行审批同意的集团客户，客户需组织下属的分支机构协助中国工商银行办理"电子银行客户授权书"的核实事宜。

（7）特殊功能的申请。申请开通收款业务、定向汇款、信用证、贵宾室和账户高级管理等特殊功能的客户，还需向开户网点申请并填写相关表格，具体操作流程可咨询开户网点。

单 元 小 结

本单元以中国工商银行网上银行为例介绍其具体申请步骤，能够使读者了解并掌握个人网上银行与企业网上银行业务申请的基本步骤。

课堂训练与测评

请根据自己所持有的银行卡，注册个人网上银行，写出申请流程。

知 识 拓 展

（1）登录中国建设银行网站了解中国建设银行网上银行申请方法与开通流程。

（2）登录中国农业银行网站了解中国农业银行网上银行申请方法与开通流程。

单元四　网上银行支付流程

情境导入

小徐是个体老板，经常需要去外地进货，而从异地银行取款不仅需要收取手续费，而且一个人在外地进货携带大量现金，既不方便也不安全。后来，小徐听朋友说只要去银行申请开通网上银行，就可以在本地直接把钱打到对方指定的银行账户上，既免去了现金付款的麻烦，也省了异地取款手续费，还大大提高了安全系数，一举多得。从此，小徐加入了"网银一族"。

网上购物也是网上银行的基本功能之一，例如可在国内知名的购物网站购买一些家居用品，淘一些自己喜爱的衣服、首饰，或者购买一些心爱的书籍。网上银行缩短了地区与地区间的距离，也为我们平淡的日常生活带来了惊喜与活力，网上银行带来的多彩生活触手可及。那如何使用网上银行进行转账与网络购物呢？本单元就邀大家来体验一下吧！

> 网上支付是电子商务的一个重要组成部分，也是网上银行的一个重要功能，如何使用网上银行进行网上支付与转账是本单元将要重点介绍的内容。

根据前面所述的网上银行的技术与应用上的特点，网上银行的支付模式应该分为个人网上银行的网上支付模式与企业网上银行的网上支付模式。两者由于支付的客户性质和应用的工具不同，故支付模式也存在差别，并且不同的网上银行版本，根据版本功能级别不同，其支付模式也有一些细微差别。不过，各类网上银行在技术应用上基本相同，因此用于网上支付时还是具有类似的流程与特点的。下面主要以中国工商银行为例，叙述网上银行的网上支付模式。

一、个人网上银行的网上支付流程

个人网上银行的资金账号与客户的银行卡资金账号在技术与应用的本质上是一样的，都代表了一个用户 ID。为了节省运作成本，方便银行管理与客户应用，充分利用银行已有资源，目前国际上个人网上银行的网上支付常常结合客户的银行卡账号进行，即把个人网上银行的账号与客户银行卡的账号绑定集成在一起。我国目前个人网上银行用于网上支付时基本都是这样。

网上银行安全
使用方法

中国工商银行个人网上银行的支付模式就是结合中国工商银行卡账户的网上支付模式，其简要流程如下：

1. 选择网银支付

当选择好商品确认订单后，进入选择支付方式页面，选择"网银支付"—"中国工商银行"，如图 4-12 所示。

2. 选择储蓄卡或信用卡

在网银支付页面，选择储蓄卡或信用卡，如图 4-13 所示。单击"跳转网银并支付"，页面将跳转至中国工商银行网站并进入支付流程。

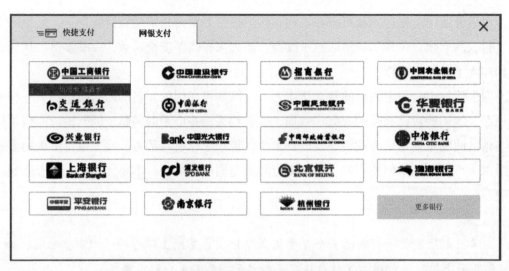

图 4-12　选择中国工商银行个人网上银行支付页面

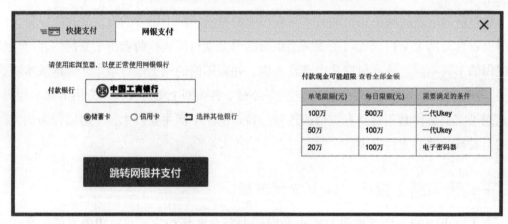

图 4-13　选择储蓄卡或信用卡

3. 选择支付安全工具，并输入银行卡卡号

选择 U 盾、密码器或口令卡进行支付验证，并输入银行卡卡号，如图 4-14 所示。

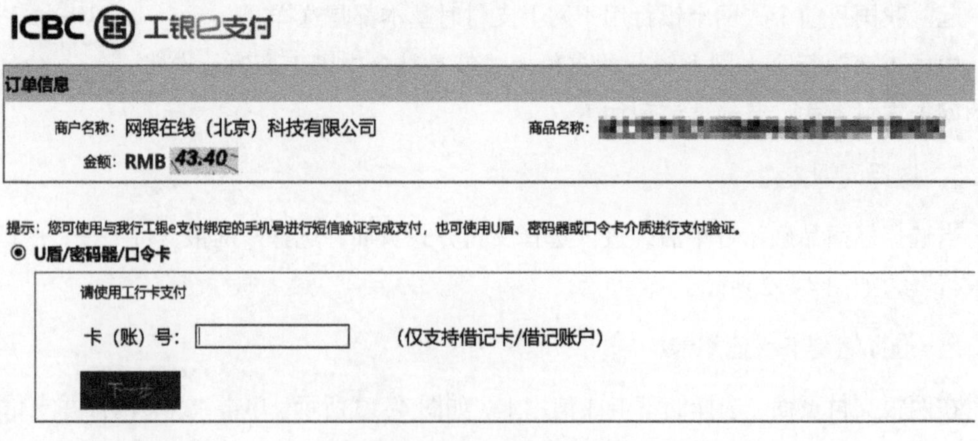

图 4-14　输入银行卡卡号

4. 预留信息验证

单击"下一步",进行预留信息验证,如图 4-15 所示。

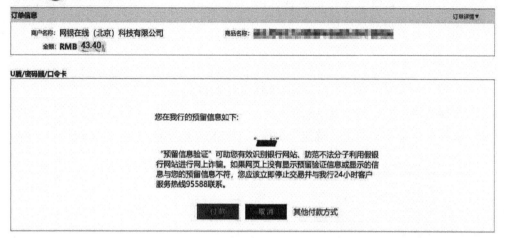

图 4-15 网上银行用户"预留信息验证"

5. 支付成功

单击"付款",即可完成支付,如图 4-16 所示。

中国工商银行的在线支付系统是专门为拥有中国工商银行牡丹信用卡、灵通卡、贷记卡账户,并开通网上支付功能的网上银行个人客户进行网上购物所开发的支付平台。中国工商银行网站已通过国际权威 CA 认证且采用了先进的加密技术,客户进行网上支付时,所有数据均经过加密后才在网上传输,因此安全可靠。

图 4-16 支付成功页面

二、企业网上银行的网上支付流程

企业网上银行的网上支付流程与个人网上银行支付的流程相似,只是企业的网上支付通常涉及中大额的资金转移等,采用的安全防护手段更多,更加安全,而且涉及与银行后台的基于金融专用网的电子汇兑系统、银行间结算系统的配合使用。

企业网上银行的网上支付模式在客户前台是基于 Internet 平台,采用数字签名、数字证书等相关安全技术,以保证支付表单的真实性与有效性;该模式在银行后台则是基于金融专用网络传递的,也是支付指令的处理方式,体现为 Web 式支付表单以及相关的付款通知表单。

下面我们以中国工商银行为例介绍企业网上银行 BtoB 在线支付流程。

1. 选择中国工商银行 BtoB 在线支付

登录中国工商银行官方网站,在首页左侧选择"工行企业用户",然后单击页面下端的"确认支付"按钮，就会自动跳转至中国工商银行网站并进入支付程序，如图 4-17 所示。

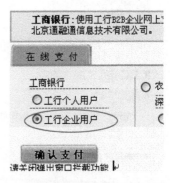

单击"确认支付"按钮前，请确保中国工商银行企业网上银行 USBKey 数字证书已插入计算机，且之前已完成相关插件和驱动程序的安装。

2. 银行证书验证

（1）在跳转到中国工商银行页面的过程中，银行系统会要求选择数字证书，如图 4-18 所示。

图 4-17　选择"工行企业用户"

（2）选择数字证书，单击"确定"，输入 USBKey 数字证书密码，如图 4-19 所示。

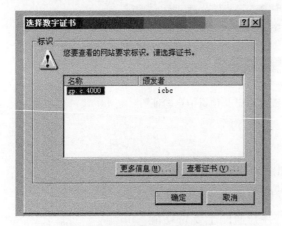

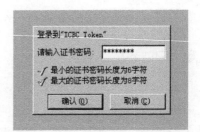

图 4-18　选择数字证书页面　　　　　图 4-19　输入数字证书密码页面

（3）单击"确认"，进入"安全警报"页面，单击"是"，如图 4-20 所示。

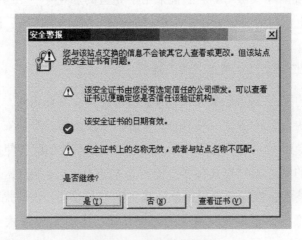

图 4-20　安全警报页面

3. 填写银行要求的付款信息并确认

（1）银行要求填写的付款信息如图 4-21 所示。

1）收款人名称：××××公司。

2）收款银行名称：工行。

3）在"请选择您的支付单位"和"请选择您的支付账号"两个下拉栏里选择支付单位和账号。

图 4-21　填写付款信息页面

（2）单击"确定"，进入确认支付信息页面，如图 4-22 所示。

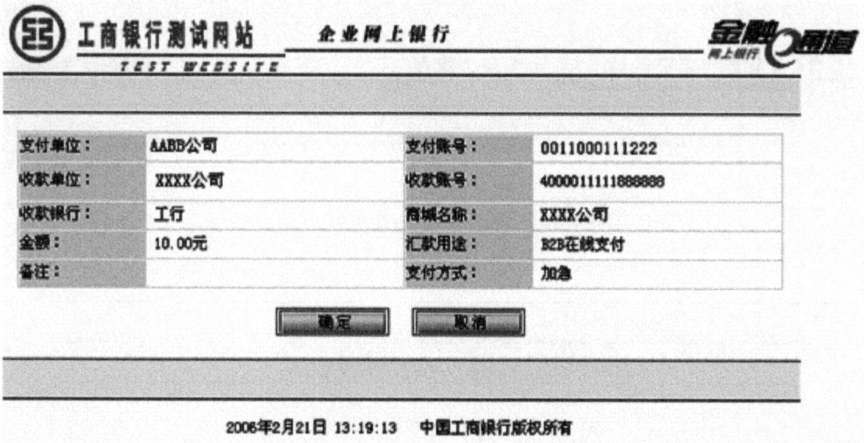

图 4-22　确认支付信息页面

（3）单击"确定"，系统提示再次输入 USBKey 数字证书密码，如图 4-23 所示。

图 4-23　再次输入数字证书密码页面

（4）单击"确定"进入数字签名数据页面，如图 4-24 所示。

图 4-24　数字签名数据页面

（5）单击"确定"，这时付款指令提交成功，如图 4-25 所示。但付款方还需要登录中国工商银行企业网上银行完成必要的授权，才能真正完成支付。

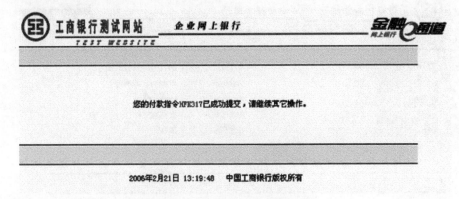

图 4-25　付款指令提交成功页面

4. 进行授权

（1）插入授权证书，选择"付款业务"，单击"电子商务"中的"批准指令"，然后提交时间并确认，如图 4-26 所示。

（2）单击交易序号（此号码即为提交的指令号），如图 4-27 所示。

（3）核对指令详细信息，若无误则单击"批准"；有错误则单击"拒绝"，重新提交，如图 4-28 所示。

（4）批准后支付指令处理成功，如图 4-29 所示。

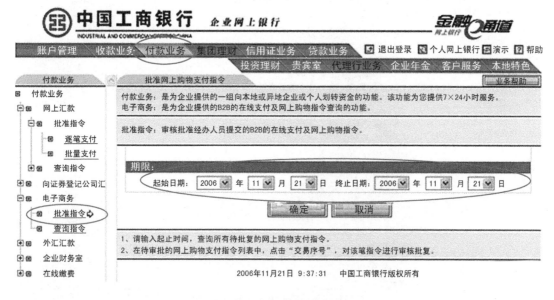

图 4-26 批准付款指令页面

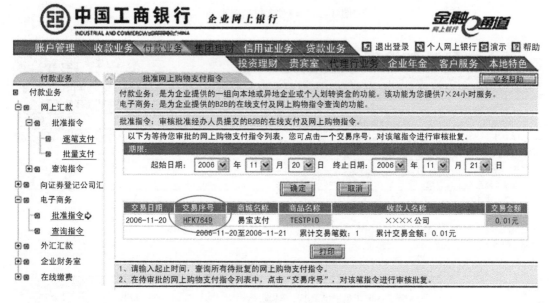

图 4-27 选择交易序号页面

图 4-28　核对支付指令页面

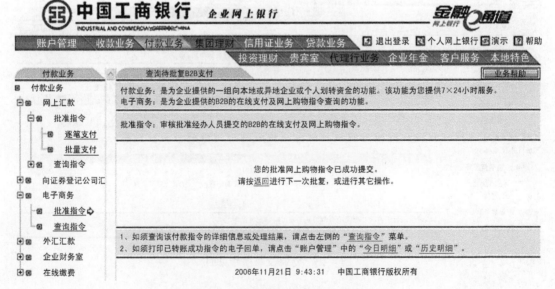

图 4-29　支付指令处理成功页面

此时，企业网上银行 BtoB 支付流程就完成了。可以看出，企业网上银行的出现给信息网络时代的商务贸易特别是 BtoB 电子商务提供了一个方便快捷、低成本的支付手段。

单 元 小 结

本单元中，我们以中国工商银行个人网上银行与企业网上银行为例，学习了网上支付与转账，使大家对使用网上银行进行网上支付的流程有了一个全面的认识，也使大家体会到了通过网上银行单击鼠标就能轻松完成付款程序。

课堂训练与测评

请根据自己所持有的银行卡注册个人网上银行，体验个人网上银行的功能操作过程，即进行一次实际的网上支付或网上转账，并写出操作过程。

知 识 拓 展

（1）登录中国工商银行网站了解中国工商银行网上银行业务指南。
（2）登录中国农业银行网站了解中国农业银行网上银行服务与功能。

单元五　国内外网上银行发展状况

情境导入

在以计算机技术为基础的市场经济条件下，信息已成为起决定作用的资源，以微电子技术为基础的信息技术革命以及国际互联网的形成，正在把整个世界经济融合成全球一体的"网络经济"。网上银行将成为 21 世纪银行业经营的主体。美国微软公司前总裁比尔·盖茨预言："如果传统商业银行不对电子化做出迅速反应，它将成为 21 世纪即将灭绝的'恐龙'。银行业是必需的，但网络科技使银行本身变得不那么必要了。"当然，网络技术的发展是传统银行向网上银行演化的不可缺少的基础，但更多的是网上银行本身存在的种种优势，为银行业和金融业所看好。

同国际上发达的欧美国家相比，我国网上银行发展起步较晚，但是随着我国互联网金融、电子商务及网络经济的增强，网上银行发展十分迅速。自 1996 年我国才正式开始网上银行业务的探索，在短短二十多年间，我国网上银行业务已经实现了质的飞跃。目前，几乎所有商业银行均已开展网上银行业务，用户数和交易量保持快速增长态势，业务种类日趋丰富，各商业银行的网上银行品牌已经初步建立。发展网上银行，努力提高自己的竞争力，由被动的战略防御转变为主动积极的战略进攻，是我国银行业缩小与国际银行业发展差距的难得捷径和机会。我国银行业应把握住这个机会，大力发展、不断完善网上银行业务，提供个性化的产品和服务，努力扩大市场份额，为自己争取到一个有利的局面。

> 通过了解国内外网上银行发展状况，探索我国商业银行应该以什么样的速度，付出何等代价，采用何种形式去完成金融服务的电子商务化，以加强自身的竞争力，迎接全球信息化的挑战，是本单元我们关注和探讨的重点。

一、国外网上银行的发展状况

1. 欧美网上银行发展概况

1995 年 10 月 18 日，美国诞生了第一家网上银行——安全第一网络银行（Security First Network Bank），这是世界上第一家将其所有银行业务都通过 Internet 交易处理的开放性银行。受其影响，其他商业银行纷纷做出了积极反应，发展势头十分迅猛，绝大部分有影响的商业银行都陆续建立了自己的网上银行，且都成功步入网上银行发展的轨道，其中最具代表性的就是富国银行（Wells Fargo）。

在美洲，经济算不上发达的巴西已有半数以上的银行在 Internet 上开办了业务，这一比例直逼网上银行最为发达的美国。

欧洲的网上银行业务虽然起步较晚，但眼下已有不少网上银行开始崭露头角，令传统大型银行倍感威胁。在欧洲，包括德意志银行、巴克莱银行、国民威斯敏斯特银行等巨头在内的各知名银行也纷纷推出网上银行服务。2020 年的研究结果显示，网上银行使用率处于欧洲第一位的是挪威和冰岛（86%），第二位是芬兰（82%），第三位是荷兰（80%），法国排在第四位（54%），排在末尾的是罗马尼亚（3%）。27 个欧盟成员国的网上银行使用率平均水平为 38%。

2. 亚洲网上银行发展概况

在亚洲，韩国的网上银行相当发达。韩国互联网用户中有 90% 的人利用网上银行。在韩国利用网络进行金融服务的银行数量迅猛增长，网上银行已经超过传统的柜台服务，成为最重要的金融服务渠道。

日本、新加坡也都先后推出了网上银行服务。新加坡银行下设的金融机构 FinatiQ 是亚洲第一个网上银行，它于 2000 年 4 月对外营业。而在日本，住友银行最早开始提供网上银行服务。

目前，发达国家的商业银行已纷纷为自己的网上银行展开了广告攻势和宣传攻势，以争夺网上交易份额，争抢新的客户源。在业务范围上，发达国家的网上银行服务面更为广泛，业务品种更为齐全；在业务处理上，交易信息采用网上传输，银行计算机系统的实时自动处理方式方便、迅捷、安全，已深受企业和个人用户的欢迎。网上银行正在以不可阻挡的态势，以超常规的发展速度整合着世界金融。

二、国内网上银行的发展状况

随着我国经济的快速发展，我国 Internet 的发展与电子商务的发展极大地促进了网上银行的发展，我国银行业也在积极利用先进的信息网络技术工具并在一定的经营理念下与国际接轨，这为网上银行在我国的快速发展奠定了基础。目前，我国网上银行在发展环境、水平等方面均有了显著的提高，在面临挑战的同时也拥有良好的机遇。

1. 中国银行网上银行

1996 年 2 月，中国银行在国际互联网上建立了主页，首先在互联网上发布信息。1998 年 4 月，中国银行与首都信息发展有限公司签署了战略合作协议书，中国银行为北京公用信息平台发展电子商务提供网上交易支付的认证和授权。1999 年 6 月，中国银行正式推出"企业在线理财""个人在线理财"和"支付网上行"等网上银行的系列化产品。更具特色的是，中国银行按照 SET 标准建立了一整套购物及支付系统，为用户提供了一个快捷、方便、安全的网上购物环境，使得中国银行的持卡人可以毫无后顾之忧地享受网上购物的乐趣。2011 年，中国银行将网上银行作为战略性业务来经营，大幅优化产品功能、提升运营效率、加固安全机制，努力实现网上银行的跨越式发展。近年来，中国银行持续完善电子银行渠道服务体系，提升电子银行产品功能。在企业网银方面，新增供应链融资和托管服务，实现快捷代发、个人转账等服务的跨渠道授权，并推出企业手机银行，提供查询、转账授权等功能。个人网银新增银医通、中银财互通账户等多项产品功能，优化转账汇款和通知存款服务。个人手机银行新增白银宝、第三方存管预约开户等服务功能。电子商务新增 B2C 网上跨行支付服务，报关即时通、网上商户直连等服务进一步优化。海外网上银行服务覆盖 29 个国家和地区，其中个人网银全球账户管理服务拓展至澳大利亚、德国等 12 个国家。中国银行把以电子商务平台为核心的网上银行建设与发展作为一项核心战略，成立网上银行建设领导小组并设立办公室，以"中银易商"作为重要品牌，与现有银行体系一规划、双轮驱动、紧密结合、相互促进。中国银行网上银行以"中银易商"平台为基础，着力于"搭平台、积数据、建生态、促转型"，重点提升产业链定制、银银合作、社区互动、网络跨境支付等能力；整合线上线下资源，创新产品与服务，形成具备自我成长并帮助客户成长的互联网金融生态系统；整合产业链与服务链资源，为实体经济中的产业链及小微大众客户提供在线金融服务；丰富移动支付产品布局，重点打造跨境电子商务等，推进海内外一体化发展。未来，中国银行将借助开放式的技术与业务平台，从易金融、泛金融、非金融、自金融等四个维度全力打造以移动化、服务型电子商务为核心的网上银行，建立全新的商业模式，为客户提供更公平、更高效、更便捷、更安全的全新互联网金融服务。中国银行网上银行建设是充分把握网络新时代及电子商务经济发展机遇的重大举措，也是传统银行业建立全新商业模式、为客户打造互联网金融服务的重要尝试。

2. 招商银行网上银行

1997 年 4 月，招商银行率先设立了网上银行"一网通"，并推出个人网上银行业务，初步构建了网上银行的经营模式。1998 年 4 月，率先在国内推出了企业网上银行，开通网上支付功能。1999 年年底，形成了以"一网通"为品牌的国内著名金融网站，功能包括"企业银行""个人银行""网上证券""网上商城""网上支付"五个系统。2000 年 2 月，招商银行推出了"移动银行"服务，将网上银行的终端扩展到移动电话上，成为国内首家通过手机短信平台向全球通手机用户提供综合化个人银行的理财服务银行。2000 年 11 月，招商银行又在个人网上银行大众版的基础上，推出了业务内容更丰富、安全机制更高的专业版，可为用户提供账务查询、卡内定 / 活互转、专户互转、同城转账、异地汇款、网上支付等一系列功能。2013 年，招商银行在微信客服的基础上推出微信银行，将手机银行的大部分功能延伸到微信端，并且增加了网点查询、排队人数查询的O2O 式功能。2019 年，招商银行主动适应内外部形势变化，继续以金融科技为核动力，加快数字化转型，致力于打造"最佳客户体验银行"，业务发展成效显著，客户基础更加雄厚，客户服务能力稳步提升。2020 年，招商银行紧紧围绕客户和科技两大关键点，深化战略转型，促进对外开放与内部融合，在自我迭代中打造新经营模式。

3. 中国建设银行网上银行

1999 年，中国建设银行推出个人网上银行服务，为客户提供网上查询、转账、代理缴费、挂失等服务。2000 年，中国建设银行面向企业客户推出企业网上银行服务，并对个人客户服务系统再次进行完善升级，初步建成了一个集个人服务和企业服务于一身的网上银行服务体系。2002 年，中国建设银行网上银行进一步完善，全面升级至网上银行 2.0 版，初步形成了基于客户、产品和管理三个方面完整的服务体系。2003 年，中国建设银行网上银行优化了普通个人客户的登录方式，丰富了简易版的功能，能办理账户查询、个人名下转账、代理缴费和网上购物支付四项基本业务。2005 年，中国建设银行网上银行升级到 4.0 版本，向个人客户推出了查得快、网上收银台、网上身份认证、个人外汇买卖客户端、交易积分、贷记卡业务和代客资金理财等服务功能。2006 年，中国建设银行网上银行推出了网上银行理财卡服务，标志着中国建设银行理财卡又增添了一个全新的服务渠道，并于同年面向全国推出个人跨行转账业务。2007 年，中国建设银行网上银行正式推出网上银行外汇汇款、网上银行个人贷款及虚拟卡业务。2008 年，中国建设银行网上银行推出网上银行保险业务、银期直通车业务、社保业务。中国建设银行成立电子银行研发中心，承担电子银行新产品研发职责。2009 年，中国建设银行推出以提升客户体验为核心的网上银行服务流程优化工作。2010 年，中国建设银行成立电子银行业务中心，承担电子银行反欺诈管理、客户互动服务、风险监控、专家服务、业务维护等职责。

2011 年，"电子银行客户之声综合管理平台"正式上线，以收集客户之声，改善客户服务，提高服务质量。中国建设银行还与浙江支付宝、上海快钱、北京通融通等第三方支付平台及商户开展反欺诈合作。2012 年，中国建设银行推出中国建设银行手机网，该服务支持用户通过手机及平板电脑访问，实现了移动互联网用户的全面覆盖。2013 年中国建设银行还正式对外推出电子商务金融服务平台——"善融商务"，该平台是中国建设银行为响应国家加快信息化建设的方针，促进电子商务健康发展，延伸渗透金融服务而推出的电子商务金融服务平台，其核心目的是以中国建设银行客户资源和品牌资源为依托，为参与"善融商务"的企业客户和个人客户提供更便捷、更实惠、更全面的金融服务，帮助企业解决融资问题，更好地支持实体经济和中小企业的发展。随着网络在全球的快速发展，网络时代已经到来，网上银行已成为银行最重要的营销渠道之一。就中国建设银行来说，中国建设银行网上银行个人客户数逐年增长，截至 2021 年年末，中国建设银行网上银行个人手机银行客户数就有 4.17 亿户。

4. 中国工商银行网上银行

1997 年 10 月，中国工商银行建立了银行主页宣传金融服务业务，2000 年 6 月 30 日在深圳等 31 个城市正式开通了网上银行业务，此举对业界触动极大，也使国内网上银行开始形成竞争的格局。中国工商银行的网上银行是依托于具有国际先进水平的"新资金汇划清算系统"，是利用 Internet 技术开发的面向广大客户的高新技术产品。中国工商银行提供了企业、个人的网上支付及其他金融服务，其业务覆盖了全国 300 多个城市。相关数据显示，在使用网银方面，用户最优先选择 U 盾进行安全保护，而作为国内率先推出 U 盾技术的中国工商银行，自然占据了很大优势。2003 年，中国工商银行率先在国内推出了基于智能芯片硬件加密的物理数字证书"U 盾"，并获得了国家专利。此外，电子银行口令卡也是由中国工商银行在 U 盾之后发布的产品，它比 U 盾更方便携带，同时价格也更低廉。作为网上银行的领军人物，中国工商银行在安全保护方面不断创新，相继推出了多款 U 盾产品，帮助广大用户更安心地进行网上支付。截至 2021 年，中国工商银行个人客户净增 2 341 万户，个人客户总量达到 7.04 亿户。其中个人手机银行客户突破 4.69 亿户，总量、增量、月均动户数均位列市场第一。

其他如浦东发展银行、杭州商业银行、浙商银行等地方性银行均针对网络时代与电子商务的需求，加快了迈向"网上银行"业务的步伐，也相继推出了网上银行业务。

随着信息技术的发展，我国网上银行的使用率和活跃度得到进一步普及。自 2007 年以来，我国网上银行的交易额始终呈现快速增长的发展态势，虽然受 2008 年全球金融危机的影响，2008 年和 2009 年网上银行交易增速出现下滑；但 2010 年以来，受全球金融危机的影响基本已经消退，网上支付的增速保持恢复性趋势。2020 年我国网上银行交易量为 1 550.3 亿笔，交易总额达 1 818.19 万亿元。可见网上银行发展已经进入成熟期。并且随着网上银行用户普及率的提高，熟练使用网上银行的用户已经从年轻群体逐渐扩展到中老年用户群。

从交易量的构成来看，企业依旧是网上银行业务的主体，随着行业互联网化和办公电子化的发展，企业银行成为各家银行的业务重点，并有更多银行开始推出针对小微企业的网上银行。同时，个人网上银行交易额占比呈逐年提升态势，成为网上银行交易额增长的重要动力。加强活跃用户的占比和客户的交易频率，依然是网上银行重点发力的方向。

在产品创新方面，银行针对小微客户、企业推出更多贷款、理财创新产品，以应对互联网金融冲击。多家商业银行已开始发力活期存款资金的理财，欲在互联网金融的格局下，携手基金公司，通过网上银行、第三方支付公司以及电商等平台，实现消费、流动资金管理和理财增值业务的无缝对接，连接消费、货币基金投资与信用卡还款业务。此外，各家网上银行还积极与电子商务企业结成合作伙伴，以"结盟"的形式开拓网上银行市场。网上银行业务正在实实在在地转变为一项能够带来实际利益的业务，甚至成为商业银行的形象品牌和市场竞争的利器。

中国金融认证中心发布的《2021中国电子银行发展报告》显示，2021年个人网上银行用户比例达40%，增速持续放缓。与之相比，个人手机银行用户比例依然保持着较高的增长速度，用户比例达到32%。这是因为伴随着移动互联网的迅猛发展以及智能手机的广泛使用，人们上网习惯正在从PC端向移动端加速转移。电子支付和网络支付的发展，也深刻改变了银行用户的交易习惯。

2020年，企业网上银行渗透率为83%，相比2019年上升2个百分点；企业微信金融服务的渗透率为45%，上升8个百分点；企业手机银行渗透率为42%，相比上年上升1个百分点，大型企业手机银行渗透率最高，达到55%，小微企业手机银行渗透率达到40%。

2019年9月至2020年8月，手机银行App单机月均有效使用时间为26.3分钟，增长18.4%；增长率与上年相比基本一致。2019年，银行业金融机构网上银行交易笔数超过1 600亿笔，交易金额超过1 600万亿元；手机银行交易笔数超过1 200亿笔，交易金额超过330万亿元，行业离柜率超过90%。2020年第三季度我国手机银行活跃用户规模为3.5亿户，环比增长6.1%。而截至2019年年末，我国农村地区手机银行、网上银行开通数累计8.2亿户和7.1亿户，同比分别增长21.9%和16.4%。

总的来说，我国网上银行虽然起步较晚，但发展很快，特别是最近几年，我国商业银行正在非常积极地拓展网上银行业务，以中国工商银行、招商银行为代表的网上银行服务的品种、水平、覆盖区域正逐渐缩小与美国等发达国家网上银行的差距。

单 元 小 结

目前我国广泛推行网上银行业务不会一帆风顺，还要面临不少棘手的问题。但是，无论如何，随着电子商务的发展，网上银行的建设既是大势所趋，又是必然结果。我国商业银行必须加快金融服务的电子商务化进程，以提高自身的竞争力，迎接全球信息化、金融全球化的挑战。银行业将朝着以品牌为主导、以全面服务为内涵、以互联网为依托、以物理网络为基础的综合化、全球化、电子化、集团化、一体化、人性化、安全便捷的全能服务机构方向发展。与此同时，银行等机构需要提高服务意识，增加服务种类，提高用户体验。只有在把市场不断做强做大的基础上，各大银行和用户才能实现双赢。

课堂训练与测评

（1）讨论：我国网上银行的发展中还存在哪些问题？如何解决？

（2）阐述目前国际网上银行的发展特点以及对电子商务发展的影响。

知 识 拓 展

登录网络查询最新版《中国互联网络发展状况统计报告》，了解网络银行发展数据。

实 战 训 练 项 目

网上银行调研

⋔ 实训目的

1. 掌握网上银行的基本业务功能及其操作。

2. 掌握我国各大商业银行个人网上银行注册和开通方式，了解我国网上银行发展现状。

⋔ 实训形式

校内实训

⋔ 实训安排

实训地点：实训室

实训课时：2 课时

⋔ 实训条件

具备网络条件的校内实训室

⋔ 实训内容

1. 体验网上银行业务各项功能的运作。

2. 调研我国各大商业银行个人网上银行的注册和开通方式，并完成一项支付活动。

⋔ 实训步骤

1. 登录中国工商银行网上银行，了解各项功能服务，如图 4-30 所示。

图 4-30　中国工商银行网站首页

2. 登录以下我国各大商业银行网站：中国银行、中国建设银行、中国农业银行、中国工商银行、交通银行，查看网站相关板块，思考以下问题：

（1）上述五家银行的网上银行分别开展了哪些业务大类？哪几家可以进行在线注册？

（2）如果在网上开通上述五家银行的个人网上银行业务，哪几家需要先进行注册？哪些输入银行卡卡号和密码即可直接使用网上银行业务？你认为这两种形式哪一种更好？请说明理由。

（3）任选一家银行，在网上开通个人网上银行业务，并请写出这家银行的名称。（提示：请务必保护好自己的银行卡卡号和密码以及登录网上银行的密码。实训课结束后请退出登录，关闭计算机。除本次实训课外，不要在公共场所的计算机上进行网上银行业务操作。）

（4）任选一家银行，利用课余时间去银行营业网点开通个人网上银行业务。（提示：需要携带本人身份证及银行卡。）

（5）如果仅在网上开通网上银行业务，你（3）题中选择的那家银行提供哪些服务项目？如果前往营业网点开通网上银行业务，又可以获得哪些额外的服务项目？如果购买了客户证书，所获得的服务内容又会增加哪些？为什么不同的方式开通网上银行业务，会有不同的服务内容？

（6）请使用个人网上银行完成一项网上支付活动。可选择的内容有：在自己的不同银行卡之间转账、网上购物支付等（提示：转账和支付数额不要过大）。事后请写出活动步骤和感想。

3．网上银行功能调研

请选择你熟悉的某银行个人网上银行或企业网上银行，调研其开通网上银行的主要
程序，掌握其主要功能，了解其主要的安全策略，并将结果填入表 4-1。

表 4-1　网上银行功能调研

网上银行名称	调 研 内 容		
	主要开通程序	主 要 功 能	安 全 策 略
某银行个人网上银行			
某银行企业网上银行			

⚡ 实训考核

1．实训结束后要求每位同学上交实训报告。

2．实训指导老师将实训报告、实训态度及实训操作的表现结合起来，对学生本次
实训环节给予考评。熟练掌握中国银行、中国工商银行、交通银行等个人网络银行以及
企业网上银行的基本业务功能及其操作方法，要求操作正确。

Module 5

模块五
第三方支付

我国电子商务的快速发展以及电子支付巨大的需求和市场空间，使得第三方支付服务模式应运而生。目前，第三方支付已成为零售支付领域中最具创新能力和服务意识的一支活跃力量，在商业模式、市场营销、技术开发和风险管理等方面进行了大量有益的尝试和创新。第三方支付的出现丰富并完善了国内的电子支付体系，给支付领域的发展带来了积极、深远的影响。

本模块分别介绍了第三方支付的定义、分类、特点、交易流程，并主要分析了第三方支付的商业模式，特别就适合我国国情的商业模式进行了深入的探讨，同时结合目前国内外先进的第三方支付实例，分析了第三方支付提供的网上支付功能与第三方支付平台的网上支付使用方法，最后分析了国内外第三方支付的发展现状与发展趋势。

—— 应知目标 ——

◎ 掌握第三方支付的定义、分类、特点与交易流程。

◎ 了解常见的第三方支付网站的服务功能。

◎ 了解第三方支付的发展现状。

—— 应会目标 ——

◎ 熟练掌握支付宝、财付通等第三方支付网站的相关产品服务。

◎ 学会第三方支付网站的账号申请、充值。

◎ 能使用第三方网站完成网上支付。

单元一　第三方支付的相关知识

情境导入

"第三方支付"指非金融机构作为商户与消费者的支付中介，通过网联对接而促成交易双方进行交易的网络支付模式。2000 年左右，中国掀起了电子商务的探索热潮，电子商务的起步孕育了商户线上收款需求，从而为第三方支付机构创造了企业服务契机。电子商务的快速发展以及电子支付巨大的需求和市场空间，使得第三方支付服务模式应运而生。2017 年，线下扫码支付规模全面爆发增长，线下场景的支付增速远高于线上场景支付的增速，引领移动支付经历了由线上驱动阶段到线下驱动阶段的转变。经过多年的发展，我国第三方支付用户规模快速增长，交易规模持续扩大。第三方支付越来越被广大消费者接受，如微信支付、支付宝支付等第三方支付平台，几乎涉及生活中的方方面面。近年来，我国第三方移动支付交易规模快速增长。截至 2021 年年底，我国第三方互联方支付交易规模达到 21.8 万亿元，未来我国第三方移动支付市场需求前景广阔。

我国国内的第三方支付产品主要有支付宝、微信支付、百度钱包、中汇支付、拉卡拉、财付通、盛付通、腾付通、易宝支付、快钱、国付宝、物流宝、网易宝、环迅支付 IPS、汇付天下等。随着电子商务快速发展，第三方支付行业从无到有，不断壮大。第三方电子支付市场逐渐由培育期进入高速增长阶段。那么到底什么是第三方支付呢？下面我们就来了解一下第三方支付的相关基础知识。

> 本单元我们将学习第三方支付的定义、特点、分类和第三方支付平台及交易流程等有关第三方支付的基本知识，从而对第三方支付有一个全面的认识。

一、第三方支付的产生与定义

1. 第三方支付的产生

第三方支付起源于美国的独立销售组织（Independent Sales Organization，ISO）制度，是指收单机构和交易处理商委托 ISO 做中小商户的发展、服务和管理工作的一种机制。企业开展电子商务势必接受信用卡支付，因而需要开立自己的商业账户（Merchant Account）。商业账户是一个以商业为目的的接受和处理信用卡订单而开立的特殊账户。收单银行必须是 VISA 或 Mastercard 的成员银行，这类银行需要由 VISA 或 Mastercard 组织认证。收单机构的商户拓展、评估、风险管理、终端租赁、终端维护、客户服务等往往需要借助 ISO 完成，ISO 在商户与收单机构之间起着中介作用。

然而，并非所有的网上商户都能够顺利申请到自己的商业账户，特别是一些小企业，比如那些刚开业、信用状况欠佳并且每月销售额在 1 000 美元以下的小企业，开业时间长一些但信用状况不太好的企业以及非美国的公司或者网络信息服务公司，这些企业不是在申请商业账户方面存在障碍，就是因为 ISO 对小额交易收费较高而难以开展电子商务，这就为第三方支付处理商（Third Party Payment Processor）提供了市场空间。第三方支付处理商可以让商户无须商业账户即可接受信用卡支付，交易是通过第三方支付处理商的账户处理的，第三方支付处理商会服务于整个购买过程，包括购物车、信用卡授权、客户服务和账单查询等。

ISO 和第三方支付处理商实质都是为网上企业提供支付中间服务，它们的区别主要在于收单方式、费用和服务内容。ISO 可以服务于拥有商业账户和没有商业账户的企业，但收费种类较多，包括提现费、交易费和月费等；第三方支付处理商主要服务于那些没有商业账户的企业，这些企业往往是刚成立或者销售量非常少的企业，对这些企业通常只收取交易处理费，一般按百分比收取。销售量较小的企业适合选择第三方支付处理商，而交易量大的企业适合利用自己的商业账户与收单机构合作。

20 世纪 90 年代末，我国电子商务开始进入商业化阶段，以 BtoC 为首的电子商务网站逐渐增多，但在这个发展过程中人们发现，网民很难实现网上购物，其中最大的问题是付款很难，也很不安全：买家通过互联网下单购买，在没有收到货物之前就要把钱先付给卖家，这与我国几千年来"一手交钱一手交货"的购物方式完全不一样，大家都担心付了款而拿不到货。所以，那时候很多买家都选择了货到付款，货品送上门检查过后才付钱，这样虽然买家买得很踏实，但其中卖家的手续却多了，资金回收期也长了，这就制约了电子商务的发展，在这样的背景下，支付宝、财付通等建立在信用基础上的第三方支付就产生了。国内的第三方支付功能类似于美国的 ISO 和第三方支付处理商，主要提供的是多银行网关的接入和支付清算服务。2021 年，国内有支付宝、财付通（微信支付）、云闪付、翼支付、拉卡拉、汇付天下、壹钱包、苏宁金融（苏宁支付）、联动优势、京东支付、易宝支付、快钱、银联商务等 50 余家第三方网上支付平台活跃在网上支付市场。

2. 第三方支付的定义

第三方支付是指具备一定实力和信誉保障的独立机构，采用与各大银行签约的方式，为商户与消费者提供与银行支付结算系统接口而促成双方进行交易的网络支付模式。

第三方支付服务商通过和银行、运营商、认证机构等合作，并以银行的支付结算功能为基础，向企业和个人用户提供个性化的支付结算服务和营销增值服务。

在第三方支付模式中，买方选购商品后，使用第三方平台提供的账户进行货款支付，并由第三方通知卖家货款到账、要求发货；买方收到货物，并检验商品进行确认后，就可以通知第三方付款给卖家，第三方再将款项转至卖家账户上。

第三方支付作为目前主要的网络交易手段和信用中介,最重要的是起到了在网上商家和银行之间建立起连接,实现第三方监管和技术保障的作用,包括时下流行的支付宝、财付通、快钱等第三方支付工具都具备信用中介的功能,在买卖双方和银行之间充当桥梁的角色。采用第三方支付,可以安全地实现从消费者、金融机构到商家的在线货币支付、现金流转、资金清算、查询统计等流程;为商家开展 BtoB、BtoC 交易等电子商务服务和其他增值服务提供完善的支持。借助第三方支付完善自身业务,进行全面发展,已经成为国内网上支付行业乃至整个电子商务产业达到世界一流水准所需的一条必经之路!

二、第三方支付的特点

1. 支付中介

第三方支付平台采用了与众多银行合作的方式,提供一系列的应用接口程序,将多种银行卡支付方式整合到一个界面上,负责交易结算中与银行的对接,商家和客户之间的交涉由第三方来完成,使网上交易变得更加快捷、简单。对于商户来说,不用安装各个银行的认证软件,从一定程度上简化了操作,降低了开发和运营成本;消费者和商家不需要在不同的银行开设不同的账户,可以帮助消费者降低网上购物的成本;对于银行,可以直接利用第三方的服务系统提供服务,帮助银行节省网关开发成本,并为银行带来一定的潜在利润。

2. 技术服务

第三方支付服务商连接多家银行,使互联网与银行系统之间能够加密传输数据,向商户提供统一的支付接口,使商户能够同时利用多家银行的支付通道。

3. 信用保证

运行规范的第三方支付服务商,只向合法注册的企业或认证后的个人商户提供支付网关服务,在很大程度上避免了交易欺诈的发生,令消费者使用网上支付更有信心。同时,第三方支付平台可以对交易双方的交易进行详细的记录,从而防止交易双方对交易行为可能出现的抵赖以及为在后续交易中可能出现的纠纷问题提供相应的证据。

4. 个性化与增值服务

第三方支付可以根据被服务企业的市场竞争与业务发展所创新的商业模式,同步定制个性化的支付结算服务。第三方支付平台能够提供一些增值服务,如帮助商户网站解决实时交易查询和交易系统分析,提供方便及时的退款和支付服务。

相对于传统银行的重心在资金管理和特大商户方面,第三方支付更加关注应用和服务,以及广大中小企业。在提供创新的产品和服务、灵活适应市场的需求上,第三方支付公司较银行等传统金融机构更具优势。自 1999 年初开始提供服务至今,第三方支付有力地推动了电子商务的发展,对发展我国的创新型经济也有重要的意义。

三、第三方支付的分类

1. 按功能分类

第三方支付按功能可以分成两种形式：①单纯的第三方支付，如银联电子支付、NPS 网上支付等；②以支付宝为代表的支付，具有电子钱包功能，可以进行电子现金的存取，消费账单的显示。事实上，无论采用哪种形式，最终都需要通过银行的网上系统来完成支付。

2. 按独立性分类

第三方支付按独立性也可以分为两种形式：独立的第三方支付平台与非独立的第三方支付平台。

独立的第三方支付平台是指完全独立于电子商务网站，由第三方投资机构为网上签约商户提供围绕订单和支付等多种增值服务的共享平台。这类平台提供支付产品和支付系统解决方案，平台前端提供各种支付方法供网上商户和消费者选择，平台后端连着众多的银行，对支付进行支持。国内具有代表性的独立的第三方支付平台包括银联、快钱和易宝支付等。独立的第三方支付平台由支付平台负责与银行间的账户进行清算，同时提供商户的订单管理及账户查询功能等增值服务。独立的第三方支付平台保持中立，不直接参与商品或服务的买卖，公平、公正地维护参与各方的合法利益。

非独立的第三方支付平台是指网上交易平台同商业银行建立合作关系，凭借其公司的实力和信誉承担买卖双方中间担保的第三方支付平台。非独立的第三方支付平台主要利用自身的电子商务平台和中介担保支付平台来吸引商家开展经营业务，国内电子支付中广为使用的支付宝、财付通和云网支付等都属于非独立的第三方支付平台。非独立的第三方支付依托电子商务平台，它们只是作为一种附属品存在于自己的门户网站下。支付宝、财付通依托自身 CtoC 购物网站交易额的不断攀升以及背后集团公司的强大资源和实力支持，在商户和用户的开拓方面进展都很迅速，直接拉动其交易额的快速增长。

四、第三方支付应用平台及交易流程

第三方支付平台是指由已经和国内外各大银行签约，并具备一定实力和信誉保障的第三方独立机构提供的交易支付平台。它主要是面向开展电子商务业务的企业提供电子商务基础支撑与应用支撑的服务，不直接从事具体的电子商务活动。第三方支付平台独立于银行和商户从事职能清晰的支付。

第三方支付系统主体有消费者、商家、第三方支付平台、认证机构和银行，其基本构成如图 5-1 所示。

第三方支付平台的网关支付流程如图 5-2 所示。

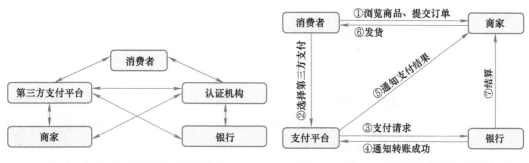

图 5-1　第三方支付系统的基本构成　　　图 5-2　第三方支付平台的网关支付流程

（1）消费者浏览商家网页，选定商品并与商家商定好价格，完成订单信息，并提交订单。

（2）消费者选择利用第三方支付平台作为交易中介，商家把订单需要支付的信息传送到第三方支付平台。

（3）第三方支付平台将消费者的支付信息，按照消费者所选择银行的支付网关的要求传递到相关银行。

（4）由认证机构检查证书信息，相关银行（银联）检查消费者的支付能力，实行冻结、扣账或转账，并将结果信息传至第三方支付平台和消费者。

（5）如果消费者具有支付能力，则应付金额被支付到第三方支付平台上，此时第三方支付平台将消费者已支付的消息通知商家，并要求商家在规定时间内发货。

（6）商家收到已支付通知后，向消费者发货或提供服务，消费者确认收货。

（7）银行按照第三方支付平台清算信息，定期/不定期地进行结算。

第三方支付模式使商家看不到客户的信用卡信息，同时又避免了信用卡信息在网络多次公开传输而导致的信用卡信息被窃事件。

单 元 小 结

通过对本单元的学习，大家对第三方支付的产生、定义、特点、分类、应用平台及交易流程等相关基本知识有了一个全面的认识。

课堂训练与测评

（1）描述第三方支付的交易流程。

（2）分析第三方支付模式有哪些优点与不足。

知 识 拓 展

1. 支付宝

支付宝创立于 2004 年，是阿里巴巴集团的关联公司，也是我国主流的第三方网上支付平台之一，与国内外多家银行和多个国际组织等机构建立了战略合作关系，致力于为企业和个人提供"简单、安全、快速、便捷"的支付解决方案。

2. 微信支付

微信支付是腾讯集团旗下的第三方支付平台，致力于为用户和企业提供安全、便捷、专业的在线支付服务。用户通过手机便可完成快速支付。微信支付为客户提供公众号支付、App 支付、扫码支付、刷卡支付等支付方式。

3. 云闪付

云闪付是一家由中国银联携手国内各商业银行、支付机构等产业各方共同开发建设、维护运营的移动支付 App，具有收付款、享优惠和卡管理三大核心功能。云闪付于 2017 年正式发布。

4. 翼支付

翼支付是由天翼电子商务公司推出的支付品牌，旗下业务覆盖了交通出行、电商购物、餐饮娱乐等多个生活消费场景，并始终致力于打造安全便捷的支付解决方案，累计注册用户超 5 亿，业务覆盖超过 400 个主要城市。

5. 拉卡拉

拉卡拉创立于 2005 年，2011 年首批获得中国人民银行颁发的《支付业务许可证》，2019 年 4 月 25 日，拉卡拉支付在深交所成功上市，成为第一家登陆 A 股市场的第三方支付企业。截至 2021 年上半年，拉卡拉支付已服务超过 2 700 万家商户，覆盖商超、社区零售店、物流、餐饮、贸易、保险等行业。

6. 汇付天下

汇付天下创办于 2006 年，是一家通过多元化销售渠道，满足不同行业、规模的客户需求的支付和金融科技服务提供商，旗下业务涵盖网上支付、基金理财、POS 机收单、移动支付等支付服务和定制化支付解决方案。

7. 快钱

快钱是一家第三方支付企业，覆盖人民币支付、外卡支付、神州行卡支付、联通充值卡支付等众多支付产品，因支持互联网、POS 机、手机等多种终端，可以满足企业和个人的各种不同支付需求。

8. 通联支付

通联支付是一家创办于 2008 年的中国知名第三方支付平台，也是一家专注于为企业和个人用户提供行业综合支付服务和金融外包服务的行业领先支付解决方案及综合支付服务提供商。

9. 京东支付

"京东支付"是京东金融于 2014 年 7 月推出的新一代第三方支付产品,涵盖银行卡、白条、小金库等多种支付方式,提供快捷支付、码支付、NFC 近场支付、人脸识别支付等多种支付产品,并且可向合作伙伴开放电子价签、价签云、人脸识别等高科技服务。

10. 壹钱包

壹钱包是一个专注于为企业和个人用户提供智能便捷、安全高效支付服务的移动支付客户端,支持理财、购物、支付、积分和生活五大金融消费场景,并为客户提供覆盖线上线下的综合支付服务。

单元二　第三方支付的业务功能

情境导入

随着电子商务的快速发展,人们对电子支付的需求进一步提升。而第三方支付凭借其对交易过程的监控和交易双方利益的保障,获得了广大个人用户及商户的青睐。此外,企业逐渐开始利用第三方支付进行跨地区收款及各类资金流管理,行业应用逐渐普及。各支付企业在航空、游戏、通信领域竞争激烈,而在缴费、教育、彩票、金融服务等领域也开始进行尝试和拓展,电子支付的应用不断向行业渗透,产品服务更具行业针对性,今后第三方支付的产品和服务将更加多样化,并以一站式解决方案的方式满足用户的多重需求。除了作为支付手段,第三方支付还将助力企业进行市场推广和资金管理,提升业务量和资金运转效率;帮助个人用户实现生活中方方面面的电子支付,并使国际购买更加方便。

那第三方支付到底能帮我们做什么呢? 我们现在就来了解国内外第三方支付平台的支付模式与服务功能。

> 本单元我们将结合国内外知名的第三方支付案例,分析第三方支付的运营模式与业务功能。

一、国内第三方支付网站业务功能实例

(一)支付宝

支付宝(中国)网络技术有限公司是国内的第三方支付平台,致力于提供"简单、安全、快速"的支付解决方案。自 2014 年第二季度开始成为全球最大的移动支付厂商。支付宝与国内外 180 多家银行以及 VISA、MasterCard 国际组织等机构建立战略合作关系,

成为金融机构在电子支付领域最为信任的合作伙伴。支付宝已经与超过 2000 家金融机构达成合作，为上千万小微商户提供支付服务。随着场景拓展和产品创新，拓展的服务场景不断增加，支付宝已发展成为融合了支付、生活服务、政务服务、理财、保险、公益等多个场景与行业的开放性平台。支付宝还推出了跨境支付、退税等多项服务，让我国用户在境外也能享受移动支付的便利。支付宝网站首页如图 5-3 所示。

图 5-3　支付宝网站首页

支付宝公司从 2004 年建立开始，始终将"信任"作为产品和服务的核心。作为我国主流的第三方网上支付平台，支付宝不仅从产品上确保用户在线支付的安全，同时致力于让用户通过支付宝在网络间建立信任的关系，去帮助建设更纯净的互联网环境。支付宝提出的建立信任，化繁为简，以技术创新带动信用体系完善的理念，深得人心。从 2004 年建立至今，支付宝已经成为我国互联网商家首选的网上支付平台，为电子商务各个领域的用户创造了丰富的价值。

支付宝在我国推出了第一个在线担保交易解决方案。截至 2020 年 8 月，支付宝 App 服务超过 8 000 万商家和超过 10 亿用户，合作金融机构超过 2 000 家。支付宝平台是由数字金融、数字支付、数字生活服务组成的全方位服务平台。消费者将支付宝视为一站式服务平台，使用数字支付和数字金融服务。此外，消费者还可以通过支付宝 App 享受许多其他日常生活服务。支付宝 App 涵盖 1 000 多种日常生活服务和 200 多万个小项目，包括旅游、当地生活服务和便利服务。截至 2020 年 6 月 30 日，支付宝已成为全球最大的商业 App。支付宝交易是互联网发展过程中的一个创举，也是电子商务发展的一个里程碑。

1. 支付宝运营模式

支付宝的实质是以其为信用中介，在买家确认收到商品前，由支付宝替买卖双方暂时保管货款的一种增值服务。正是由于这一因素，网络贸易从业人员可以坦然地利用网络进行交易，解除了网络交易最为担心的支付安全问题。其具体流程如下：

（1）首先注册成为支付宝会员，一旦注册并认证成功，支付宝就会发出邮件进行确认，并让用户激活注册账户。

（2）用户开通网络银行业务或银行卡快捷支付业务，与支付宝无缝连接，使资金可从网上银行账户或银行卡账户转账至支付宝账户。

（3）当用户在支付宝合作网站上浏览商品，例如淘宝网，选中需要购买的商品，单击"立即购买"，确认购买后，通过"付款到支付宝"，就可以将货款从网上银行账户或银行卡账户转账至支付宝账户，或者先将应付款项存在"支付宝"账户中。

（4）"支付宝"通知卖家发货。

（5）卖家交付货物，待买家收到货物且满意，登录支付宝进行确认，也即同意付款。

（6）一旦得到确认，支付宝就会将货款转入卖方的账户。

（7）最后就是买卖双方对双方在交易中的表现做出评价，交易完成。

从整个交易过程可以看出，支付宝是整个交易过程的纽带，也是买卖双方权益的保障。通过支付宝，用户实时跟踪资金和物流的进展，方便快捷地处理收付款和发货业务。支付宝运营模式如图5-4所示。

图5-4　支付宝运营模式

支付宝作为网络支付平台，最大的特点就是使用了"收货满意后卖家才能拿钱"的支付规则，在流程上保证了交易过程的安全与可靠。同时，支付宝拥有先进的反欺诈和风险监控系统，可以有效地降低交易风险。

2. 支付宝网上支付服务功能介绍

（1）支付宝针对个人用户提供的主要服务功能。

1）转账收款，包括八个子功能，分别是转账到银行卡、转账到支付宝、AA收款、我要收款、上银汇款、亲密付、红包、手机支付宝付款。

2）生活便民，包括六个子功能，分别是手机充值、信用卡还款、有线电视缴费、固话宽带、加油卡充值、水电煤缴费。

3）公益教育，包括四个子功能，分别是校园一卡通、教育缴费、爱心捐赠、助学贷款还款。

4）旅行票务，包括四个子功能，分别是买汽车票、机票火车票、订酒店、境外游。

5）娱乐网购，包括四个子功能，分别是买彩票（已下线）、游戏充值、淘宝电影、淘宝网。

6）其他，包括四个子功能，分别是淘宝贷款、网商贷、网购还款、阿里贷款。

（2）支付宝针对企业用户提供的主要服务功能。

1）支付产品。

① 当面付。在国内线下场景，商家可通过以下任意一种方式进行收款。资金实时到账，可提升商家收银效率。

方式一：商家通过扫描顾客支付宝钱包中的条码、二维码完成收款。

方式二：顾客打开支付宝钱包"扫一扫"，扫描商家的二维码完成支付。

支持余额、银行卡（储蓄卡和信用卡）、花呗、花呗分期等付款方式，支付宝按单笔费率0.6%向商家收取服务费。

② 周期扣款。适用于周期自动扣款的业务和场景，如会员费自动续费、周期租赁费、定期还款、定期缴费等。用户只需授权商家端进行扣款，并在授权同时约定后续扣款周期、间隔时间、扣款金额等信息；授权成功后商家获取授权扣款协议号，后续按照约定的扣款规则进行自动扣款。

③ App 支付。商家 App 集成支付宝提供的支付能力，在线上轻松收款，用户在商家 App 消费，自动跳转支付宝完成付款，付款后自动跳回。轻松享受更全面、更安全的支付服务。

④ 刷脸付。无须手机，刷脸支付。当不便使用手机或没有手机时，用户亦可"刷脸"完成——通过线下支付机具读取脸部完成自助结账等支付行为，快捷安全方便。商家多一种方案，用户多一种选择，同样方便安全。

⑤ 手机网站支付。无须开发 App，手机网站同样能轻松收款。用户在商家手机网站消费，通过浏览器自动跳转支付宝 App 或支付宝网页完成付款。轻松实现和 App 支付相同的支付体验。

⑥ 电脑网站支付。电脑网站轻松收款，资金马上到账。用户在商家电脑网站消费，自动跳转支付宝电脑网站收银台完成付款。交易资金直接打入商家支付宝账户，实时到账。

⑦ 支付宝预授权。用户在支付宝 App 操作资金或信用预授权，结算时从用户资金扣款给商家（额度不超过授权金额），剩余金额解除给用户。

⑧ 当面资金授权。用户当面直接操作资金或信用预授权，结算时从用户资金扣款给商家（额度不超过授权金额），剩余金额解除给用户。

2）营销工具。

① 现金红包。这是一款为移动应用（App）、移动网页（H5）以及即时通讯软件（如钉钉）的各种营销场景提供现金红包收发的产品。主要用于普通用户之间互发红包，以及商家给用户发放营销红包。支持多种场景，多种玩法，促进用户活跃，提升客流量。

该产品具有以下特色：支持多种业务场景，如企业商家向用户分发红包，普通用户之间互发红包。支付宝风控体系保证资金安全，支付宝预防运营套利安全保障，同时支付宝解决资金合规性问题。推广期间免费。

② 营销活动送红包。创建多种营销红包活动，控制预算和客流，提升品牌影响力。商家根据营销需求创建现金红包营销活动，如大转盘、刮刮卡、成为会员即送现金等。用户在支付宝 App 的红包应用中，查看到发放红包商家的品牌信息，加深对品牌的印象。

③ 无资金商户优惠券。无须提前准备营销资金，减轻商家营销成本压力。商家无

须提前准备营销资金，就能发行本商家支付宝交易订单下使用的优惠券，最终订单的实际收入为减掉优惠券后的金额。

3）会员服务。

① 身份验证。支付宝客户端的实人认证功能，可快速解决线上开户、账号认证、账号登录等实人场景中的个人身份识别问题。相较其他实人认证服务，支付宝实人认证拥有业内独有的眼纹人脸双因子认证技术，使用流程简捷友好、通过率高，安全水平已达金融级要求。

② App 支付宝登录。支付宝用户使用支付宝身份安全登录商家应用。商家可获取支付宝用户的基本开放信息（用户 ID、用户头像、昵称、性别、省份、城市等），并提供相应的开放服务。

③ 获取会员信息。在用户授权情况下，商家通过用户授权令牌获取用户公开信息。当用户登录后，点击同意授权，商家可以同步获取用户已公开的信息如昵称、头像、性别等。通过此功能，商家可以更了解用户，更好地营销。

④ 商户会员卡。商家可根据业务场景，自由组合实现电子会员卡功能：引导用户开卡、积分查询、交易记录查询等，且可将卡信息同步到支付宝卡券包。用户无须填写会员信息，只需一键授权即可自动开通会员卡。通过发放会员卡更好地维护客户关系，做好分层精准营销，促回购，增客单。

⑤ 支付宝卡包。支付宝卡包一站式管理各类电子票据凭证，方便管理，随时同步。商家可以通过支付宝提供的开放接口，把卡券添加到支付宝卡包，用户可以通过小程序查看卡券，同时支持跳转到支付宝卡包页面，在卡包中查看并使用商家发放的卡券。

4）资金服务。

① 商家分账。商家分账帮助商家完成交易收款资金的再分配，将交易资金灵活分配给其合作方的支付宝账号。境内电商、自助设备、零售业、票务、保险、出行等行业的商家可根据自身业务特点与支付产品自由组合使用，在不同场景下实现高效分润。服务费全免。

② 花呗分期。花呗分期是蚂蚁金服推出的消费金融产品，用户在商家端网站或线下门店购物时使用花呗分期支付，订单全额实时支付到商家支付宝账户中，用户分期偿还花呗。目前已经广泛使用于多个行业场景，如家居、家电、教育、母婴、生活服务等。

③ 资金管家。为商家提供结算资金的一站式管家服务。通过多账户集中管理，自动提现转账，智能存款增利，助力商家资金配置效率最大化。

④ 转账到支付宝账户。为了更好地满足商家向其他支付宝账户进行单笔转账的资金管理需求，支付宝对该产品进行了升级。商家只需输入另一个正确的支付宝账号，即可将资金从本人的支付宝账户转账至另一个支付宝账户，随时完成资金在支付宝账户间的转移，实时到账，方便安全快捷。

⑤ 收款到银行账户。开通服务后，当日（T 日）收单交易资金将于第二日（T+1 日）上午 9 点开始免费结算至关联的同名银行账户，T+1 日当日即可到账，不收取其他费用。

商家签约后无须再进行手工提现，省心省力省钱。

5）其他服务。

① 生活号基础包。生活号是支付宝为企业、组织和个体商家提供的直接触达用户的服务平台。入驻商家可以通过生活号对用户进行信息推送、交易场景打通和会员服务管理。商家可以开通属于自己的生活号，在生活号中为用户提供各类资讯、服务，并与用户形成互动。

② 海关报关。通过支付宝轻松完成支付单向海关的报关。针对海淘行业的特殊性，支付宝可提供实时的支付单重传服务，有效解决了商家常见的支付单重传需求。支付宝支付报关系统已与当前国家批准的可从事进口跨境电商的八大试点海关完成对接，包括郑州、广州、宁波、杭州、深圳、重庆、上海、天津。

（二）财付通

1. 财付通简介

财付通（http://www.tenpay.com）是腾讯集团旗下我国领先的第三方支付平台，为互联网用户和企业提供安全、便捷、专业的在线支付服务。财付通是首批获得中国人民银行《支付业务许可证》的专业第三方支付大型企业。财付通的支付业务类型包括网上支付、银行卡收单及跨境支付，用户类型包括个人用户及商户，业务范围覆盖全国。财付通网上支付以微信支付钱包、手机QQ钱包为入口，具体业务类型包括网关支付、快捷支付、余额支付，应用产品包括微信转账、条码支付、理财通等；财付通银行卡收单业务以微信支付和手机QQ钱包条码支付为主，包括收款扫码与付款扫码等；财付通跨境支付及国际业务的主要应用场景为跨境电子商务外汇支付业务。

财付通网站首页如图5-5所示。

图5-5　财付通网站首页

2．财付通网上支付服务功能介绍

财付通构建全新的综合支付平台，业务覆盖 BtoB、BtoC 和 CtoC 各领域，提供卓越的网上支付及清算服务，解除了个人用户和广大商家的安全顾虑，保证了在线交易的资金和商品安全。针对个人用户，财付通提供了包括在线充值、提现、支付、交易管理等丰富功能；针对企业用户，财付通提供了安全可靠的支付清算服务和极富特色的 QQ 营销资源支持。

（1）财付通主要功能介绍。

1）充值。从银行卡充值到财付通，可以选择任一财付通支持的银行，通过银行卡对应的网上银行向财付通账户充值。若没有银行卡也能充值，财付通支持网汇通支付，用户可以到全国邮政联网邮局（所）直接购买网汇通卡，无须任何烦琐的手续，输入卡号及密码，即可向财付通账户充值。

2）提现。提现是将用户的财付通账户里的资金转到用户的银行卡账户上的过程，用户可以选择任一财付通支持的银行卡，只需设置该卡为提现账号，无须开通网银，即可完成提现，方便快捷，还可以通过账户管理中的提现明细查询功能查询用户本人详细的提现记录。

3）账户管理。管理用户的财付通账户，可以进行账户设置、查询余额、查询账户明细。

4）交易管理。可以在交易管理中查询到所有的交易信息，并对正在进行的交易做出下一步操作。其中：

作为买家，可为自己账户中的交易"付款"，为已经收到货的交易"确认收货"，为有异议的交易申请"退款"或"投诉"。

作为卖家，可为买家已付款的交易"发货"，当交易有纠纷时"投诉"。

5）收款。向其他财付通账户收款，包括中介保护收款与即时到账收款。中介保护收款即用财付通中介保护方式收款，提高自身信誉，更受买家依赖，适用于商品交易收款；即时到账收款即对方付款后，资金立即到达用户财付通账户，简单、快捷，适用于熟人间交易。

6）付款。付款给其他财付通账户，用户只需填写对方的 E-mail 地址或 QQ 号及要付款的金额，就可以通过财付通账户或银行账户为用户选购的商品付款，也可以用财付通给家人、朋友付款。付款后，资金立刻到达对方的财付通账户，简单、快捷，建议熟人间使用。

财付通的付款功能同时还支持银行卡付款、信用卡还款、向多人付款、邮政汇款、发红包、还房贷等功能。

用财付通付款时可采用以下六种支付方式：

余额支付：充值财付通，然后使用账户余额支付。

网上银行支付：开通网上银行后，用银行账户的资金支付。

快捷支付：银行卡与财付通账户绑定后，无须登录网银便可实现支付。

QQ 快付：专为游戏和移动消费提供，使用起来和 Q 币一样，无须密码进行支付。

手机支付：在手机上使用财付通余额进行支付。

委托扣款：是为用户定期定额自动缴纳各种业务费用的服务，当用户开通了某项业务的委托扣款后，财付通即可在该业务发起缴费需求时自动为用户缴费，省去用户手工缴费的烦恼。

7）收付易。收付易是财付通专门为企业提供在线资金转账的收付款平台。可实现大额付款、大额收款和大额提现功能。

（2）财付通工具。

1）财付通交易按钮。拥有财付通账户后，就可以在财付通网站输入商品信息，自助生成财付通交易按钮，然后发布到 QQ 聊天窗口、网页、论坛、博客、聊天室等场合，让买家可以多途径接触到卖家的商品信息，并便捷地使用财付通支付购买，使卖家的营销更轻松。这一工具非常适合还没有自己的网站、出售 1～10 种商品，希望通过论坛、聊天工具、邮件等媒体展示商品的卖家。

特点：无须开发，中介保护交易，买卖都放心。

使用流程：买家创建交易按钮→粘贴到论坛、聊天窗口、邮件中，买家单击交易按钮付款→收货确认后将货款打给卖家→交易成功。

2）网站集成财付通。如果用户有一个自己的网站，并想在网站上出售各种商品，可以方便地集成财付通支付方式到用户的网站，轻松实现收款。集成财付通包括中介担保交易、即时到账交易和银行代付交易三种模式。

中介担保交易：财付通作为担保方，买家先付款到财付通，财付通通知卖家发货，买家确认收货后，卖家才能收到货款。

即时到账交易：财付通不再作为交易担保方，买家付款后，货款立即到达卖家账户。

银行代付交易：财付通为商户提供方便快捷的代付功能，商户可以方便地将工资、货款、佣金、返点等资金支付给收款人的银行账户。

3）营销工具。财付通凭借腾讯的品牌、丰富的营销资源和庞大的用户体系，通过科学的营销手段，以腾讯在即时通信、网络媒体、无线、互动娱乐等各业务领域中的优势来协助合作伙伴推动业务开展，财付通为合作伙伴提供包括优惠信息发布、网购导航、腾讯企业 QQ、腾讯客户管理系统、财付通用户共享登录等丰富的营销工具及营销资源支持。

优惠信息发布：申请参与财付通营销活动，财付通的合作伙伴可以不定期地将优惠券、促销、特价、新商品发布等活动信息直接推送给广大 QQ 用户及财付通用户。

网购导航：网购导航是财付通优质网上购物导航，加入网购导航，让用户分享财付通的巨大流量。

腾讯企业 QQ：腾讯企业 QQ 是专为中小企业开发的在线客服与营销工具。基于 QQ 强大的用户平台，该工具为企业实现高效率客户服务和有效客户关系管理提供完整的解决方案。

（3）诚信商家。

财付通基于公平、公正的原则对使用财付通支付平台的电子商务网站进行信誉评估，严格控制和管理，筛选出一批为我国互联网诚信做出贡献的商家，成为财付通的"诚信商家"。

申请加入流程：递交申请并签约→等待并通过审核→获得诚信商家标签→完成贴牌。

二、国外第三方支付网站业务功能实例

（一）PayPal

PayPal 是全球知名的网上支付公司，也是目前全球使用最为广泛的网上交易工具之一。1998 年 12 月，PayPal 由彼得·蒂尔（Peter Thiel）及马克斯·莱文奇恩（Max Levchin）建立，是一个总部位于美国加利福尼亚州圣荷塞市的互联网服务商，允许在使用电子邮件来标识身份的用户之间转移资金，摒弃了传统的邮寄支票或者汇款的方法。PayPal 与一些电子商务网站合作，成为它们的货款支付方式之一。PayPal 也是 eBay 旗下的一家公司，致力于让个人或企业通过电子邮件，安全、简单、便捷地实现在线付款和收款。PayPal 针对具有国际收付款需求的用户设计账户类型，PayPal 账户所集成的高级管理功能，使用户能轻松掌控每一笔交易详情，并且 PayPal 账户是 PayPal 公司推出的一款安全的网络电子账户，使用它可有效降低网络欺诈的发生。PayPal 能帮助我们进行便捷的外贸收款、提现与交易跟踪；从事安全的国际采购与消费；快捷支付并接收人民币、美元、加拿大元、欧元、英镑、澳大利亚元和日元等 25 种国际主要流通货币。PayPal 是备受用户追捧的国际贸易支付工具，即时支付，即时到账，全中文操作界面，能通过中国的本地银行轻松提现，为用户解决外贸收款难题，帮助用户成功开展海外业务。用户注册 PayPal 后就可立即开始接受信用卡付款。PayPal 集信用卡、借记卡、电子支票等支付方式于一身，帮助买卖双方解决各种交易过程中的支付难题。PayPal 的中文官方网站首页如图 5-6 所示。

图 5-6　PayPal 中文官方网站首页

1. PayPal 支付流程

PayPal 支付系统建立在成熟的信用卡支付系统基础之上，依托 eBay 庞大的电子商务平台开展第三方支付业务，其支付流程如下：

（1）客户使用任一电子邮件地址申请开通 PayPal 账户，通过验证成为其注册用户后，将银行信用卡账户中的资金划拨到 PayPal 账户中以备可能的付款。

（2）客户浏览商家网站并选择所需要的商品，填写相应的订单发送至商家处，并选择 PayPal 账户付款，填写商家的电子邮件地址、支付金额及币种等相关支付信息并提交至 PayPal 业务处理系统。

（3）PayPal 业务处理系统在收到客户的支付指令后，通过电子邮件的方式向商家发出通知，告知其有等待领取或转账的款项。

（4）商家确认相应商品的资金款项已到达自己的 PayPal 账户上（该款项暂时冻结），立即组织发货给客户，并在 eBay 上确认发货。

（5）客户收到商品确认无误后，在 eBay 上确认收货，此时商家的 PayPal 账户上该款项解冻。

（6）客户与商家可选择是否将资金保留在 PayPal 账户上或转账至银行卡账户。

从以上流程可以看出，PayPal 平台在客户与商家的商品交易中实现了很好的支付中介，起到了安全的屏障作用，并很好地屏蔽了信用卡等相关敏感的个人信息，简化了跨行、跨地区甚至跨国间的烦琐转账环节。

2. PayPal 的业务功能

PayPal 的多币种支持特性，对买家而言，可以实现如下功能：

（1）以选定的币种支付购物款项。

（2）付款将自动兑换为用户需要的币种。

（3）以另一种币种发送付款，账户中不需要有该币种的余额。

对卖家而言，可以实现：

（1）直接以用户选定的币种接收付款。

（2）提现转入用户的当地银行账户中时，不需要支付币种兑换费。

（3）使用 PayPal 账户管理多币种付款。

（4）持有一种币种的余额，仍然可以接收多币种的付款。

3. PayPal 的优势

（1）全球用户广。PayPal 在全球 200 多个国家和地区，有超过 3.77 亿用户，已实现在 25 种外币间进行交易。使用 PayPal 可以轻松拓展海外市场，因其覆盖国外 85% 的买家。

（2）品牌效应强。PayPal 在欧美普及率极高，强大的品牌优势能让购物网站轻松吸引众多海外客户。使用 PayPal 可以加强买家对商家的信任度，因很多国外买家都已非常习惯用 PayPal 付款。

（3）资金周转快。相比到银行汇款，PayPal 要省时省力得多，PayPal 独有的即时支付、即时到账的特点，让用户能够实时收到海外客户发送的款项。同时，最短仅需 3 天，即可将账户内款项转账至用户国内的银行账户，及时高效地帮助用户开拓海外市场。PayPal 支持包括国际信用卡在内的多种付款方式。

（4）安全保障高。完善的安全保障体系，丰富的防欺诈经验，业界最低风险损失率，不到使用传统交易方式的六分之一。确保用户的交易顺利进行。

（5）使用成本低。无注册费、无年费，只有产生交易才需付费，手续费仅为传统收款方式的二分之一，比起西联汇款和 TT 汇款，PayPal 针对单笔交易在 1 万美元以下的小额交易更划算。

（6）数据加密技术完善。当用户注册或登录 PayPal 的站点时，PayPal 会验证用户的浏览器是否正在运行安全套接层 3.0（SSL）或更高版本。传送过程中，信息受到加密密钥长度达 168 位的 SSL 保护。用户信息存储在 PayPal 的服务器上，无论是服务器本身还是电子数据都受到严密保护。为了进一步保护用户的信用卡和银行账号，PayPal 不会将受到防火墙保护的服务器直接连接到网络。

PayPal 成立商业顾问团队，通过"外贸一站通"为中小外贸企业提供服务。据不完全统计，该团队已经为超过 10 万家中小外贸企业提供了咨询服务。

单 元 小 结

通过对本单元的学习，大家对国内外第三方支付所提供的网上支付服务功能有了一个全面的认识。

课堂训练与测评

分析支付宝与财付通所提供的网上支付服务功能的异同。

知 识 拓 展

（1）登录支付宝官方网站—支付宝新手入门，了解支付宝各项功能的使用方法。
（2）登录财付通官方网站—财付通帮助中心，了解财付通各项功能的使用方法。

单元三　第三方支付工具的使用

情境导入

小章听说网上购物物美价廉，也安全，于是他开始了网上购物之旅。他发现，很多第三方支付工具除了可以实现网上支付，还实施了买家保障计划、担保支付等，方便又安全，用了很放心。那我们又该如何使用方便又安全的第三方支付工具进行网上购物呢？

> 本单元我们将以支付宝为例，学习第三方支付网站网上支付的账号申请、账户充值、网上支付的业务操作流程。

支付宝账户
充值方式

一、支付宝账户充值

在使用支付宝进行网上支付前，可以先为支付宝账户充值，通过支付宝账户进行网上支付。支付宝提供了储蓄卡快捷支付充值、话费卡充值、充值码充值三种充值方式。

1. 储蓄卡快捷支付充值

储蓄卡快捷支付可以为支付宝账户进行充值。建议用本人的银行卡为自己的支付宝账户充值。若账户未激活，请先激活账户，再绑定快捷支付银行卡进行充值。在支付宝充值页面选择"储蓄卡"，如图5-7所示。单击"下一步"，输入充值金额和支付宝支付密码，单击"确认充值"即可完成充值，如图5-8所示。

图5-7　选择储蓄卡快捷支付充值

图 5-8　输入充值金额和支付宝支付密码

2. 话费卡充值

支付宝用户使用手机 App 或电脑登录支付宝，将手机话费充值卡的金额，充值到支付宝账户余额内，可直接用于付款交易，无须使用银行卡，也不需要开通网上银行，如图 5-9 所示。

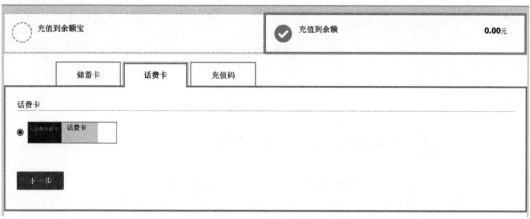

图 5-9　话费卡充值

3. 充值码充值

用户可以携带现金或银行卡，前往身边的便利店、邮政报亭、零售杂货店等带有"支付宝支付网点"标志的支付宝合作营业网点或者"拉卡拉"营业网点购买充值码。为支付宝账户充值后可用于支付,如图 5-10 所示。

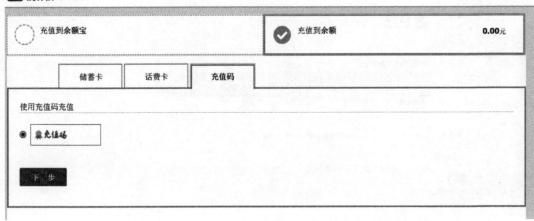

图 5-10　充值码充值

二、支付宝支付方式

支付宝支持快捷支付、余额宝、支付宝账户余额、花呗、网上银行、信用卡、支付宝卡等多种支付方式。下面我们以快捷支付为例介绍其支付流程。

(1)登录支付宝账户,单击界面右上方的"交易记录",查看等待付款的项目,如图 5-11 所示。单击"详情",结果如图 5-12 所示。

分类	创建时间	名称 | 对方 | 交易号	金额 | 明细	状态	操作
天猫	今天 17:27	云南本草洗鼻神器儿童家用过敏鼻炎喷雾婴儿生理性海盐水鼻塞通鼻 皓研医药旗舰店 | 流水号 2021...468	- 38.71	等待付款	详情 ∨

图 5-11　查看等待付款的项目

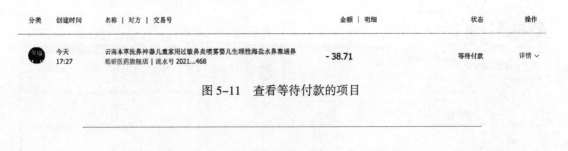

订单状态: 商品已拍下, 等待买家付款

· 您还有**23小时55分7秒**;来付款,超时订单自动关闭

您可以　付款　找朋友帮忙付　取消订单　备忘

图 5-12　支付宝付款页面

(2)单击"付款",选择支付方式,如图 5-13 所示。

| ◉ | ◎ 中国银行 | **0475 | 储蓄卡 \| 快捷 | | 支付 **38.71** 元 |

图 5-13　选择支付方式页面

（3）输入支付宝支付密码（如图 5-14 所示），单击"确认付款"，即可完成支付（如图 5-15 所示）。

✅ 安全设置检测成功！无需短信校验。

支付宝支付密码：

　忘记密码？

请输入6位数字支付密码

确认付款　　　　　　　　　⊘ 您已成功付款

图 5-14　输入支付密码　　　　　　　图 5-15　支付成功页面

单 元 小 结

本单元以支付宝为例，分析了第三方支付网站支付账号的申请方法、充值方法、网上支付方式以及使用支付宝的网上购物流程。通过对本单元的学习，我们对第三方支付的网上支付的使用方法、操作流程有了一个全面的认识。

课堂训练与测评

请登录支付宝、财付通或者其他第三方支付网站进行注册，并完成一次网上支付，写出操作流程。

知 识 拓 展

登录支付宝官方网站的服务大厅模块，了解支付宝各种付款方式的使用方法与规则。

单元四　第三方支付发展现状

▌情境导入

随着电子商务快速发展，我国第三方支付行业从无到有，不断壮大。目前，国内的第三方支付产品主要有 PayPal、支付宝、拉卡拉、财付通、盛付通、腾付通、通联支付、易宝支付、快钱等。我国第三方支付市场交易额保持快速增长，第三方支付发展迅速，市场格局保持稳定。越来越多的企业携手第三方支付平台为其解决网上支付难题，第三方支付方式正成为促进我国电子商务发展的核心应用之一。以支付宝、财付通、快钱等为代表的第三方支付企业正引领着我国第三方支付市场开创新的格局，但在产业快速发展的同时，也出现了一系列亟待解决的问题。我们现在就来了解目前第三方支付的发展现状与存在的问题。

> 本单元介绍了第三方网上支付在我国经历了 10 多年实践后的现状与未来发展趋势，并对第三方支付企业发展中重点关注的几个问题做了深入的探讨。

一、国内第三方支付网站的发展阶段

中国的第三方支付行业主要经历了以下三个阶段，目前正处于移动支付爆发阶段，行业迎来新一轮重大变革。

1. 第一阶段：探索和完善初期（2005 年之前）

2002 年之前，各大商业银行尚处于网银业务的发展完善期，向商家提供的支付接口没有统一的标准，给商家和消费者造成诸多不便。

2002 年，中国银联的成立解决了多银行接口承接的问题。通过银行共同分担成本的方式，地方银联向商家提供多银行卡在线支付统一接口，使异地跨行网上支付成为可能；而金融网络与互联网的接口承接，则由从电子商务发展而来的其他第三方支付机构承担。

该阶段，第三方支付机构提供的支付服务为支付网关模式，即具有较强银行接口专业技术的第三方支付公司作为中介方，分别连接银行和商家，从而帮助消费者和商家在网络交易支付过程中跳转到各家银行的网银界面进行支付操作。支付网关模式下，第三方支付机构业务自身附加值和增值空间均较小，收入主要来自银行端手续费的二次分润。

2. 第二阶段：互联网促进爆发式增长（2005 ～ 2012 年）

随着 2004 年年底支付宝正式独立运营，2005 年被称为以互联网支付为代表的第三方支付概念提出的一年。在这一年，第三方支付公司在专业化程度、市场规模和运营管理等方面均取得了较为显著的进步。

交易规模持续增长，互联网支付的发展尤其迅猛。第三方支付机构在提供基础支付服务的同时，开始向用户提供各种类型的增值服务，如缴费、转账、还款、授信等。2008 ～ 2010 年，交易规模连续三年持续增长；其中，互联网支付的发展尤其迅猛。

牌照监管行业进入有序发展阶段。2011 年，以中国人民银行《非金融机构支付服务管理办法》正式发布为标志，第三方支付行业的外延有了进一步延伸，即扩展为在收付款人之间作为中介机构提供网络支付、预付卡发行与受理、银行卡收单等支付服务的非银行金融机构，包括银联商务在内的 27 家企业获得了中国人民银行颁发的首批支付牌照。

3. 第三阶段：移动支付爆发（2012 年之后）

多元化支付场景和业务范围加速金融变革。2011 下半年，支付宝推出手机条码支付，第三方支付将业务场景拓展到了线下，从而与银联形成了正面交锋。2012 年是移动支付突破元年，基于智能手机的 SNS（社会性网络服务）、LBS（基于位置的服务）等应用都取得了较大突破，以智能终端和移动网络为依托的第三代支付迎来了新一轮革新。另外，第三方支付机构不断拓展自身业务范围，并与保险、信贷、证券、货币基金等金融业务进行相互渗透和融合。

行业乱象丛生，监管力度不断加强。部分第三方支付机构为非法商户提供互联网支付结算便利，洗钱、"二清"、备付金挪用、流动性、账户资金失窃等问题集中爆发。同时，第三方支付应用的"直连"银行模式在变相实现跨行清结算的功能，潜藏着巨大风险，央行于 2017 年 8 月针对性地推出了"网联"平台，进一步归拢资金和信息流，以最大限度降低第三方支付对金融市场的潜在影响。

二、国内第三方支付网站的发展现状

随着我国电子商务的蓬勃发展以及网上购物人群的迅猛增长，我国的电子商务市场在信息流、物流等方面的大部分难题已经得以解决，然而支付问题却成为如今制约我国电子商务发展的瓶颈。随着网民对网上支付形式接受度的提高，更多的商家开始将网上支付作为自己业务的一种支付方式提供给消费者。正是在我国电子商务的快速发展以及电子支付的巨大需求和市场空间的基础下，使得第三方支付服务模式应运而生。

我国互联网支付的市场格局保持稳定，电子支付市场竞争日益激烈，传统的互联网支付公司进一步加强了线上线下的融合，向移动支付和线下 POS 收单市场拓展。随着基金支付牌照的发放，互联网支付公司开始在基础支付道路的基础上构建金融、理财等增值服务，构建竞争壁垒；在业务范围上，也从网购、个人缴费、航旅市场等传统互联网收单领域，向保险、教育、跨境支付和 P2P 资金托管等新兴细分市场拓展。

政策环境也发生了较大的变化。首先，以基金、保险为代表的传统金融产品销售的电子商务化取得了突破性的进展，在政策层面确立了第三方支付公司的合规地位；其次，包括支付宝、财付通、快钱在内的多家第三方支付公司获得了跨境支付牌照，为第三方支付企业扩展海外及跨境支付市场奠定了政策基础；最后，第三方支付牌照也首次向海外资本放开，为整体的支付产业带来了更为丰富的参与主体，也间接推动了国内支付企业的创新和国际化开拓。

在这样的大背景下，"多元化""差异化"成为第三方支付厂商的重要战略，企业的诉求也从牌照发放前单纯追求市场规模转到寻求规模和利润的平衡。国内第三方企业发展呈现以下特点：

（1）支付业务多元化，逐渐过渡至线下。随着市场竞争的加剧，主流第三方支付企业在支付业务上逐渐从线上走向线下，支付业务多元化趋势明显，支付业务涉及互联网支付、移动支付、电话支付、银行卡收单等，为企业客户提供综合支付解决方案。

（2）第三方支付企业的差异化发展路径进一步明显。支付宝推出全民对账单、信用支付等一系列举措，个人业务仍然是支付宝主要的发力点；财付通继与美国运通开展跨境支付业务后，又与中国台湾玉山银行合作，进一步拓展跨境支付业务；快钱围绕企业资金流转深化行业的同时发展供应链金融；汇付天下大力拓展银行卡收单市场，银行卡收单业务增长迅猛；易宝支付也明确了"支付＋金融＋营销"的发展模式。第三方支付市场上规模较大的支付企业都已经开始寻求适合自身企业发展的道路，以构建企业的核心竞争力。

（3）增值服务拓展用户、提升收益。增值服务探索主要表现为三个方面：①支付＋金融，围绕核心企业的资金现结、赊销和预付等常见支付形式，开发供应链金融服务，快钱为其代表企业；②支付＋营销，营销是当前电子商务企业面临的主要问题，所以依托企业集团资源和用户资源，在支付的基础上为用户提供营销增值服务，成为支付企业的又一创新，财付通为其代表企业；③支付＋财务管理，支付公司通过与财务管理软件企业合作，把支付服务嵌入财务管理软件服务中，为广大中小企业提供资金支付服务的同时，提升了财务管理水平和效率。快银和支付宝为其代表企业。

（4）跨境支付增长潜力巨大。近几年随着海淘用户的增加，用户对于跨境支付的需求越来越旺盛，所以跨境支付的市场应用环境越来越成熟，跨境支付有望成为在线支付领域又一个快速发展的细分市场。支付宝、财付通为其代表企业。

（5）移动支付成为各家支付企业布局的重点。随着移动互联网和智能终端的快速发展，移动支付将肩负改写未来支付市场格局的重要业务，所以依托企业各自的资源优势，各家主流支付企业纷纷加快在移动支付市场的布局，手机钱包、手机刷卡器、客户端和应用内支付等支付产品都开始推广尝试。

三、第三方支付发展中存在的问题及解决方法

越来越多的企业携手第三方支付平台为其解决网上支付难题，第三方支付方式正成为促进我国电子商务发展的核心应用之一。我国第三方支付市场的发展已经走过了十多个年头，到目前为止我国市场上共有 200 余家规模不等的第三方支付公司，它们在推动我国第三方支付市场发展的同时也带来了许多亟待解决的新问题。目前，第三方支付涉及的问题，主要可分为三类：

（1）从事资金吸储而形成的资金沉淀问题。市场调查表明，每天滞留在第三方平台

上的资金至少有数百万元。根据结算周期不同，第三方支付公司将能取得一笔定期存款或短期存款的利息，而利息的分配就成为一个大问题。

（2）第三方支付平台中的大量资金沉淀，如果缺乏有效的流动性管理，则可能存在资金安全隐患，并可能引发支付风险和道德风险。上海一家小型第三方支付公司卷款而逃的案例给我们敲响了警钟。

（3）由于网络交易的匿名性、隐蔽性，利用支付平台的网络违法犯罪活动不断出现，其造成的危害也堪忧。第三方支付平台很难辨别资金的真实来源和去向，使得利用第三方平台进行资金的非法转移、洗钱、贿赂、诈骗、赌博以及逃税漏税等活动有了可乘之机。

网上支付是我国目前发展电子商务需待加强的现代化服务之一。实际上，目前国内市场上几股巨大的力量正从用户需求、金融体制、政策法规、通信渠道等层面推动着网上支付的发展。我国第三方电子支付市场虽然逐渐由培育期进入到了高速增长阶段，但与此同时，第三方支付的政策风险、安全隐患、信用体系建设等问题依然存在。行业整体目前正处于快速上升初期，但鱼龙混杂，行业创新意识差，同质化严重，经常低水平恶意竞争，风险管理水平亟待提高。在我国目前尚缺乏完善的诚信控制机制的前提下，仅依靠企业自律来维持行业规范发展，这是很不够的，因此需要适度的政府监管，并借鉴国外的经验，以市场为导向，以促进市场发展为目的来规范支付市场。解决第三方支付发展中存在的问题可以从以下三个方面入手：

（1）在政策层面，国家非常重视，就如何引导第三方支付规范、健康发展，有效防范和控制其业务活动中的风险，切实推动我国支付服务市场的持续与创新发展等问题，中国人民银行借鉴国际上对此类机构的监管经验，依据《中国人民银行法》《中华人民共和国行政许可法》等法律规范，着力研究和拟订第三方支付行业规则，以规范第三方支付的支付清算服务行为。2010年6月，央行出台《非金融机构支付服务管理办法》，首次对非金融机构从事网络支付、预付卡发行与管理、银行卡收单等支付服务的市场准入、行政许可、监督管理等做出明确规定。2010年12月，央行又公布了《非金融机构支付服务管理办法实施细则》。经过近一年的合规与筹备工作后央行颁发首批业务许可证，支付宝、拉卡拉、快钱、汇付天下等27家企业顺利获得支付牌照。支付牌照的正式发放进一步提升了行业的市场地位，将吸引更多资本和优秀人才进入第三方支付业，为行业的快速发展注入了强大动力。同时，行业规则的出台有利于第三方支付企业明确自身的权利和义务，在法律法规允许的范围下积极开拓市场，实现更好更快的发展。2005年，央行起草了《支付清算组织管理办法（征求意见稿）》，并于当年6月向社会各界公开征求意见。第三方支付企业的主体资格、经营范围、支付安全、信用风险、沉淀资金的使用、洗钱风险、套现风险等均需要监管部门在《支付清算组织管理办法》中明确。通过对此类支付清算组织的规范管理办法的出台，电子支付服务市场将会得到更好、更快的发展，电子商务活动将会面临一个更加和谐、有效的支付环境。从政策角度明确第三方支付公司的地位和属性，这会直接影响相关监管政策的发布与实施监督，进而影响行业的发展进程。

（2）在应用环境层面，虽然用户已经开始进行尝试，但仍然非常担心安全，网络的欺诈也不时发生，保护用户的手段有待逐步健全。

第三方支付企业应确保达到其技术要求。例如，如何确保系统的稳定性、数据的安全性，如何制定内控制度等。这些方面除央行会制定规范外，可能还需要委托第三方公证或监察机构进行监督认证。此外还应建立信用制度，通过数据的整合、挖掘，制定有效的奖惩机制，进而推动立法更新。

（3）在企业发展模式层面，明确市场定位，做精做细优势业务，走差异化发展之路。

第三方支付企业获得业务许可，只是获得市场准入，要想谋求更大的成长空间，还需进一步明确市场定位，做精做细优势业务，走差异化发展之路。第三方支付发展早期，绝大多数第三方支付企业以互联网支付业务为主，而随着获牌业务类型的多样化以及企业和个人用户需求的多样化，第三方支付企业的业务类型逐渐由线上走向线下，向收单、结算、信贷、供应链融资等金融增值服务延伸。如今，越来越多的商户有很强的理财需求，网上金融理财服务必定是未来一大趋势。此外，随着移动互联网和智能手机的发展，越来越多的第三方支付企业发力移动支付市场。第三方支付市场的竞争日趋激烈，有成熟业务模式和稳定客户资源的企业不会满足于现有的优势领域，还会不断地寻找、培育新的盈利增长点，从而推动行业快速发展。

目前的第三方支付市场竞争十分激烈，标准化服务固然是市场所需要的，但更多商户需要的是定制个性化的支付解决方案，创新已经成为第三方支付生存和发展的必然选择。第三方支付的创新主要体现在两个方面：①电子支付技术的提高；②延伸业务，即向增值服务拓展。当前，对于第三方支付企业，最为关键的是理顺上下游产业链的关系，避免恶性竞争，结合国情开展服务创新。同时，第三方支付清算组织提供的支付清算服务涉及多种支付手段，业务模式多样，且服务对象具有广泛的社会性，其所产生的社会影响日益增强。但是，这类机构之间在资金实力、技术水平、风险管理能力等方面仍然存在一定的差距；此外，在推动我国支付清算服务提供主体多元化发展的同时，也伴随着一些风险。例如，一些机构通过为服务对象代为保管用于支付的货币资金的方式提供支付清算服务，在一定程度上保证了服务对象特定支付的完成，但是也会存在资金沉淀问题，需要结合相关政策指导和有关部门的监督管理，有效地处理好资金沉淀问题，促进支付行业的稳定发展。

随着技术的完善、牌照的发放以及模式探索的更加到位，这几股力量累积到一定程度的时候，业务量的爆发性增长便指日可待。

▶拓展阅读

第三方支付机构应重视科技助力，提升风控水平

2020年9月1日，央行深圳市中心支行官网公布，嘉联支付有限公司（以下简称"嘉联支付"）因未按规定建立有关制度办法或风险管理措施、与身份不明的客户进行交易、未按照规定履行客户身份识别义务、未按规定报送大额交易报告或者可疑交易报告，被处以941万元罚款。嘉联支付是拥有全国性银行卡收单业务牌照的第三方支付机构，收单业务遍及全国337个城市，年交易额近6000亿元。此次因反洗钱问题被罚的除了嘉联支付，还有深圳市快付通金融网络科技服务有限公司、乐刷科技有限公司，因未按规定建立有关制度办法或风险管理措施，分别被处罚款33万元、34万元。

反洗钱监管罚单频出，一方面体现了反洗钱监管加码，另一方面也反映了机构违规情形在加重。反洗钱监管近年呈现加码趋势，2020年第三方支付机构已频收大额罚单。第三方支付行业2020年内已收到至少43张监管罚单，其中31张便是机构涉反洗钱等问题被罚。

因此，第三方支付机构首先应提升合规意识，强调反洗钱是贯穿机构业务全流程的一项工作，第三方机构应畅通跨部门协作，自下而上梳理业务链条，在明确分工的同时将责任落实到人。近年来，大数据、人工智能等新型技术在反洗钱领域中的探索应用越来越多，第三方支付机构应当重视科技助力，加强和提升自身的风控水平。同时，广大第三方支付平台用户也应加强资金风险控制的风险意识与职业素养。

单 元 小 结

随着我国电子商务的深入发展，面对海量中小商家及个人多样化支付服务的迫切需求，第三方支付服务于2000年前后应运而生，"支付宝""财付通"等第三方支付工具以及赔付制度更是在很大程度上改善了电子商务的购买信任危机。该行业不断调整并呈现快速上升的趋势。2010年，央行出台《非金融机构支付服务管理办法》。2011年5月3日，央行发放首批27张第三方支付牌照。截至2021年12月1日，央行共计发放了270张牌照，注销了23张，又补发1张，全国还剩248张有效支付牌照。随着存量支付牌照持续减少，第三方支付牌照价值将不断上升，市场格局保持稳定。越来越多的企业携手第三方支付平台为其解决网上支付难题，第三方支付方式正成为促进我国电子商务发展的核心应用之一。第三方支付已成为支付领域中最具创新能力和服务意识的一支活跃力量，在商业模式、市场营销、技术开发和风险管理等方面进行了大量有益的尝试和创新。第三方网上支付的出现丰富并完善了国内的电子支付体系，给支付领域的发展带来了积极、深远的影响。

课堂训练与测评

（1）通过网络搜集第三方支付平台发展现状的相关资料与数据。

（2）分析我国目前第三方支付发展中存在的问题。

知 识 拓 展

通过网络搜索我国第三方支付行业研究报告，了解第三方支付行业发展数据。

第三方支付工具的操作

⚕ 实训目的

1. 熟悉第三方支付平台的支付原理。

2. 了解第三方支付平台的各项业务功能。

3. 掌握支付宝、财付通等常用第三方支付平台的网上支付操作。

⚕ 实训形式

校内实训

⚕ 实训安排

实训地点：实训室

实训课时：2课时

⚕ 实训条件

具备网络条件的校内实训室。

⚕ 实训内容

1. 支付宝、财付通等常用第三方支付平台各项服务功能的操作。

2. 支付宝、财付通等常用第三方支付平台服务功能调研。

⚕ 实训步骤

1. 选择一种第三方支付账户，完成注册。

2. 为第三方支付账户充值。

在使用第三方支付账户前，首先必须为第三方支付账户充值，这样才能通过第三方支付账户进行网上支付。

3. 使用第三方支付账户完成网上支付。

4．通过网上调研及操作，填写以下第三方支付平台个人服务体系表（见表5-1）、企业商家服务体系表（见表5-2）和网上支付安全措施表（见表5-3）。

表5-1　个人服务体系表

第三方支付平台	个 人 服 务							
	手 机 充 值	手机语音支付	公 共 缴 费	账 户 支 付	收　　款	付　　款	非银行卡支付	其他补充服务
支付宝								
财付通								
快钱								
PayPal								
网银在线								

表5-2　企业商家服务体系表

第三方支付平台	企业商家服务				
	网站集成代码	营销工具集成	商家交易、资金管理	收 费 情 况	其他补充服务
支付宝					
财付通					
快钱					
PayPal					
网银在线					

表5-3　网上支付安全措施表

第三方支付平台	网上支付安全措施					
	双 密 码	安 全 控 件	加密URL（https）	数字证书/硬证书	短 信 提 醒	其他补充安全措施
支付宝						
财付通						
快钱						
PayPal						
网银在线						

↷ 实训考核

1．实训结束后要求每位同学完成并上交实训报告。

2．实训指导老师将实训报告、实训态度及实训操作的表现结合起来，对学生本次实训环节给予考评。要求学生掌握第三方支付的操作，并且流程正确。

Module 6

模块六

其他支付结算方式与系统

　　随着信息技术、通信技术的飞速发展，移动支付、虚拟货币支付、电话支付等支付方式成为电子商务网上支付方式的重要补充。本模块我们将学习电子商务应用中的移动支付、虚拟货币支付以及电话支付的支付模式与操作流程。

应知目标

◎　了解移动支付的工作原理与支付流程。

◎　了解虚拟货币支付的工作原理与支付流程。

◎　解电话支付的工作原理与支付流程。

应会目标

◎　能熟练使用手机完成移动支付。

◎　能熟练使用虚拟货币完成网上支付操作。

◎　能熟练使用电话支付完成电子商务交易。

单元一 移动支付

情境导入

进入 21 世纪，由于科学技术特别是通信业与信息业的迅猛发展，电子商务也在日益完善并大规模地从实现商务活动向 Internet 与无线网络转移。随着手机、笔记本电脑以及其他手持式移动设备逐渐成为人们生活与工作中的必备工具，人们对移动商务的需求日益强烈。特别是在手机方面，随着经济的不断发展，近几年，人们对于手机的要求已经有了本质的改变，手机已经不仅限于通信功能工具，而且还成为可信赖的支付工具，人们在消费、购物、交通等领域，都能够方便地通过移动设备完成支付，即可以达到"一机在手，畅行无忧"。同时，银行金融产品及服务与 NFC、二维码、人脸识别、微信等新兴技术有机融合，不断向客户提供"碰一碰""扫一扫""摇一摇"等移动支付新体验。利用移动互联网新技术，银行加快探索创新发展近场支付与远程支付、线上支付与线下支付相融合的业务模式，移动金融是未来网络银行的一个重大发展方向，并有望最终改变当前银行业的市场竞争格局。移动电子商务也正在显示出巨大的市场潜力，移动支付也会在这种浪潮之下快速发展。我们可以预见，在无线通信科技的带动下，电子支付技术越来越多地呈现出一种移动互联的趋势，而未来，移动支付技术无疑是一次正在酝酿着的技术革命。移动支付产业在各方积极、有力的推动下，势必会打开新的局面，也会为相应市场带来更大的利润与冲击，相信在不久的将来，一部手机可以真的"畅行无忧"。

> 移动支付由于载体的特殊性、信道传递的网络化以及债务关系的虚拟化等特点，决定了它与传统的支付方式和支付工具存在极大的差异，这也是本单元要着重分析和研究的主要内容，特别是读者要能够掌握移动支付过程的层次和结构分析。

一、移动支付的概念

移动支付是指进行交易的双方以一定信用额度或一定金额的存款，为了某种货物或者业务，通过移动设备从移动支付服务商处兑换到代表相同金额的数据，移动终端可以是手机、具备无线功能的 PDA、笔记本电脑、移动 POS 机等。移动支付实施的基础是金融电子化。

通过移动支付，用户可以随时、随地、随意通过移动终端使用移动商务服务提供商提供的业务服务，如购买各种 IP 卡 / 上网卡 / 游戏卡、网站购物等。与传统支付方式比较，移动支付最主要的特点是支付灵活便捷、交易时间短，可以减少往返银行的时间和支付处理时间。移动支付不仅可以为移动运营商带来增值收益，也可以为银行和金融系统带来业务收入。手机支付作为新兴的费用结算方式，由于其方便性而日益受到移动运营商、网上商家和消费者的青睐。

手机支付是近年发展起来的一种新型的支付方式，但因其有着与信用卡同样的方便性，同时又避免了在交易过程中使用多种信用卡以及商家是否支持这些信用卡结算的麻烦，消费者只需一部手机，就可以完成整个交易，深受消费者尤其是年轻人的推崇，因此采用手机支付的消费者数量在全球范围内不断增长。移动支付作为一种崭新的支付方式，具有方便、快捷、安全等优点，将会有非常好的商业前景，而且将会引领移动电子商务和无线金融的发展。手机付费是移动电子商务发展的一种趋势，它包括手机小额微支付和手机钱包两大内容。

二、移动支付的发展历程

根据全球移动支付业务发展情况，全球移动支付业务可被划分为六个阶段，在这几个阶段的发展中，虽然移动支付特征鲜明，但没有明显的时间划分，而且世界各国发展程度不一样，往往呈现出交叉发展局面。

1. 第一阶段：移动增值服务购买阶段

移动支付业务发展的最初期，各地均有一定程度的发展，包括手机铃声、音乐、游戏等增值业务的购买下载，通常由通信月账单统一支付，后来逐步发展到利用网上购物平台购物，输入手机号，费用从手机话费中扣除。

2. 第二阶段：短信支付阶段

此种方式在亚洲国家比较常见，在美国也有相应的发展。通常利用短消息上下行方式办理移动支付业务，是扩展的短信息服务业务。利用短信提供移动支付相关业务，用户进入门槛低，相对比较容易。

但是对于复杂业务，短信输入不便，用户与银行的交互性较差，尤其是短信的安全性较低，短信内容为明码传输，会出现用户密码等重要信息，如果用户的手机被盗，第三个人就会接触到原用户的支付信息。此外，短信具有不可靠的特性，用户可能接收不到支付后发来的重要信息，而扣费方对此短信的路径无法追踪，因此业务的种类和范围受到限制。

3. 第三阶段：WAP（Wireless Application Protocol）等无线互联网支付阶段

无线互联网实现了移动支付业务的发展，解决了短信输入的繁杂和短信的信息安全问题，支付完成时间也大大缩短，使得 WAP 上网移动支付业务在一定时期内取得了快速发展。

4. 第四阶段：手机软件支付

随着手机支付技术的成熟，通过从网络平台下载支付 App 到手机终端，实现移动支付及其银行账户的管理功能。

5. 第五阶段：手机智能卡支付阶段

此种支付方式也是现在日韩盛行的手机智能卡移动支付服务。或者通过插入外加的智能芯片，或者将智能芯片与 SIM 卡融为一体，从而为移动用户提供方便。

6. 第六阶段：第三方移动支付

随着电子商务和移动互联网等相关技术的快速发展，第三方移动支付应运而生，其具有方便、快捷、费用低等特点，受到众多用户青睐。我国主流的第三方支付平台有微信支付、支付宝钱包等。

三、移动支付的分类

目前移动支付的分类方式较多，主要包括以下种：

1. 按通信方式分类

根据通信方式的不同，可以将移动支付分为近场支付与远程支付。

（1）近场支付。近场支付是指消费者在购买商品或服务时，即时通过手机等向商家进行支付，支付的处理在现场进行，使用 NFC（近场通信）、红外线、蓝牙等技术，实现与自动售货机以及 POS 机的本地通信。近场支付的使用场景有：在自动售货机处购买饮料，在报摊上买杂志，支付停车费、加油费、过路费等。近场支付在技术模式上还可分为两种：①近场联机支付。利用移动终端，通过移动通信网络与银行以及商户进行通信完成交易。②近场脱机支付。主要利用了智能卡脱机交易技术，只将手机作为智能卡的承载平台以及与 POS 机的通信工具来完成交易。

（2）远程支付。远程支付是指利用移动终端，通过移运通信网络接入移动支付后台系统，完成支付的支付方式。远程支付方式有两种：①支付渠道与购物渠道不同，如通过个人电脑在电子商务网站购买商品或服务，最终通过手机来支付费用；②支付渠道与购物渠道相同，如通过手机购买电影票并进行支付。

如何避免移动
支付中的安全风险

2. 按照业务模式分类

从业务种类看，移动支付可分为手机代缴费、手机钱包、手机银行和手机信用平台等几类。

（1）手机代缴费。手机代缴费是指用户所缴纳的费用在移动通信费用的账单中统一结算，其特点是代收费的额度较小且支付时间、额度固定，如个人用户的 E-mail 邮箱服务费业务代收。当前，该种服务在手机支付服务中居首要地位。

（2）手机钱包。手机钱包是综合了支付类业务的各种功能的一项全新服务，它是以银行卡账户为资金支持、以手机为交易工具的业务，就是将用户在银行的账户和用户的手机号码绑定，通过手机短信息、IVR、WAP 等多种方式，用户可以对绑定账户进行操作，实现购物消费、转账、账户余额查询，并可以通过短信等方式得到交易结果通知和账户变化通知。

例如，中国移动推出了手机钱包业务，具体来说，手机钱包是中国移动和银行系统推出的为用户提供移动金融服务的业务。这项业务的主要功能就是通过将用户的手机号码与其银行信用卡账户进行绑定，用户通过手机就能随时随地对其银行信用卡账户进行查询以及转账、缴费、交易等支付性操作。很多欧美国家已经在小型购物、支付交通费用、购买水电等方面引入了手机钱包的方式，在一些地区，手机钱包甚至已经占据了与现金、支票和信用卡同等重要的位置，成为最流行的支付方式之一。

（3）手机银行。所谓手机银行就是通过移动通信网络将用户的手机连接至银行，实现通过手机界面直接完成各种金融理财业务的服务系统。

（4）手机信用平台。手机信用平台的特点是移动运营商和信用卡发行单位合作，将用户手机中的 SIM 卡等身份认证技术与信用卡身份认证技术结合，实现一卡多用的功能，例如在某些场合，接触式或非接触式 SIM 卡可以用来代替信用卡，由用户提供密码，进行信用消费。

四、移动支付运营模式

移动支付价值链可以涉及很多个方面：标准制定组织、技术平台供应商、网络运营商、金融组织、第三方运营商、终端设备提供商、商品或服务供应商以及消费者。移动支付的运营模式由移动支付价值链中各方的利益分配原则及合作关系所决定。成功的移动支付解决方案应该是充分考虑到移动支付价值链中的所有环节，进行利益共享和利益平衡。目前，移动支付的运营模式主要有以下几种：

1. 移动运营商为运营主体的模式

当移动运营商作为移动支付平台的运营主体时，移动运营商会以用户手机话费账户或专门的小额账户作为移动支付账户，用户所发生的移动支付交易费用全部从用户话费账户或小额账户中扣减。

优势：移动运营商控制着移动用户及其话费账户、手机厂商、内容提供商和服务提供商，凭借这种资源优势掌握了与商业银行或银联合作的话语权。

劣势：对于移动运营商来说，最明显的劣势就是缺乏金融行业的运营经验，具体包括具有金融行业从业经验的专业人才和业务流程、财务制度、风险控制等。其次，就基于话费账户的移动支付业务来看，这种模式的发展面临较多限制：一是话费账户每月的最高消费额度限制不能满足用户的额度需求；二是话费账户的目标用户群多为后付费用户，而乐于尝试新业务的年轻群体多为预付费用户，另外话费账户的支付成本高，结算周期较慢；三是就基于银行账户或银行专业账户的移动支付业务来看，在这种模式下，移动运营商失去了产业发展的话语权，变成纯粹的通道提供商；四是发生大额交易时可能与国家金融政策发生抵触，运营商需承担部分金融机构的责任。

2. 银行为运营主体的模式

在这种模式下，银行通过专线与移动通信网络实现互联，用户可以通过将银行账户与手机账户绑定，进行移动支付。

优势：该运营模式下银行的资本实力、营业网点规模和分布、营销宣传等方面比较强，仅把移动运营商的网络当作一种类似互联网的信息通道，而且不受其他各方的制约，可以灵活开展支付业务。

劣势：该运营模式下移动支付业务不能够实现跨行互联互通，各银行只能为自己的用户提供服务。另外，如果不与移动运营商合作，持卡人若要实现银行卡的个人化，就只能本人亲自到不同银行的柜台办理。

3. 中国银联为运营主体的模式

中国银联独立于银行和移动运营商，利用移动通信网络资源和金融机构的各种支付卡，实现支付的身份认证和支付确认。通过中国银联的交易平台，用户可以实现跨银行移动支付服务。

优势：该运营模式下，中国银联的最大优势在于联结各发卡行的银行卡信息交换网络。同时，中国银联拥有多样化的支付渠道，可以向行业用户和重要商户提供一系列的支付解决方案，从而增加中国银联对商户的吸引力。另外，该业务模式提高了商务运作效率，简化了其他环节之间的关系，而且移动运营商、银行和中国银联之间权责明确。

劣势：首先，中国银联的产业定位使其无法直接掌握持卡人资源和商户资源，尽管他们都是中国银联的最终用户，但是作为转接机构的中国银联并不拥有对这两个市场的直接影响力。其次，银联的体制使其不能和银行结成有效的利益共同体。中国银联的股东中，没有任何一家银行处于控股地位。同时，中国银联人事任免等主要事务基本上由央行决定，因此长期以来，中国银联更像是一个政府机构。这种体制设计产生的一个重大负面影响就是中国银联的创新能力和市场反应能力较弱。再次，中国银联的资本实力较弱，对于初期需要较大投入的移动支付业务，中国银联仅仅依靠自身的实力难以推动市场的前进。

4. 移动运营商和银行合作的模式

该运营模式下移动运营商和银行各自发挥自己的优势来保证移动支付的安全和信用管理，使交易能够顺利、正常进行，这样移动运营商和银行就能空出更多的时间和精力来研发自己的核心技术。

优势：通过优势互补来增强产业链的竞争力，带动上游和下游企业健康运营，同时银行不需要支付巨额资金给移动运营商。

劣势：该运营模式中的竞争仅仅是一对一的关系，即移动运营商只能与某一个银行的信用卡号进行绑定，无法实现跨行支付。另外，不同银行的接口标准不同，运营商与不同的银行合作会造成成本增加。

通过分析发现，移动运营商和金融机构（银行、卡类组织等）是移动支付最主要的服务提供商，对于移动运营商和银行来说，进入移动支付市场而没有对方的支持是非常困难的，移动运营商与银行都有各自的优势和劣势：移动运营商拥有账单支付的基础环境与移动通信网络，但是缺乏像银行那样管理合作支付风险的能力；同样，银行拥有用户支付消费的信任，而缺乏移动支付所需的接入通信网络和未经移动运营商同意接入的移动用户。任何一个机构都不能成为独立运营主体，移动运营商和银行作为移动支付的两大主体必然是产业链上不可缺少的部分。因此，在合作的基础上，引入一个第三方来协调移动运营商和不同银行之间合作的运营模式应运而生。这种模式既结合了以移动运营商和银行为核心的商业模式，以及以第三方为核心的商业模式，又克服了独立运营模式存在的不足。第三方支付服务提供商作为移动运营商和金融机构的桥梁，可以使移动运营商、金融机构和支付平台之间分工明确；简化系统结构、提高运行效率、实现跨行之间的支付交易；实现资源共享、达到优势互补，促进价值链的高效运转。

对于我国移动支付发展的商业模式，可以采取移动运营商和银行合作，中国银联作为第三方服务提供商的商业运营模式。这样不仅可以使移动运营商和银行建立关系，还可以方便用户的支付过程。同时，适当时机引入第三方支付提供商，以克服中国银联的垄断性。因此，以移动运营商与银行合作，而由中国银联为主要支持方，第三方支付服务商协助的商业模式会成为移动支付行业的标准。

五、移动支付运营发展现状与发展趋势

随着移动设备的普及，全球移动支付市场呈现高速增长的发展态势。但是各国移动支付发展水平存在很大的差异。

根据数据统计研究机构 Statista 发布的《金融科技报告 2021——数字支付》（FinTech Report 2021 - Digital Payments），2020 年，全球移动数字支付市场规模为 54 746 亿美元，其中数字商业支付市场规模达 34 666 亿美元，移动 POS 机支付市场规模达 20 080 亿美元。

2020 年，全球最大的数字支付市场是中国，数字支付规模达 24 965 亿美元，占比 45.6%；其次为美国，数字支付市场规模为 10 354 亿美元，占比 18.91%；2020 年，欧洲数字支付市场规模为 9 198 亿美元，占比 16.80%。从移动支付平台活跃用户数量上看，中国同样占有较大优势。截至 2020 年年底，微信支付（WeChat Pay）拥有 11.51 亿年度活跃用户，居全球之首；截至 2020 年 6 月，根据蚂蚁集团数据显示，支付宝拥有超过 7.29 亿的年度活跃用户，规模居全球移动支付机构第二；在苹果手机用户中，Apple Pay 用户数量迅速增长，以 4.41 亿用户位列第三；PayPal 创立时间最早，以 3.05 亿用户规模位列全球第四；Samsung Pay 吸引了 5 100 万用户，排名第五。Amazon Pay 和 Google Pay 也分别拥有 5 000 万和 3 900 万的用户数量。

中国互联网络信息中心（CNNIC）报告显示，截至 2021 年 12 月，我国手机网民规模达 10.29 亿，较 2020 年 12 月增长 4 298 万，占网民的 99.7%。2021 年 2 月 1 日，中国银联发布了《2020 移动支付安全大调查研究报告》，2020 年平均每人每天使用移动支付 3 次。据中国人民银行发布的 2021 年支付业务统计数据显示：2021 年移动支付业务 1 512.28 亿笔，金额 526.98 万亿元。

目前，我国移动支付模式大致分为第三方远程移动支付，如微信支付、支付宝 App 支付；手机刷卡器支付，如拉卡拉；传统短信支付，如手机钱包、银信通；移动近场支付，如 NFC 支付等。作为电子支付的一支新生力量，我国移动支付行业依托智能终端、移动互联网技术与应用的飞速发展，借助资本和产业链各方在移动支付领域的积极布局，同时移动支付对网络购物、打车等众多应用的发掘，将使公众的生活和消费更为便捷。2013 年以来，随着阿里巴巴、腾讯等互联网巨头进军移动支付领域，支付宝、微信支付等第三方移动支付平台的崛起，同时以智能手机的广泛应用为基础，移动支付产业迎来大爆发。近年来，我国第三方移动支付交易规模快速增长，未来我国第三方移动支付市场需求前景广阔，产业支付将成为第三方移动支付未来的重要增长点。目前我国移动支付蓬勃发展，全球排名第一。

我国第三方移动支付市场的发展历程，根据不同时期的主要增长点不同大致可以分为三个阶段。第一个阶段是 2013—2017 年的线上场景驱动阶段，电商、互联网金融、转账的先后爆发持续推动了移动支付的快速增长。第二个阶段是 2017—2019 年的线下场景驱动阶段，2017 年线下扫码支付规模全面爆发增长，线下场景的支付增速远高于线上场景支付的增速，引领移动支付经历了由线上驱动阶段到线下驱动阶段的转变。第三个阶段是从 2019 年开始的产业支付驱动阶段。以 C 端驱动的线上线下支付因 C 端流量见顶都进入了平稳增长期，而产业支付伴随产业互联网的快速崛起正逐渐成为我国移动支付新的增长点。

移动互联网将是未来十年企业争夺的焦点，其产业价值将比桌面互联网大十倍，且已到了爆发增长的临界点。Google、阿里巴巴、腾讯、百度等传统互联网企业及周边产业开始纷纷转战移动互联网市场。曾经与台式机密不可分的计算机系统正越来越多地被用于移动终端设备上，或者把数据发给移动用户的"云"服务上。

在无线通信科技的带动下，电子支付技术越来越多地呈现出一种移动互联的趋势，而未来，移动支付技术无疑是一次正在酝酿着的技术革命。移动支付应该说是方兴未艾的领域，这个领域依然存在很多问题，包括政策、市场、技术的问题。但任何市场的发展都是由小到大，移动支付也是如此。5G 服务的推出，也吸引了许多人使用手机，所以移动电子商务正在显示出巨大的市场潜力。同时，移动支付也会在这种浪潮之下快速发展。未来移动支付的发展趋势应该是金融机构与移动运营商紧密合作，利用双方的优势，整合多方资源，联合管理和运营移动支付，积极推进移动支付技术和移动商务的发展，建立一个完整的交易支付价值链，为用户在支付过程中提供更多的便捷和安全。也只有这样，移动支付才能与当今社会存在的现金支付、电子支付等支付方式同时并存发展，并逐渐争取现金支付和电子支付的市场份额，成为大众的支付方式。

六、移动支付应用实例

1. 国内移动支付产品案例介绍

（1）中国建设银行手机银行支付。

1）中国建设银行手机银行简介。随着移动互联网新技术飞速发展，银行也加快发展移动支付的步伐。中国建行手机银行是中国建设银行携手移动运营商推出的新一代电子银行服务。用户只需将手机号与建行账户绑定，就能使用户的手机成为一个掌上的银行柜台，随时随地体验各项金融服务。中国建设银行手机银行功能界面如图6-1所示。

图6-1　中国建设银行手机银行功能界面

2）中国建设银行手机银行开通流程。用户只需拥有建行龙卡或存折、在申领龙卡或存折时使用的有效身份证件、一部支持上网功能的手机即可开通手机银行。其开通流程如下：

① 阅读协议及风险提示，如图6-2所示。

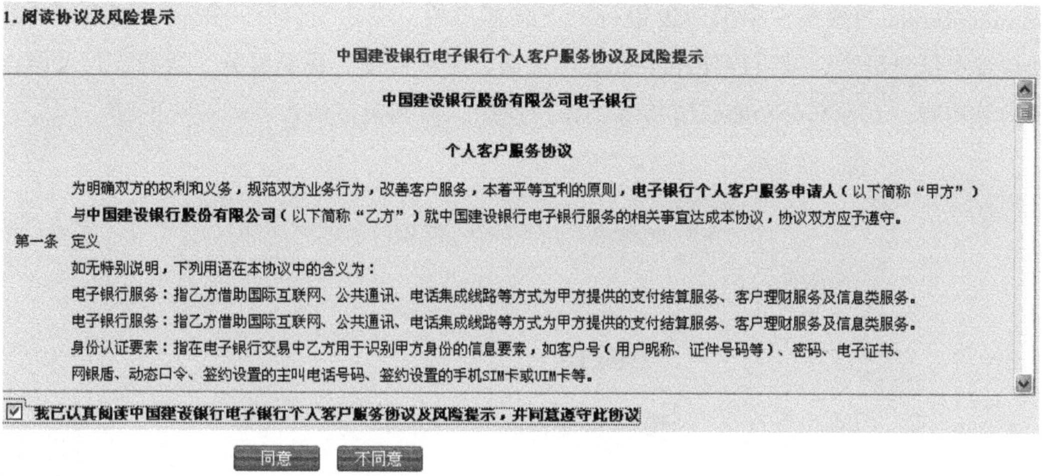

1. 阅读协议及风险提示

中国建设银行电子银行个人客户服务协议及风险提示

中国建设银行股份有限公司电子银行

个人客户服务协议

为明确双方的权利和义务，规范双方业务行为，改善客户服务，本着平等互利的原则，**电子银行个人客户服务申请人**（以下简称"甲方"）与**中国建设银行股份有限公司**（以下简称"乙方"）就中国建设银行电子银行服务的相关事宜达成本协议，协议双方应予遵守。

第一条 定义

如无特别说明，下列用语在本协议中的含义为：

电子银行服务：指乙方借助国际互联网、公共通讯、电话集成线路等方式为甲方提供的支付结算服务、客户理财服务及信息类服务。

电子银行服务：指乙方借助国际互联网、公共通讯、电话集成线路等方式为甲方提供的支付结算服务、客户理财服务及信息类服务。

身份认证要素：指在电子银行交易中乙方用于识别甲方身份的信息要素，如客户号（用户昵称、证件号码等）、密码、电子证书、网银盾、动态口令、签约设置的主叫电话号码、签约设置的手机SIM卡或UIM卡等。

☑ **我已认真阅读中国建设银行电子银行个人客户服务协议及风险提示，并同意遵守此协议**

[同意] [不同意]

图 6-2 阅读协议及风险提示

② 填写手机号码及账户信息，如图 6-3 所示。

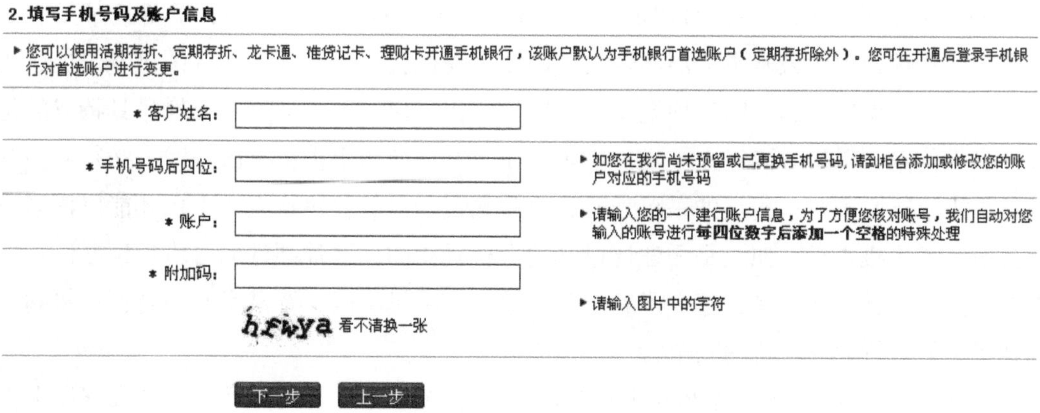

2. 填写手机号码及账户信息

▶ 您可以使用活期存折、定期存折、龙卡通、准贷记卡、理财卡开通手机银行，该账户默认为手机银行首选账户（定期存折除外）。您可在开通后登录手机银行对首选账户进行变更。

* 客户姓名：[   ]

* 手机号码后四位：[   ] ▶ 如您在我行尚未预留或已更换手机号码，请到柜台添加或修改您的账户对应的手机号码

* 账户：[   ] ▶ 请输入您的一个建行账户信息，为了方便您核对账号，我们自动对您输入的账号进行**每四位数字后添加一个空格**的特殊处理

* 附加码：[   ] ▶ 请输入图片中的字符

hrwya 看不清换一张

[下一步] [上一步]

图 6-3 填写手机号码及账户信息

③ 输入账户密码及短信验证码，如图 6-4 所示。

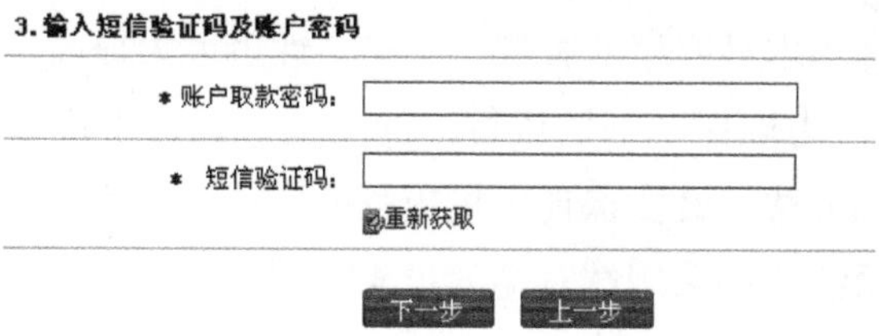

3. 输入短信验证码及账户密码

* 账户取款密码：[   ]

* 短信验证码：[   ]
☑重新获取

[下一步] [上一步]

图 6-4 输入账户密码及短信验证码

④ 设置手机银行的基本信息。输入短信验证码及账户密码后，就显示手机银行开通通知，如图 6-5 所示。

至此，手机银行就开通了，普通手机可以使用 WAP 版登录中国建设银行手机银行的地址（wap.ccb.com），如果是 iOS 版或安卓版智能手机客户可以在 AppStore、

AndroidMarket 内搜索"中国建设银行"下载客户端，成功安装后，完成手机银行的登录与基本信息设置，就可以使用手机银行查询、账户管理、我的服务、缴费支付及网点搜索等功能，其他部分功能仅支持签约账户使用，需到银行柜台办理签约手续。

尊敬的客户：
手机号 ▮▮▮▮▮▮▮▮已开通手机银行。如有疑问，请致电95533咨询。
参考代码：0250E2000002

返回

图 6-5　手机银行开通通知

3）手机银行独特的安全特性。这么多银行业务在一部小小的手机上实现，用户最关心的就是安全性，下面将从建行手机银行的安全特性及系统层、应用层等方面介绍建行手机银行的安全性。

① 客户身份信息与手机号码的绑定。手机不同于计算机等设备，随身携带是它的一个重要特性，现代人基本上离不开它，即使丢失也会很快发现，并且手机号码也已成为个人的身份识别标志。同其他电子银行渠道相比，建行手机银行安全性最具特点的是客户身份信息与手机号码建立了唯一绑定关系。客户使用手机银行服务时，必须使用其开通手机银行服务时所指定的手机号码，也就是说，只有客户本人的手机才能以该客户的身份登录手机银行，他人是无法通过其他手机登录的。这种硬件的身份识别办法，加上登录密码的验证与控制，建立了客户身份信息、手机号码、登录密码三重保护机制，构建了手机银行业务独特的安全特性。

② 封闭的通信网络防黑客和木马攻击。大家熟悉的网上银行风险，很大程度上由于其处于开放性的互联网，容易受到黑客攻击，特别是黑客通过放置恶意的木马程序，非法获取客户的账户信息和密码，从而导致风险的存在。而手机银行处于相对封闭的移动数据网络，并且手机终端本身没有统一的操作系统等病毒所需的滋生环境，因此手机银行业务几乎不受黑客和木马程序的影响，其安全性也大大提高。

③ 系统层的安全。为确保"手机银行"的安全，建行手机银行在技术层面采用了多种先进的加密手段和方法，既要保证手机银行的安全又不失便捷性。第一，建立安全通道，手机银行整个系统全程采用端对端的加密数据传送方式，交易数据在传送之前，手机端必须和手机银行服务器端建立安全通道。由于客户第一次登录时需提供客户账号和密码等关键信息，手机银行系统对这些数据采用 1 024 位的 RSA 公钥加密，验证客户信息和 DES 密钥，如果正确，则客户和服务器端就建立起连接。第二，数据传输全程加密。建行手机银行系统采用硬件方式实现 RSA 和 DES 的加、解密算法，数据在传输过程中全程加密，此方式的实现既保证了系统运算的速度，又确保了手机银行服务的实时性、安全性和可靠性。第三，防数据破坏，确保数据的完整性。对于所有交易数据，

手机和银行加密都会对交易数据进行摘要处理，产生交易数据的校验信息，以防止数据在传输中途被修改或丢失。若接收到数据的摘要验证不通过，即认为数据被破坏，要求交易重新进行，确保数据的完整性。第四，安全方面的其他措施。手机银行系统在安全通道的基础上，在客户登录前将由服务器产生图形附加码传至手机上，由客户输入上传至服务器验证，在端对端加密的安全方案基础上加上附加码的验证措施便可有效地防止自动尝试密码，避免了黑客的网络攻击，从而保证了手机电子银行交易平台的安全。另外，客户每次退出手机银行之后，手机内存中关于卡号、密码等关键信息将会被自动清除，而交易信息和账户密码等内容只保存在银行核心主机里，不会因为手机丢失而影响客户的资金安全。

④ 应用层安全。首先，密码控制。登录建行手机银行系统时需要输入登录密码。登录密码不是账户密码，是客户在开通手机银行服务时自行设定的。即在银行网点签约时，通过柜台上的密码键盘，或在网站上开通时，通过网页界面，或在手机上直接开通手机银行服务时，在手机界面上由客户自己输入。登录密码为 6 ～ 10 位的数字和字母组合。客户通过登录密码才能使用手机银行服务，并可自行更改密码。客户号和登录密码是手机银行进行客户身份验证的一个重要环节，银行先进行客户密码的验证，若密码错误，登录终止。为防止有人恶意试探别人密码，系统设置了密码错误次数日累计限制，当达到限制时，将置该客户手机银行服务为暂停状态。其次，签约机制。建行手机银行为进一步保障客户资金安全，引入了签约机制。对于通过中国建设银行网站或在手机上直接开通手机银行服务的客户可以使用查询、缴费、小额支付等功能。如果客户持本人有效证件原件及账户凭证（卡或存折）到账户所在地的银行营业网点进行身份认证，签署相关协议，并经银行认证后，此类客户才成为手机银行的签约客户，签约客户可享受手机银行提供的全部服务，包括转账、汇款等业务。最后，限额控制。为进一步降低业务风险，建行手机银行业务对诸如支付、缴费、转账、汇款、外汇买卖等业务都采用了日累计限额的控制。以后将引入个人交易限额，客户可以根据自身情况灵活地设置自己交易限额，既满足个性化需求，又控制了业务风险。

客户可能十分担心手机丢失后会对本人账户信息和资金构成危险。其实，手机银行有密码保护，此密码存储在银行核心业务系统中，即使他人捡到遗失的手机，在不知道密码的情况下，是无法使用手机银行业务的。当然，如果客户发现手机遗失，可以立刻向移动运营商报失停机，这样这部手机就无法做联机银行交易了，即使窃贼知道客户密码也毫无用处。另外，客户也可以通过手机、互联网网站、银行柜台等渠道取消手机银行服务，待手机找回或使用新的手机号码时，再开通手机银行服务。

（2）拉卡拉移动支付 **拉卡拉**。

拉卡拉集团是联想控股成员企业，成立于 2005 年，是第一批获得中国人民银行颁发的《支付业务许可证》的企业之一。拉卡拉是我国便民金融服务的开创者及领导者，在全国超过 300 个城市投资了超过 10 万台自助终端，遍布所有知名品牌便利店、商场中的超市、社区店，每月为超过 1 500 万人提供信用卡还款、水电燃气缴费等公共缴费服务。2007 年 9 月，拉卡拉与平安银行签署战略合作协议，双方在电子账单以及信用卡还款领域展开合作。随后，拉卡拉陆续与其他商业银行展开了类似的合作。拉卡拉已经与中国银联以及包括工、农、中、建四大国有商业银行在内 50 余家银行建立了战略合作伙伴关系。在任何一个拉卡拉便利支付点，利用拉卡拉的智能刷卡终端，用户可以使用带有银联标志的借记卡为指定信用卡进行还款，支持所有银行的借记卡及拉卡拉签约服务银行的信用卡。拉卡拉的发展分三个阶段：第一阶段是日常金融类服务，如余额查询、信用卡还款、转账汇款等；第二阶段是生活类服务，包括机票、演出票、租车等；第三阶段则是便利购物服务，拉卡拉引入像京东、携程、易龙这样的精品商户，让用户更为方便地购买一些产品。

拉卡拉此前与电商的合作主要集中在支付环节方面，即通过支付宝渠道实现线上购物、线下刷卡付款。"开店宝"终端的推出，一方面可以改变拉卡拉在电商领域购物、支付分离的用户体验，实现购物、支付一体化；更重要的是，大举铺设线下终端，意味着拉卡拉在电商中扮演的角色将从纯粹的支付工具扩展为"支付＋渠道"。此外，拉卡拉还为用户提供特惠、团购、账单分期等多种增值服务，为用户创造消费价值。拉卡拉始终坚持"让支付更简单"这一经营目标，整合资源，不断创新，提供个性化的服务体验，是用户身边名副其实的便民支付专家。

拉卡拉推出了收款宝、开店宝、拉卡拉手机刷卡器、拉卡拉 MINI 家用型刷卡机等产品。其中，拉卡拉手机刷卡器是拉卡拉推出的自主知识产权的个人刷卡终端，这是一款通过音频进行数据传输的刷卡外设终端，支持 iPhone、小米等各类主流手机以及 Pad 产品。其主要提供信用卡还款、转账汇款、在线支付等便民金融服务。拉卡拉手机刷卡器如图 6-6 所示。

图 6-6　拉卡拉手机刷卡器

（3）支付宝 App 移动支付。

支付宝也可以在智能手机上使用，该手机客户端为支付宝 App。支付宝 App 具备了计算机版支付宝的功能，也因为手机的特性，内含更多创新服务，如"当面付""二维码支付"等，还可以通过添加"服务"来让支付宝 App 成为自己的个性化手机应用。支付宝 App 主要在 iOS、Android 等系统上使用，是国内领先的移动支付平台，具有信用卡还款、转账、付款、收款、缴费、话费充值、卡券管理功能，更有余额宝理财服务，是用户的贴身资产管家。支付宝 App 的操作界面，如图 6-7 所示。

　　支付宝 App 服务包括便民生活、购物娱乐、财富管理、教育公益四大板块。在支付宝 App 内添加相关服务账号，就能获得更多服务，包括充值中心、生活缴费、健康码、市民中心、医疗健康、消费券、体育服务、花呗、借呗、蚂蚁森林、运动、爱心捐赠、3 小时公益等 40 多个类目。

　　（4）微信支付。

　　微信支付是集成在微信客户端的支付功能，用户可以通过手机完成快速的支付流程。微信支付以绑定银行卡的快捷支付为基础，向用户提供安全、快捷、高效的支付服务。微信支付的操作界面如图 6-8 所示。

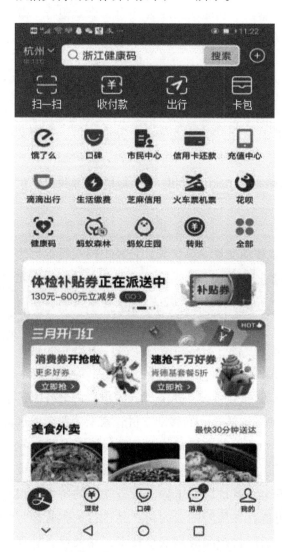

图 6-7　支付宝 App 的操作界面

图 6-8　微信支付的操作界面

微信支付自 2013 年 8 月正式上线以来，从支付开始，逐步深入生活。2014 年春节，微信红包第一次爆发。2014 年 1 月，微信支付与滴滴合作引爆打车市场。2014 年 3 月，微信支付向商户全面开放。2014 年 8 月，微信支付智慧生活解决方案发布。2015 年春节，微信春晚"摇一摇"，向全国人民发放 5 亿元现金红包。2015 年 9 月，微信支付面向服务商全面开放。2015 年 11 月，微信支付正式开放跨境支付能力。2016 年 4 月，推出微信支付星火计划，扶持服务商成长。2016 年 9 月，"微信买单"功能上线，零门槛接入，帮助中小商户甩掉技术包袱。2016 年 12 月，腾讯移动支付月活跃账户及日均支付交易笔数均超过 6 亿。2017 年 7 月 3 日，微信支付上线全新微信支付境外开放平台，降低境外商户接入门槛。2018 年 6 月，腾讯移动支付业务活跃账户已逾 8 亿。2020 年 2 月，微信香港钱包获批开通港澳跨境支付服务；同年 3 月，香港用户可在澳门数千个门店使用微信香港钱包进行支付。2021 年 11 月，微信支付小程序银联云闪付功能上线。2021 年 12 月，微信支付正式上线"防骗客服提醒"功能。2022 年 1 月，微众银行（微信支付）数字人民币钱包上线。实名开通微众银行（微信支付）数字人民币钱包后，可以使用数字人民币 App 或微信进行支付。

微信支付已实现刷卡支付、扫码支付、公众号支付、App 支付，并提供企业红包、代金券、立减优惠等营销新工具，满足用户及商户的不同支付场景。其中公众号支付即在微信内的商家页面上完成支付。App 支付即在 App 中，调起微信，完成支付。扫码支付即使用微信扫描二维码，完成支付。刷卡支付即用户展示微信付款码，商户扫描后，完成支付。小程序支付即在微信内小程序商家页面上完成支付。微信 H5 支付即用户在微信以外的手机浏览器唤起微信支付。

（5）云闪付移动支付。

云闪付是一个 App，是一种非现金收付款移动交易结算工具，是在中国人民银行的指导下，由中国银联携手各商业银行、支付机构等产业各方共同开发建设、共同维护运营的移动支付 App，于 2017 年 12 月 11 日正式发布。云闪付 App 具有收付款、享优惠、卡管理三大核心功能，云闪付 App 与银联手机闪付、银联二维码支付同为银联三大移动支付产品。2020 年 8 月，云闪付 App 用户数突破 3 亿大关。云闪付的操作界面，如图 6-9 所示。

作为各方联手打造的全新移动端统一入口，银行业统一 App"云闪付"汇聚各家机构的移动支付功能与权益优惠，致力成为消费者省钱省心的移动支付管家。消费者通过云闪付 App 即可绑定和管理各类银行账户，并使用各家银行的移动支付服务及优惠权益。首先，银联风险系统综合持卡人的实体银联卡信息、移动设备信息和其他风险评级信息，保障持卡人在申请和使用过程中的安全。其次，基于移动设备联网的特性，银联提供云闪付产品的远程管理服务，针对可能存在风险的云闪付产品进行远程管理，保障持卡人权益。第三，在安全保障方面，云闪付产品应用安全技术，完善业务处理规则，引入风险赔付、先行垫付等机制，提供 72 小时失卡保障服务，对于出现个别意外风险事件，可以迅速解决用户的资金损失问题，保障用户合法权益。中国银联以云闪付 App 为抓手，不断推进移动支付便民工程，完善支付、金融服务功能及公交地铁出行等高频便民场景建设，实现区域公共服务便利共享。中国银联始终践行支付为民理念，以支付服务民生、改善民生。云闪付 App 持续集成新功能、新权益，跨行账户管理功能日趋完善，内容服务日益丰富，便利百姓方方面面的日常生活所需。截至 2020 年 8 月，云闪付用户数突破 3 亿。

（6）和包。

和包（中国移动和包）是中国移动面向个人和企业用户提供的一项综合性移动支付业务，包含通信、金服、商城、交费、出行、社交六大应用场景，为用户提供方便快捷、丰富多彩、安全时尚的线上、线下支付体验。和包支付的操作界面，如图 6-10 所示。

图 6-9　云闪付的操作界面　　　　　　图 6-10　和包支付的操作界面

用户开通和包业务，即享方便快捷的线上支付（互联网购物、充话费、生活缴费等）；持 NFC 手机和 NFC-SIM 卡的用户，更可享和包刷卡功能，把银行卡、公交卡、校园 / 企业一卡通、会员卡装进手机里，实现特约商家（便利店、商场、公交、地铁等）线下消费。

中国移动和包支付（NFC）业务是将用户日常生活中使用的各种卡片应用装载在具有 NFC 功能的手机中，可实现随时随地刷手机消费，实现手机变钱包的功能。在有银联闪付（Quick Pass）或和包支付（NFC）业务合作标识的实体商户进行消费时，只需持 NFC 手机靠近对应业务受理终端轻轻一刷，即可完成支付。中国移动和包已与 100 多家全国及地方性银行建立合作，接入数万个商户，覆盖全国近千种生活缴费服务。和包客户端是中国移动提供的综合性移动支付服务，支持包括 Android、iOS 等主流操作平台，在手机应用市场输入"和包"即可下载。和包客户端实现了线上、线下自由切换的支付新体验，主要功能包括：和聚宝、和包电子券、和包、充话费、充流量、生活缴费（水、电、燃气、有线、交通罚款、火车票预订、供暖等）、转账、扫码付、账户充值、提现及交易明细查询等。

手机支付无疑是未来移动电话发展的潮流之一，尤其近距离通信作为支持该功能的主要技术之一已经开始被更多的手机厂商所关注。Near Field Communication（NFC）是一种近距离无线通信技术，它允许不同的器材之间进行通信，主要使用在手机上。具备 NFC 功能的手机装有一个感应器，它把手机变成一个免触碰卡。随着 NFC 科技在全球普及，手机制造商将把它当成基本配置，目前手机基本都具备 NFC 功能。全球多个国家及地区已着手使用或测试 NFC 科技，包括法国、中国、美国、日本、韩国、土耳其、意大利等。NFC 技术使手机具备了信用卡和提款卡功能，往后出门购物，手机只需在终端机前晃一晃，就能签信用卡。需要现款时，只要把手机拿到提款机前，输入个人密码，就能提取现款。手机万一遗失了，用户只需报失，就能中断所有电子钱包服务。

2. 国外移动支付产品案例介绍

（1）Google Wallet。

谷歌钱包（Google Wallet）是美国互联网运营商谷歌公司 2011 年 9 月推出的手机支付系统以及和该系统绑定的"谷歌团购"服务，用户在智能手机中通过"谷歌钱包"存入个人信用卡信息，通过"谷歌团购"优惠活动收到商家的各种折扣券，购物后只需拿手机在收费终端前一晃，就可以完成打折和支付。手机随后会收到购物收据，还会自动存储购物积分，该服务力图通过智能手机打造从团购折扣、移动支付到购物积分的一站式零售服务。

这项服务能够安全地存储持有人的支付信息，客户可将所有的信用卡信息存储在谷歌钱包中，谷歌公司采取了一系列技术来保障存储信息和交易信息的安全，只有经过客户授权之后才能进行交易。很多银行为客户提供谷歌钱包被盗用时的零责任承担服务，谷歌公司还建立了优惠购物网站，客户可以在实体商户和网上商户使用谷歌钱包。在实体商户使用时，客户可以在支持万事达卡的终端机上配合谷歌钱包实现手机支付；在网上商户使用时，客户需要首先在谷歌钱包网站上注册并登记银行卡信息，然后单击支付网页上的"Google Wallet"标识进入，输入姓名和账户名登录谷歌钱包的账户，输入并确认密码按指示完成支付。

（2）Apple Pay。

Apple Pay 是苹果公司在 2014 年发布的一种基于 NFC 的手机支付功能，于 2014 年 10 月 20 日在美国正式上线。2016 年 2 月 18 日，Apple Pay 业务在中国上线。

Apple Pay 支持在钱包应用中添加信用卡或借记卡，还能添加登机牌、票券、优惠券等。用户可以在实体店、应用软件和网站上使用 Apple Pay 来购买产品。基于 NFC 的 Apple Pay 使用时可以不需要手机接入互联网，也不需要点击进入 App，甚至无须唤醒显示屏，整个支付过程十分简单，只要将 iPhone 靠近读卡器即可进行支付。如果交易终端显示需要输入密码，还需要输入银行卡的交易密码。同时，Apple Pay 所有存储的支付信息都是经过加密的。

使用 Apple Pay 需要在苹果系统自带的钱包 App 里添加银行卡。iPhone 用户进入钱包 App 后，点击屏幕右上方的"添加"按钮➕，选择"借记卡或信用卡"，按屏幕上的步骤操作，以添加新卡片。用户可将银行卡正面放置在 iPhone 摄像头前，使卡面出现在屏幕的提示框内，系统会自动识别卡号，当然也可以手动输入卡号，接下来需要手动输入姓名、卡片有效期与安全码，还要阅读业务须知并选择接受。添加卡片成功后需激活才能使用，客户要确认手机号，并接收和输入验证码，才能成功激活。Apple Watch 上也可添加 Apple Pay。

▶ 拓展阅读

移动支付向世界彰显我国科技实力

2017 年 5 月，来自"一带一路"沿线的 20 国青年评选出了"中国的新四大发明"：高铁、扫码支付、共享单车和网购。当然，这四项并非由中国发明，只是在中国推广应用较为领先，对国外影响较大。

2018 年 3 月 5 日，国务院总理李克强在政府工作报告中提到，过去五年，我国科技进步贡献率由 52.2% 提高到 57.5%，高铁网络、电子商务、移动支付、共享经济等引领世界潮流。以支付宝、银联为代表的国内机构"积极出海"，已成功向东南亚、中亚等国家和地区输出技术、标准及经验，带动了当地普惠金融发展和数字转型。"移动支付"已成为一张新的"中国名片"。

我国移动支付不但应用于线上，且全面向线下渗透，基本覆盖人民群众的衣食住行，在北京、上海、杭州等地甚至可以做到不带钱包出门，日常消费基本不需要现金或银行卡。2016 年 9 月，杭州 G20 峰会让杭州这座"世界移动支付之城"受到世界关注，向世界展示了"出门不用带钱包"的现代移动生活。

可以看到，科技创新和网络金融所带来的巨大成就，在彰显我国科技实力和技术优势的同时，也增强了民族自豪感。我国支付企业应加快制定国际支付行业标准的步伐，向世界推广"中国标准"，争夺未来发展的"制高点"，以便我国移动支付更好地"走出去"。

网上支付与安全

单 元 小 结

通过对本单元的学习，大家对移动支付的概念、分类、运营模式以及发展现状与发展趋势有了一个全面的认识。

课堂训练与测评

（1）调研移动支付在我国的实际应用情况，并分析应用效果。

（2）谈谈移动支付在我国的发展情况及前景。

知 识 拓 展

（1）登录中国建设银行官网，查询手机银行开通方法与使用流程。

（2）通过网络搜索更多移动支付相关知识。

单元二 虚 拟 货 币

情境导入

虚拟货币是指非真实的货币。虚拟货币作为电子商务的新产物，开始扮演越来越重要的角色。知名的虚拟货币如百度公司的百度币，腾讯公司的 Q 币、Q 点，盛大公司的点券，新浪推出的微币（用于微游戏、新浪读书等）等。虚拟货币可以支付网上的收费服务项目，可以在网上购买众多虚拟产品和服务甚至各种真实的商品，互联网也因此变得更加生动有趣。以腾讯 Q 币为例，Q 币的出现，正好满足了网友们对网络交易便利性的需求。业内人士估计，国内互联网已具备每年几十亿元的虚拟货币市场规模，并以每年 15% ～ 20% 的速度增长。虚拟货币作为电子商务的产物开始扮演越来越重要的角色。但在虚拟货币规模日益增长的同时，相关法规却相对滞后。据某法院统计数据，网游案件自 2002 年开始出现，该法院平均一年就收到 10 件左右，其中游戏账号被停用及虚拟财产丢失是纠纷产生的主要原因。随着盗窃 Q 币等虚拟财产的案件屡屡曝光，Q 币等虚拟货币、虚拟财产合法性及监管问题引起了业界的激烈讨论。

那到底什么是虚拟货币，又如何使用虚拟货币来完成网上支付呢？我们现在就来学习网上虚拟货币的相关知识。

随着网络交易的不断发展，越发迫切需要虚拟货币的结算方式。本单元中，通过对虚拟货币的特点、虚拟货币应用实例等相关知识的介绍，为读者熟练使用虚拟货币完成电子商务交易提供助力。

一、虚拟货币简介

随着我国互联网的快速发展，网民们逐渐开始在网上购买虚拟产品和服务。一开始，邮局汇寄是大家普遍使用的方法，但这种支付方法的成本太高，而且过于麻烦；如果选用银行卡支付，又可能会因为几元钱而导致银行卡资料外泄；相比之下，具有灵活、便捷、安全功能的虚拟货币无疑是满足网络微支付需求的最佳选择，从而顺理成章地得到了广大网民的喜爱。

最初，虚拟货币主要由网络游戏服务商发行，用来购买游戏中的道具，如装备、服装等。为方便玩家进行网上支付，一些游戏运营商和门户网站纷纷推出名称各异的网络虚拟货币，国内各个网络运营商和门户网站几乎都推出了自己的网络虚拟货币，且大都可用现实货币购买，如盛大、网易、新浪、搜狐、腾讯都推出了自己的网络虚拟货币，但都只能在自家领域内使用，而不能在整个互联网上流通。

虚拟货币通常用于购买货币发行者（也即服务提供商）提供的产品及服务，如用虚拟货币购买游戏点卡、实物和一些影片、软件的下载服务等，这些产品和服务都是真实的。虚拟货币也可以用于某服务提供商所提供的某一个网络游戏，或者兑换成此货币发行者所发行的其他虚拟货币。

对于虚拟货币的发行商来说，出售虚拟货币不仅可以直接获得经济回报，还可以用作会员激励：一方面可以满足会员的荣誉感，促进会员为了进一步提升自己在网站的地位而参与网站活动的积极性；另一方面虚拟货币的推出还可以引导用户养成付费消费的习惯。因此，网络交易的发展需要类似虚拟货币的结算方式，互联网也因虚拟货币的出现而变得更加生动有趣。

二、虚拟货币的特点

1. 虚拟货币支付方便快捷

在互联网上，一些虚拟货币已经开始在一定范围内行使着货币的职能。例如：腾讯与瑞星合作，用户在瑞星站点下载杀毒软件可用 Q 币进行支付；新浪的 U 币用户可在新浪商城中直接用 U 币为其所购买的商品支付；百度币可以用于个人MP3的收费下载等。各家虚拟货币已经开始试着走出"虚拟"世界，进入现实领域。

2. 虚拟货币本身只是一个产品，并非真正货币

严格的意义上，目前的虚拟货币虽然已经具备了现实货币的雏形，但仍不是真正的货币；同时在各发行商家看来，他们发行的虚拟货币也并不是金融学概念中的"货币"。虚拟货币只是一个产品，或者说是"储值卡""账户"，网民仅仅是将人民币存储在他们的账户里面进行消费。

货币应该具有法定的性质，是一个国家主权的象征，而且货币的发行权归央行所有，其他的网络服务商不可能僭越。根据古典政治经济学解释，真正的货币应该具备价值尺度、流通手段、贮藏手段、支付手段和世界货币五个职能，而虚拟货币显然并不完全具备这五个职能。现在网上的虚拟货币越来越多，其功能也越来越丰富，但是虚拟货币在本质上仍然不是真正的货币。

根据中国人民银行等部门发布的通知、公告，虚拟货币不由货币当局发行，不具有法偿性和强制性等货币属性，并不是真正意义上的货币，不具有与货币等同的法律地位，不能且不应作为货币在市场上流通使用，公民投资和交易虚拟货币不受法律保护。

三、虚拟货币的种类

虚拟货币种类多样，在国外接受度比较高的虚拟货币有 Facebook 的 F 币、网络游戏 Second Life 的林登币等，在国内比较有代表性的虚拟货币有腾讯 Q 币、新浪 U 币、百度币、盛大元宝等。目前市场上的虚拟货币主要有以下四类：

第一类是大家熟悉的游戏币。游戏币由游戏运营商开发，供玩家在网络游戏中作为交易媒介。在单机游戏时代，主角通过游戏积累货币，用这些购买草药和装备，但只能在自己的游戏机里使用。那时，玩家之间没有"市场"。自从互联网建立起门户和社区、实现游戏联网以来，虚拟货币便有了"金融市场"，玩家之间可以交易游戏币。

第二类是门户网站或者即时通信工具服务商发行的专用货币。这是一种供本运营网络空间内使用的专用虚拟货币，用于购买本网站内的服务。使用最广泛的当属腾讯公司的 Q 币，可用来购买会员资格、QQ 秀等增值服务。

第三类是交互式虚拟货币。交互式虚拟货币可以在虚拟货币发行主体内使用，又可以向非发行主体购买商品和服务。

第四类是互联网上的虚拟货币。这是一种基于密码学和现代网络 P2P 技术，通过复杂的数学算法产生的，特殊的电子化的、数字化的网络密码币，如比特币（BTC）、莱特货币（LTC）等。

四、虚拟货币应用实例

1. Q 币 /Q 点

腾讯公司发行的网络虚拟 Q 币本意是作为一种网络增值服务提供给网民。Q 币可以用来购买腾讯所有包月服务、游戏道具及点券；Q 币仅能用于兑换腾讯公司直接运营的产品和服务，不能兑换现金，不能进行转账交易，不能兑换腾讯公司体系外的产品和服务。

Q 币实行的都是单向度的兑换规则，即虚拟 Q 币不可兑换人民币。同时，Q 点可以兑换为 Q 币，每 10Q 点可兑换为 1Q 币，但是 Q 币不能兑换为 Q 点。

（1）Q 币充值。登录腾讯充值中心（http://pay.qq.com），用户可在 QQ 钱包、微信支付、QQ 卡、手机四种支付方式中任选一种对 Q 币进行网上充值。图 6-11 为 Q 币充值页面。

图 6-11　Q 币充值页面

单击"Q 币充值"，在支付方式中选中"QQ 钱包"，使用 QQ 扫码，在手机页面输入财付通支付密码即完成 Q 币的充值，如图 6-12 所示。

图 6-12　输入财付通支付密码

（2）管理 Q 币 /Q 点账户。用户单击"我的账户"即可对 Q 币 /Q 点账户的余额、消费记录等进行查询，如图 6-13 所示。

图 6-13　Q 币 /Q 点账户查询、管理界面

（3）使用 Q 币 /Q 点进行网上支付。下面以腾讯公司的网络服务产品为例，介绍 Q 币的网上支付流程。

1）Q 币充值。登录腾讯充值中心（http://pay.qq.com），单击"Q 币充值"，在微信支付、QQ 钱包、QQ 卡、手机四种支付方式中任选一种，对 Q 币进行网上充值。可单击"我的账户"查看账户余额。单击"服务开通"，打开服务选择页面，如图 6-14 所示。

2）服务开通。选择自己喜欢服务产品并开通服务，这里我们选择"腾讯视频 VIP"并单击"开通"，如图 6-15 所示。

3）完成支付。选择相应的服务产品并单击"开通"后，进入支付页面，如图 6-16 所示。选择"Q 币支付"，单击"确认支付"，即可完成支付，Q 币支付成功页面如图 6-17 所示。

图 6-14　服务选择页面

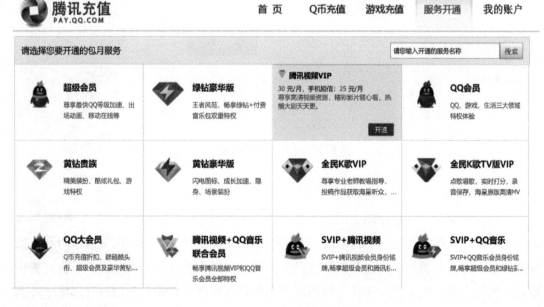

图 6-15　服务开通页面

图 6-16　Q 币支付页面

图 6-17　Q 币支付成功页面

2. 比特币

虚拟货币比特币（Bitcoin）的概念最初由中本聪（Satoshi Nakamoto）在 2009 年提出。比特币是一种由开源的 P2P 软件产生的电子币、数字币，是一种网络虚拟资产。比特币基于一套密码编码、通过复杂算法产生，这一规则不受任何个人或组织干扰，去中心化；任何人都可以下载并运行比特币客户端而参与制造比特币；比特币利用电子签名的方式来实现流通，通过 P2P 分布式网络来核查重复消费。每一块比特币的产生、消费都会通过 P2P 分布式网络记录并告知全网，不存在伪造的可能。

与大多数货币不同，比特币不依赖于特定的中央发行机构，它通过特定算法的大量计算产生，使用遍布整个 P2P 网络节点的分布式数据库来记录货币的交易，并使用密码学的设计来确保货币流通各个环节安全性。例如，比特币只能被它的真实拥有者使用，而且仅一次，支付完成之后原主人即失去对该份额比特币的所有权。P2P 的去中心化特性与算法本身可以确保无法通过大量制造比特币来人为操控币值，基于密码学的设计可以使比特币只能被真实的拥有者转移或支付。这确保了货币所有权与流通交易的匿名性。

2013 年 12 月 5 日，中国人民银行、工业和信息化部、中国银行业监督管理委员会、中国证券监督管理委员会、中国保险监督管理委员会联合印发了《中国人民银行　工业和信息化部　中国银行业监督管理委员会　中国证券监督管理委员会　中国保险监督管理委员会关于防范比特币风险的通知》（银发〔2013〕289 号）（以下简称《通知》）。《通知》要求各金融机构和支付机构不得以比特币作为产品或服务定价。2021 年 5 月，中国互联网金融协会、中国银行业协会、中国支付清算协会联合发布公告，明确有关机构不得开展与虚拟货币相关的业务，同时提醒消费者提高风险防范意识，谨防财产和权益损失。

五、虚拟货币发展中的问题

1. 虚拟货币的法律问题

随着数字技术和网络技术的快速发展，数据和网络虚拟财产的经济价值和社会价值正逐渐显现，并在全社会范围内得到广泛的认同。

一方面，随着网络技术对人们日常生活渗透程度的不断加深，几乎所有网络用户都或多或少地拥有一定数量和类型的网络虚拟财产，在众多网络用户的财产观念中，网络虚拟财产也早已走出了互联网这一虚拟世界，而与现实生活中的其他财产别无二致。另一方面，大数据技术的广泛应用，也使得数据在现代信息社会中的地位不可或缺。

国务院有关部委制定有一系列规章，因其法律效力的层级较低，主要用于规范网络游戏虚拟货币的发生和交易行为，适用范围有限，不能满足虚拟财产保护的需要。主要有文化部、商务部联合出台的《关于加强网络游戏虚拟货币管理工作的通知》（"文市发〔2009〕20 号"）《网络游戏管理暂行办法》（已废止）等。

《最高人民法院关于审理扰乱电信市场管理秩序案件具体应用法律若干问题的解释》（法释 [2000]12 号）第八条规定："盗用他人公共信息网络上网账号、密码上网，造成他人电信资费损失数额较大的，依照刑法第二百六十四条的规定，以盗窃罪定罪处罚。"

2020 年 5 月 28 日，十三届全国人大三次会议表决通过了《中华人民共和国民法典》（以下简称《民法典》），自 2021 年 1 月 1 日起施行。《民法典》赋予数据和网络虚拟财产民事权利客体的地位，无疑具有十分重要的制度创新意义，也是我国民法典时代特性的具体体现。

互联网时代，游戏装备、Q 币、网店、积分等网络虚拟财产越来越多，我国《民法典》

出台以前，我国并没有针对虚拟财产保护的具体法律规定。《民法典》彰显时代精神，首次将数据、网络虚拟财产纳入保护范围，第一百二十七条明确规定："法律对数据、网络虚拟财产的保护有规定的，依照其规定。"这将数据、网络虚拟财产的法律地位提升到新的高度。

"网络虚拟财产"是互联网时代出现的新词，是指在互联网空间存在的非物化、数字化的一种财产形式，它包括网店、网络游戏账号、游戏货币、游戏装备，以及互联网的电子邮件、社交账号等一系列信息类产品。这些虚拟财产在一定条件下可以转换成现实中的财产。

从目前的互联网模式来看，网络虚拟财产既可以从游戏开发商处直接购买（如购买游戏卡），也可以从虚拟的货币交易市场获得（如买卖装备），还可以通过个人的劳动获得（如在游戏中不断升级），所以虚拟财产具有了一般商品的属性和财产价值。这也是《民法典》明确立法保护的原因之一。但法律上并没有对网络虚拟财产的统一定义，通常认为有广义和狭义之说。广义上的虚拟财产指的是包括电子邮件、网络账号等能为人所拥有和支配的具有财产价值的网络虚拟物。狭义的虚拟财产主要指网络游戏中存在的财物，包括游戏账号的等级、游戏货币、游戏人物、装备、技能等。虚拟财产作为互联时代的新型财产类型，也是司法实践中的新事物，如何认定还没有形成统一认识。

同时，还要规范网络开发商和运营商的平台设置标准和系统安全措施，制定出相关的法律法规，明确每个参与者的责任和义务，更要规范清楚参与虚拟货币违法乱纪行为的后果。若虚拟货币在市场流通过程中发生交易安全或者清算等问题时，则可提供相关的法律依据。只有明确虚拟货币的法律地位，才能在虚拟货币的发展过程中达到预期的效果。

中国音数协游戏工委（GPC）与中国游戏产业研究院发布的《2021年1～6月中国游戏产业报告》显示，2021年上半年中国游戏市场实际销售收入1 504.93亿元，同比增长7.89%。2021年上半年中国游戏用户达到6.67亿。随着游戏产业的飞速发展，网络财产纠纷也日趋增多。只有虚拟货币的相关立法不断完善，才能更好地保护合法的虚拟财产和交易行为，促进网络经济更加健康、快速的发展。

2. 虚拟货币的监管问题

在现代金融体系中，腾讯Q币、网易泡币、魔兽币、盛大点券等虚拟货币并没有被纳入货币监管体系，玩家疯狂造币，虚拟货币在市场上越来越多，必然会导致网络游戏世界的通货膨胀，继而引发恶性循环，使整个虚拟货币市场陷入"币不值钱"的金融危机，就像现实世界中可能发生的那样。所以，对虚拟货币的监管是必然的趋势，但如何去监管呢？这是一个世界难题。对于虚拟货币的监管，包括欧洲与美国在内，都没有一个可以值得借鉴的先例可循。

在我国，根据《人民币管理条例》，网上的各种虚拟货币并不属于央行监管范围，而在《中国人民银行法》或者《银行业监督管理条例》中也都没有"虚拟货币"这样的字眼。尽管我国《中国人民银行法》第二十条规定："任何单位和个人不得印制、发售代币票券，以代替人民币在市场上流通。"相同的规定也可以在《人民币管理条例》第二十九条中找到，即明确规定代金券是不允许回兑成人民币的。而 Q 币是用人民币交换得来的网络虚拟货币，充当着网络中的代金券，这就等于明确了不允许像 Q 币这样的虚拟货币兑换成人民币。但事实上，现实中早已逾越了此界限。如果说在网上银行和电子支付发展尚不完善的今天，Q 币的出现是一种必然，那么对其采取有效监管也应是必然。

我国官方已经开始关注虚拟货币，并且正在认真研究。中国人民银行正在起草、制定电子货币相关的管理办法，包括虚拟货币在内的电子货币将成为继电子支付后又一个监管重点。2009 年 6 月，文化部、商务部发布《关于加强网络游戏虚拟货币管理工作的通知》（以下简称《通知》），《通知》中首次明确了网络游戏虚拟货币的适用范围，对当前网络游戏虚拟货币与游戏内的虚拟道具做了区分，并规定从事相关服务的企业需批准后方可经营。

2017 年，七部门发布《关于防范代币发行融资风险的公告》，要求各类代币发行融资活动（ICO）立即停止，国内比特币交易所先后被关停。在监管迅速出手后，国内虚拟货币市场得到有效整治。但目前，虚拟货币交易正从线下转至场外市场，同时，部分投资者转向境外炒币。除了个别国家以发放牌照的方式将虚拟货币交易所纳入监管框架之内，多数国家和地区的虚拟货币交易所都没有监管背书，也没有上线诸如资金存管、虚拟货币存管等防范措施。场外市场交易实际上就是私下交易，这一市场不受监管，无法保障资金安全，投资应慎重。

在我国比特币平台相继发布公告关停后，韩国、俄罗斯等国也加强了对虚拟货币的监管。2017 年 9 月份，俄罗斯央行就发布了对虚拟货币的警告。俄罗斯央行称，公民和法律实体可能会通过加密货币参与非法活动，包括洗钱和恐怖主义融资。俄罗斯央行表示，"鉴于加密货币流通和使用的高风险，认可加密货币的时机尚不成熟，此外还包括以加密货币计价或与之关联的任何金融工具，都不可以在俄罗斯联邦进入流通或者有组织交易和清算结算基础设施，不可以与加密货币及其衍生金融工具进行交易"。2017 年 10 月 11 日，俄罗斯进一步宣布，将封禁境内比特币等加密货币的网站。同时，韩国也叫停了 ICO。同年 9 月 29 日，韩国金融服务委员会表示，将禁止所有形式的代币融资，并称数字货币可能会对韩国的货币体系甚至整个经济的监管造成严重影响，表示接下来对 ICO 的检查机制将会非常严格。

各国的监管内容主要集中在几个方面：一是对数字货币的法律性质进行归类，确立其法律地位。美国国税局将比特币归类为应纳税资产；在日本，比特币被定义为一种新型支付方式；澳大利亚则"允许数字货币被视为符合消费税的货币"。二是监管 ICO，保护投资者权益。三是采用许可证制度，对数字货币初创公司的合法资格进行监管。纽约成为美国第一个正式推出定制比特币和数字货币监管的州。四是将数字货币交易平台和私人用户纳入反洗钱法规，防止洗钱活动。

虚拟货币不需要征用个人信息系统，这样就极易导致虚拟货币持有的信用缺失或者产生道德风险。因此，要想在根本上解决这个问题，首先就必须完善个人的信息管理系统。其次，需要加大虚拟货币在我国的宣传力度，对公众进行正确的知识引导。不仅要让公众知道虚拟货币，更要了解虚拟货币运行的本质和价值意义。这样才能有效地减少风险，降低公众不必要的损失。

单 元 小 结

通过对本单元的学习，大家对电子商务应用中的虚拟货币的特点、种类、支付流程、发展现状等有了一个全面的认识。

课堂训练与测评

（1）结合自己网上支付实例，简述虚拟货币的交易流程。

（2）你认为虚拟货币还需要加强哪些方面的监管？

知 识 拓 展

登录腾讯充值网站（http://pay.qq.com），了解 Q 币的使用规则与充值方法。

单元三　电话支付

情境导入

当消费者没有随身携带大量现金，周围又没有商家 POS 机，也无法上网使用网上支付的情况下，电话支付就成了我们此时最有效的支付方式。而对商家来说，好处则是不用收付现金，不用货到付款，也就没有了坏账和烂账，多提供一种支付方式可以做成更多生意，还可以实现财务的集中管理。

根据中国互联网络信息中心（CNNIC）发布的第 49 次《中国互联网络发展状况统计报告》，截至 2021 年 12 月底，中国网民数达到 10.32 亿，而固定电话、手机用户数量已超过 10 亿。显然，电话支付拥有比网上支付更为广大的用户群体，对于用户来说，特别是对于中老年用户，电话支付的便捷操作方法更易于接受。其实，电话支付的最大优势还在于可以真正实现电子商务的社区化、生活化。试想，如果社区的各类生活超市都可以使用电话支付的话，那么我们每个人待在家，只需一个电话就可以采购我们的生活用品，那是一个多大的市场！下面我们就来了解与学习电子商务中的电话支付。

> 作为在线支付的有效补充，电话支付为更多传统行业搭建了电子支付的高速公路，并成为电子商务渗入传统商业领域的最佳利器。本单元我们将学习电子商务中电话支付的相关基本理论、支付模式，并结合实例介绍电子商务中的电话支付流程。

一、电话支付简介

电话支付是指用户通过移动电话、固定电话发起支付指令，实现货币资金转移的行为。

电话支付是源于支付产品创新理念而开发出来的，并且是作为继现金、刷卡、在线支付之后的一种新型的支付手段，电话支付将互联网、手机、固定电话整合在一个平台上，把每一部普通电话都变成了虚拟的 POS 机消费终端，真正实现了脱离互联网限制的电子支付。使消费者无论身在何处，只要持有信用卡、借记卡或活期存折，都可以通过银行统一客户服务电话，实现脱离互联网限制的电子支付，同时商家只需接入电话支付业务，便可为消费者提供一体化的购买、支付全套服务，拓展多维立体化的市场空间。

二、电话支付的特点

1. "封闭系统" 打造安全电话支付

毋庸置疑，随着电子商务环境的逐步成熟，网上支付已经成为一种很重要的电子支付工具，尤其适用于数字产品类行业。

网上支付是以互联网为载体来实现传输数据信息的，互联网本身就具有交互性强、发散性的特点，网络载体的这个特点就决定了网上支付工具还需要更进一步完善。网上支付盗卡及诈骗案件屡有发生，诈骗者通过使用木马病毒截获受害者的个人信息，使用记录器将键盘、鼠标的使用情况记录下来，从而获取银行卡密码；盗贼还会通过共享、漏洞入侵、端口法扫描、网页恶意代码、欺骗受害者登录类似网站等方法窃取受害者资料，例如获取网银口令，取得系统口令进入受害者的计算机，偷取特权后可以非法获得对用户机器的完全控制权等。如果消费者使用专业版的网银接口应该是比较安全的，但是开通专业版需要消费者去银行柜台办理个人银行专业版文件证书和移动证书。

与之不同，电话支付的产品开发设计理念则是建立在"封闭系统"之上的，所以说电话支付是独立、封闭的语音系统，相对而言安全性比较高。同时，电话是专线系统，是点对点的数据传输，其安全性更有保证。我国固定电话用户及手机用户数量庞大，再加上人们对互联网支付较为信任，使电话支付更易于接受和普及。电话支付需要本人确认，因此电话支付比较安全。

2. 随需应变，无处不达

业内人士表示，电话支付业务的问世，打破了横隔在商家和消费者之间的交易瓶颈，使交易渠道畅通无阻，很大程度上突破了传统支付方式对现代商务的束缚。

曾经，IBM 在京推出"随需应变运作环境"实施方案，今天电话支付也实现了随需应变的解决方案：①不同的行业有不同的电话支付解决方案；②打破了互联网与传统业务的电子支付瓶颈；③用户在享受线下服务时没有 POS 机、POS 出现数据传输中断、现金交易带来的假钞风险等因素的影响，这些都让消费者有充分的理由选择电话支付。

工信部数据显示，截至 2020 年 2 月底，三家基础电信企业的电话用户总数达 15.8 亿户。电话及手机终端的普及降低了消费者进行电子支付的门槛。例如，小王在一个比较偏远的地方出差，根本无法上网，但是他很想尽快预订一张回北京的电子客票，就抱着试试看的态度，用电话支付预订电子客票，结果几分钟就成功了！这个案例表明，电话支付是不受地域限制的。即使我们不会上网，也可以用电话支付来享受电子商务的乐趣，即使是盲人或行动不便的人也可以顺利通过电话完成非面对面的支付，所以从这个意义上而言，电话支付也为全球信息化的无障碍推动添了砖、加了瓦。

3. 电话支付是银行柜台业务的延伸

随着计算机网络的普及，金融服务手段的不断改善，柜台服务方式越来越难以满足客户对方便、快捷的要求，客户日常消费将更多地转向电子化服务，直接现金交易减少，非现金交易将增大。这样，传统的银行储蓄柜台业务将弱化，各类电子化服务渠道的转账、查询交易将增加，让客户做到真正的"足不出户、理财购物"。

在银行休息期间，很多消费者会为交电费、电话费等费用而感到头疼，即使银行正常营业也免不了排长队等候，所以手机银行、电话支付等电子支付手段为消费者提供了便利，大大缓解了银行柜台的压力，加强电子支付手段的普及与应用也是银行未来的发展方向。

三、电子商务中电话支付模式

电话支付模式共有四种：话费扣除模式、商业银行电话银行模式、智能刷卡电话模式和第三方支付服务模式。

1. 话费扣除模式

话费扣除模式是最早出现的电话支付模式。用户拨打支付提供商的专用声讯服务平台（如网联支付声讯台），根据语音提示选择具体支付币值，之后智能交互式语音播报则会提供给用户一个充值密码，同时扣除相应话费。用户在支持该服务的相关网站上使用此密码进行等额度消费，流程如图 6-18 所示。

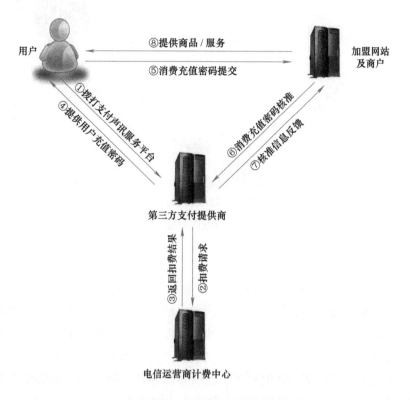

图 6-18 话费扣除模式流程

话费扣除模式为用户带来了一定的方便，也存在一些难以克服的缺点：

（1）建立广覆盖的声讯网络先期成本较高。

（2）支付商在产业链中处于弱势地位。

（3）运营流程复杂。

（4）对消费者而言也存在消费额度有限（一般不超过 30 元）、消费范围有限（只能消费网站提供的产品和服务）和低安全性等问题。

2. 商业银行电话银行模式

目前，有中国工商银行、中国建设银行、招商银行、民生银行等多家银行开通了电话支付业务，其业务流程如图 6-19 所示。

（1）用户拨打商户电话订购商品。

（2）商户发送订单信息至银行。

（3）用户拨打银行电话进行付款。

（4）银行将付款成功信息发至商户。

（5）银行将付款成功信息发给用户。

（6）商户发送商品或送货。

图 6-19　商业银行电话银行模式业务流程

3. 智能刷卡电话模式

2006 年 4 月，中国银联和中国电信联合推出了智能刷卡电话，使电话成为能实现个人电子支付的新型综合信息终端。智能刷卡电话的屏幕菜单上可内置多种业务接口，如飞机票、火车票、演出票和鲜花、礼品预订等业务，用户可以按键选择并刷卡支付；用户还可以通过智能刷卡电话为各种网上订购的产品及服务付费。通过智能刷卡电话支付货款或服务费用，可以实现实时到账、实时短信通知。智能刷卡电话模式本质上属于 POS 刷卡支付方法。通过与银联的合作，第三方支付商（如首信，代表产品"易支付"）把商户的 POS 终端刷卡功能集成在固话上，使 POS 功能进入家庭。用户先通过电话语音与商户确认订单，随后刷卡电话终端将接收到对方发送的经确认的订单信息，此时用户只需在电话上刷卡并输入密码即可完成支付。

通过对硬件终端的集成，"易支付"入户的模式在一定程度上降低了安全问题中的"不信任关系"，实现了在家刷卡支付，提升了用户体验。不过，作为一套全新的系统，刷卡电话是对普通电话的取代而非升级，将额外增加用户成本。而商户如要使用这套系统，也将必然增加相关软硬件投入。目前，"易支付"的应用范围主要局限在公共事业缴费、代理机票等小范围应用上。智能刷卡电话模式业务流程如图 6-20 所示。

4. 第三方支付服务模式

国内第三方支付服务商易宝（YeePay）联手中国工商银行、招商银行、民生银行和中国建设银行北京市分行推出电话支付服务，4 家银行用户可以通过电话进行包括电子客票、话费缴纳、BtoC 购物等交易活动的支付。易宝模式是网络支付在电话上的延伸。

该模式下，用户首先开通某个银行的电话支付服务；用户通过商家网站（在线下单）或打电话（商家帮用户下单）订购商品和服务；商户将该账单通过互联网发送给第三方支付服务商；第三方支付服务商接到账单后随即把账单转到用户银行的网络支付网关上，整个过程短时间内即可完成；随后，用户将收到第三方支付商确认订单的短信。这意味着用户即可拨打银行的服务号码（如工行 95588），按语音提示输入订单号及密码完成支付，用户银行账户中的相应金额将划拨给商户，商户则在确认用户支付完成后提供商品或服务。

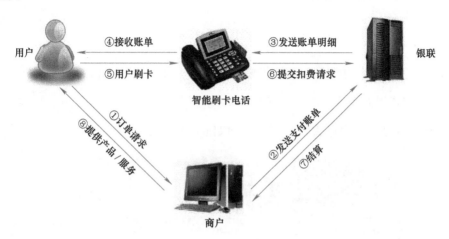

图 6-20　智能刷卡电话模式业务流程

易宝模式的业务流程如图 6-21 所示。

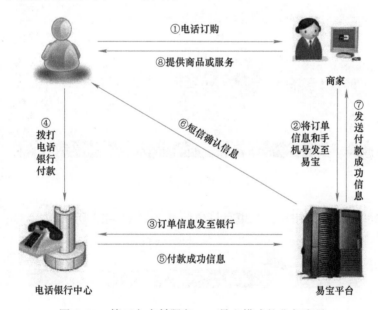

图 6-21　第三方支付服务——易宝模式的业务流程

（1）用户拨打商户电话订购商品或服务。

（2）商户确定订单后，经互联网发送订单信息至第三方电话支付平台。

（3）电话支付平台将订单数据转送给银行支付网关，同时第三方支付平台将订单明细以手机短信方式发送给用户。

（4）用户确认后，拨打银行电话，按语音提示进行付款。

（5）银行进行账户扣款结算，银行将付款成功信息发至第三方电话支付平台。

（6）同时第三方电话支付平台给第一次使用电话支付的用户发送确认信息，并分配平台会员账户，提示其查询方式。

（7）第三方电话支付平台将付款成功信息返回商户。

（8）商户发送商品或送货。

四、电子商务中的电话支付应用实例

下面以易宝为例，介绍通过互联网购买商品，并使用电话支付的购物流程。

1. 消费者通过商家网站（在线下单）订购商品和服务

（1）登录网站选择自己喜欢的商品，如图6-22所示。

图6-22　用户选择商品页面

（2）单击"去付款"按钮，并填写订单信息，如图6-23所示。

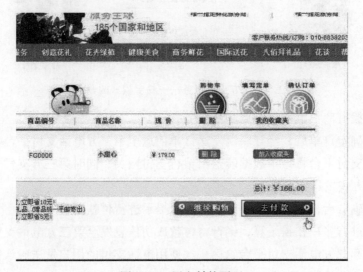

图6-23　用户付款页面

（3）到网站选择支付方式的页面，选择"YeePay 易宝电话银行支付"，并单击"下一步"按钮，如图 6-24 所示。

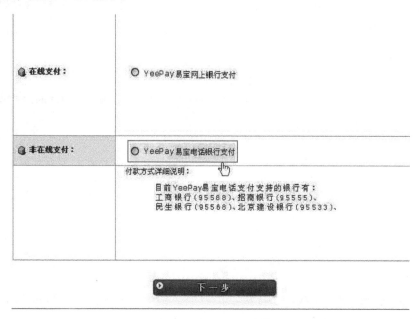

图 6-24　选择 YeePay 易宝电话银行支付页面

（4）在易宝网关页面，根据用户所持有的卡，选择不同的电话银行，并单击"确认支付"，如图 6-25 所示。

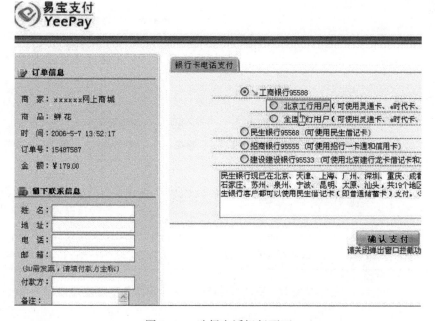

图 6-25　选择电话银行页面

（5）输入 11 位手机号，并单击"下一步"按钮，如图 6-26 所示，注意电话支付不是从用户输入号码的手机中扣除话费，而是从用户的银行卡里扣款。

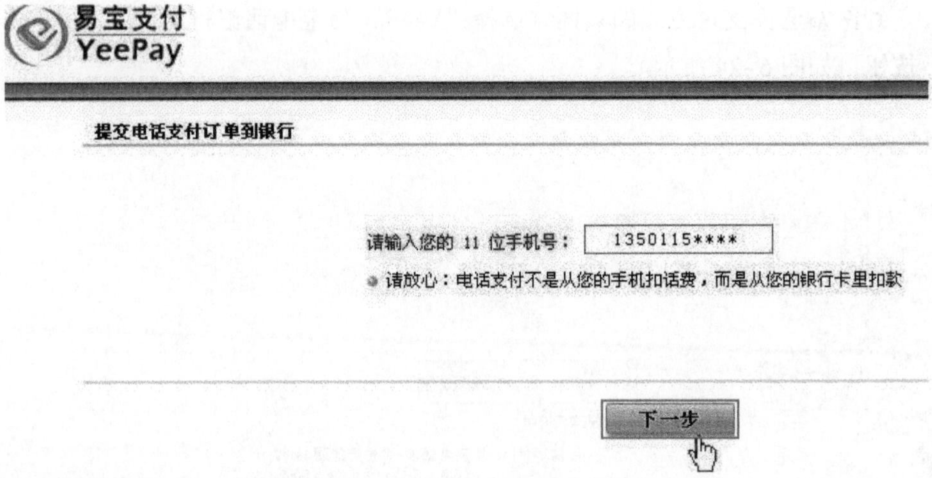

提交电话支付订单到银行

请输入您的 11 位手机号： 1350115****

◉ 请放心：电话支付不是从您的手机扣话费，而是从您的银行卡里扣款

下一步

图 6-26　输入手机号页面

（6）电话支付订单提交成功，按提示拨打电话银行完成支付，如图 6-27 所示。

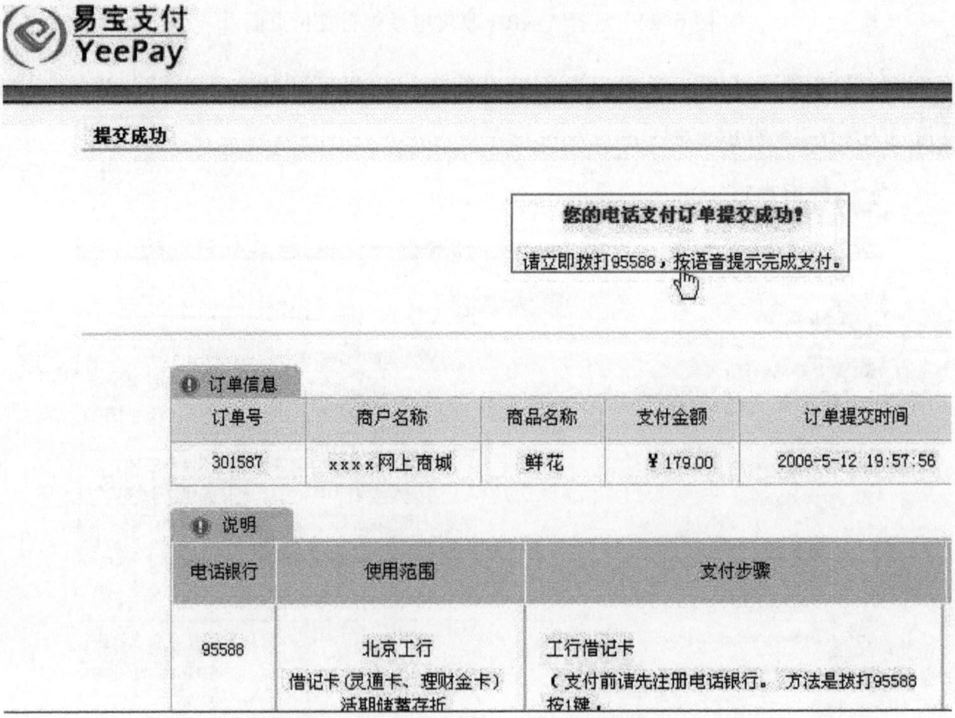

提交成功

您的电话支付订单提交成功！
请立即拨打95588，按语音提示完成支付。

ⓘ 订单信息

订单号	商户名称	商品名称	支付金额	订单提交时间
301587	××××网上商城	鲜花	￥179.00	2006-5-12 19:57:56

ⓘ 说明

电话银行	使用范围	支付步骤
95588	北京工行 借记卡（灵通卡、理财金卡） 活期储蓄存折	工行借记卡 （支付前请先注册电话银行。方法是拨打95588 按1键，

图 6-27　电话支付订单提交成功页面

2. 消费者拨打银行系统电话

消费者拨打银行系统电话（如中国工商银行 95588），按照自动语音提示输入银行卡号及密码完成支付，如图 6-28 所示。

图 6-28　消费者拨打银行系统电话，按语音提示完成支付

3. 商家确认收款（实时到款通知）后给用户提供服务或配送商品

在电话支付领域，易宝还是国内第一家，且得到了 IBM 的大力支持，又已经跟商业银行中的中国工商银行、招商银行、中国民生银行以及百度、搜狐、当当、国美等商家取得了较好的合作关系，易宝模式电话服务提供商已发展成为国内成熟的第三方网络支付服务商。在与商户合作方面，易宝模式不仅能够为 BtoC 网站提供较好的支付解决办法，也能与线下商户进行包括订购机票、话费充值、礼品鲜花订购等传统交易的合作。商户只需要接入互联网，签订合作协议即可，方式简单，前期投入较少。用户则可以实现完全的离线支付，在没有互联网的情况下仅通过电话语音服务也能实现多种远程交易。

因此，易宝模式较好地打通了商户、用户和银行之间的支付信任障碍，并起到了信用中介的关键作用，同时这种模式有利于进一步拓展商户、合作银行的范围。

易宝模式在不增加用户硬件投入的情况下，实现了完全离线的支付方式，并能够整合线上线下商户和众多电子银行，是目前较好的电话支付模式。另外，支付商进入门槛也较低。因此，该模式将进一步被更多第三方支付商复制，而逐渐成为电话支付的主流方式。

五、电话支付的发展现状与发展趋势

电话支付的用户群体优势，推动了电话支付的飞速发展，对于用户来说，特别是对于中老年用户，电话支付便捷的操作方法更易于接受，电话支付作为电子商务支付方式仍易于接受和普及，其已成为网上支付的有效补充。

电话支付指的就是通过固定电话或手机拨打声讯号码，通过语音或输入号码指令来代替现金支付的一种支付方式。电话支付的最大价值在于其最终用户的真实性，而这种点对点交易的真实性和可追溯性，对于金融类应用来说非常重要。特别是使用固定电话支付的过程，可以证明卡在现场、用户在现场，并进行完整的交易认定。而这一点是移动支付和互联网支付所不具备的。

当前，一些第三方支付企业在机票行业推出了电话支付，因为机票属于较大额度的消费，而且消费群体的整体素质较高，信用卡拥有率高，通过电话进行信用卡支付，取得了不错的效果。这种支付手段广泛应用于机票行业，和机票是实名制购买、他人难以盗用有重要关系。虽然在机票销售领域已经成功地使用了电话支付，但这种支付方式用适用领域仍较狭窄。如何把电话支付同电子支付结合起来仍然是目前电话领域探索的关键问题。当前，已经有一些企业推出了相关的电话支付产品，把电话与银行卡绑定消费的方式也早已推出。用户在拨打销售热线、咨询完毕、确定购买时，可以通过电话快速完成付款，用户所做的是回复支付确认信息。易宝、支付宝推出了语音支付，就是把用户的支付账户与电话绑定，用户在订购产品结束后，会接到 BtoC 企业的回访电话，在电话中要求其确认支付，即可完成交易。但显然，这些方案或多或少存在不方便的地方，难以吸引更多 BtoC 企业加入。其最主要的问题在于尽管一些支付解决方案能够改进用户的支付手段，但并不是足够方便。况且，电话支付往往增加了企业或者消费者的成本，在当前电子商务企业以低价为最重要的吸引用户的宗旨面前，任何增加成本的方法都是行不通的。

另外，电话 POS 机终端也已出现，用户可以通过电话 POS 机终端进行刷卡，这种"刷卡电话机"是基于固定电话网络上的专用安全支付平台，具有极强的安全性和保密性。通过"一机一密＋双重密钥"形成可靠的保密机制，加上实名制交易控制与严格的交易风险管理，它的安全性更加有保证。但这种方式需要用户身边有电话 POS 机终端；如果支付企业的电话 POS 机终端推广不够理想，就难以实现支付。

对于固定电话网运营商来说，开展固定电话支付业务，可以发挥固定电话网的信用优势，提升传统网络的附加价值，占领宝贵的客户资源，提高固定电话网黏度，保持固话存量；可以拓展金融类行业、中小企业等应用，促进企业转型。最重要的是，还可以通过创新的商业赢利模式，增加非话音业务收入。固定电话支付作为固定电话网运营商发展综合信息服务的新支点，将大大加快其转型步伐。

为不断提升客户服务水平，近年来银行也积极推进电话银行技术研发、系统建设与服务创新，建设具有国际先进水平的电话银行服务系统。

2012 年 10 月，中国工商银行率先启用智能语音识别电话银行服务，采用业界领先的语音识别技术，对客户语音进行自动识别和智能判断，准确定位到客户需要办理的业务，创造了自由开放、自然语言交互式的服务体验。同时持续优化自助服务与人工服务，推进交互语音应答菜单与功能优化，降低客户重复致电率，进一步简化交易流程，持续推动知识库、质量管理等系统优化，全面提升电子银行运营管理的规范化、系统化与信息化水平。

中国工商银行电话银行通过先进的智能交互式语音应答功能和集约化的 95588 座席，为客户提供账户查询、转账汇款、投资理财、缴费支付、信用卡服务、人工咨询等金融服务。

中国工商银行 95588 电话银行不仅业务种类丰富，功能强大，而且具有鲜明的时代特征和超群的科技优势。①使用简单，操作便利：中国工商银行电话银行将自动语音服务与人工接听服务有机结合在一起，用户只需通过电话按键操作，就可享受自助语音服务和温馨人工服务的完美统一。中国工商银行电话银行还提供电话银行快拨功能，即用户在拨打 95588 后，可直接输入快拨码快速进入指定功能。②手续简便，功能强大：中国工商银行电话银行申办方便，用户只需携带本人有效证件及中国工商银行存折或银行卡到网点就可办理开户申请手续，享受账户管理的方便和投资理财的高效。③成本低廉，安全可靠：中国工商银行电话银行可以办理柜面及网上大部分业务，既节省时间，又降低成本。同时，中国工商银行采用先进的计算机电话集成技术，让用户用得安心，用得放心。④号码统一：中国工商银行电话银行服务热线为 95588。中国工商银行电话银行具体操作方法如图 6-29 所示。

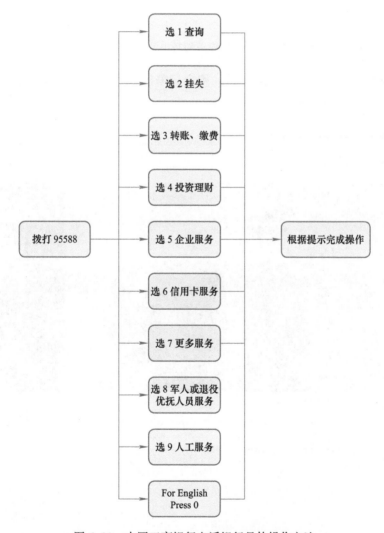

图 6-29　中国工商银行电话银行具体操作方法

中国农业银行也开展电话银行业务服务，如图 6-30 所示。

图 6-30　中国农业银行电话银行业务

　　汇付天下使用固话或手机完成支付，用户只需拨打一通电话，即可对所选商品或服务进行下单并支付，网站首页如图 6-31 所示。

图 6-31　汇付天下网站首页

首先，用户拨打商户电话并确认订单，用户输入卡号信息，即可完成支付。电话支付帮助企业把呼叫中心变成利润中心，开拓企业收款新途径。同时为客户提供更加便捷的支付体验，随时付款，随地付款。

固定电话支付系统的问题主要表现在功能问题和应用安全方面。例如：部分功能缺失，如缺少查询功能等；系统交互过程中缺乏应有提示；支付系统在风险管控策略上的实现不足，如不能对规定的风险交易进行阻断或者采取相关的风控措施、风险报表功能不足等；商户平台管理存在漏洞，如商户平台正常退出后，访问 URL 仍可登录操作，口令长度和复杂度缺乏要求，未使用数字证书等；应用系统缺少相应的认证机制，如缺少第三方认证机制，缺少公钥和证书机制。

无论是汇付天下的电话支付、刷卡电话机支付，还是中国工商银行、招商银行的电话银行支付服务，目前都得到了市场的高度认可，当然，任何产品都需要一个发展、完善、普及的过程，电话支付服务商也正不断开发出更简单、易用的产品和功能，以更好地促进电话支付成为网上支付的有效补充。可以预见，随着电子商务的日益普及和壮大，电话支付将成为电子商务的一个非常重要的基础设施，成为用户、银行、银联、运营商都乐于看见的一种便利的支付方式；同时，它也为运营商开展增值业务提供了新的支付渠道。电话支付与网上支付、手机支付形成互补，必将获得巨大的发展空间。但目前的电话支付服务内容还非常有限，产业链也不够完善。总之，"银联卡＋电话"的电话支付模式已经打开了家庭信息化的大门，固网运营商、银行要优化业务结构，做好综合信息服务功课已经迫在眉睫。

单 元 小 结

本单元介绍了电话支付的特点，电子商务中电话支付模式及电话支付的发展现状与发展趋势，通过对本单元的学习，大家对电子商务中的电话支付模式与支付流程等有了一个全面的认识。

课堂训练与测评

（1）简述各种电话支付模式的流程及区别。

（2）注册电话支付账号，尝试使用电话支付完成一次网上交易。

知 识 拓 展

登录中国农业银行或中国工商银行官方网站的电话银行版块，了解电话银行业务、开通指南、服务功能与安全使用方法。

移 动 支 付

🔗 实训目的

1. 熟悉移动支付的原理。

2. 掌握移动支付业务流程、使用方法、业务的服务内容以及安全机制。

3. 学会使用支付宝 App、微信支付、和包支付等移动支付工具进行移动支付。

🔗 实训形式

校内实训

🔗 实训安排

实训地点：实训室

实训课时：2 课时

🔗 实训条件

具备网络条件的校内实训室。

🔗 实训内容

1. 移动支付系统调研与实践。

2. 移动支付应用体验。

🔗 实训步骤

1. 移动支付系统调研与实践

登录以下移动支付网站或 App，了解其移动支付流程、使用方法、业务服务内容以及安全机制，并选择其中三种移动支付系统，填写调研表格（见表 6-1）。

支付宝 App

微信支付

中国建设银行手机银行

拉卡拉移动支付

和包支付

云闪付

表 6-1　调研表格

调 研 内 容	移动支付系统					
	支	✓	C	拉卡拉	📱	云闪付
业务功能						
安全措施						
应用的网站实例						

2. 移动支付应用体验

选择以上一种移动支付工具，注册移动支付账号，尝试使用移动支付完成一次网上交易或转账。

⚙ 实训考核

1. 实训结束后要求每位同学完成并上交实训报告。

2. 实训指导老师将实训报告、实训态度及实训操作的表现结合起来，对学生本次实训环节给予考评。要求学生掌握对移动支付的操作，并且流程正确。

实战训练项目 2

虚拟货币支付

⚙ 实训目的

1. 熟悉虚拟货币的原理。

2. 掌握虚拟货币的使用方法与支付流程。

3. 调研并收集使用虚拟货币的电子商务网站。

⚙ 实训形式

校内实训

⚙ 实训安排

实训地点：实训室

实训课时：2 课时

⚙ 实训条件

具备网络条件的校内实训室

⚙ 实训内容

1. 虚拟货币调研与实践。

2. 虚拟货币支付应用体验。

⚙ 实训步骤

1. 虚拟货币调研与实践

了解 Q 点 /Q 币、酷币、米币的使用方法，这三种虚拟货币的充值页面分别如图 6-32、图 6-33、图 6-34 所示。

图 6-32　Q 点 /Q 币充值页面

图 6-33　酷币充值页面

充值中心

| 首页 | **米币充值** | 游戏包月 | 游戏币兑换 | 帮助 | 炫酷米米卡 |

微信支付　　　你正在使用 微信支付 充值 米币　　　　　　　🏅 米币余额查询　💬 充值问题反馈

🛡 支付宝

米 米米卡

QQ钱包

充值的米米号：［　　　　　　　　　　］

确认米米号：［　　　　　　　　　　］

充值的米币数：

10米币	15米币	20米币	30米币
50米币	100米币	120米币	200米币
300米币	500米币	其他	米币

付款金额：　**50**元 (1人民币等于1米币)

确定充值

图 6-34　米币充值页面

2. 虚拟货币支付应用体验

选择以上一种虚拟货币，注册账号，并尝试使用虚拟货币完成一次网上交易或转账。

⚓ 实训考核

1. 实训结束后要求每位同学完成并上交实训报告。

2. 实训指导老师将实训报告、实训态度及实训操作的表现结合起来，对学生本次实训环节给予考评。要求学生掌握对虚拟货币支付的操作，并且流程正确。

电 话 支 付

⚓ 实训目的

1. 熟悉电话支付的原理。

2. 掌握电话业务支付业务流程、业务的服务内容以及安全机制。

⚓ 实训形式

校内实训

⚓ 实训安排

实训地点：实训室

实训课时：2 课时

实训条件

具备网络条件的校内实训室

实训内容

1．电话支付系统调研与实践。

2．电话支付系统应用体验。

实训步骤

1．电话支付系统调研与实践

登录以下电话支付网站，了解其电话支付流程、使用方法、业务的服务内容以及安全机制，并选择其中三种电话支付系统，填写调研表格（见表 6-2）。

汇付天下

电话钱包

中国工商银行电话银行

中国农业银行电话银行

中国建设银行电话银行

表 6-2　调研表格

调 研 内 容	电话支付系统		
	汇付天下	电话钱包	某银行电话银行
业务功能			
安全措施			
应用的网站实例			

2．电话支付应用体验

选择以上一种电话支付工具，注册电话支付账号，尝试使用电话支付完成一次网上交易或转账。

实训考核

1．实训结束后要求每位同学完成并上交实训报告。

2．实训指导老师将实训报告、实训态度及实训操作的表现结合起来，对学生本次实训环节给予考评。要求学生掌握对电话支付的操作，并且流程正确。

Module 7

模块七

网 上 金 融

随着 Internet 的迅猛发展，网上金融服务已在世界范围内广泛开展。网上金融服务可满足人们的各种需要，包括网上消费、网上银行、个人理财、网上投资交易、网上炒股、网上保险等。这些金融服务的特点是通过电子货币进行即时的网上支付与结算，并且随着电子商务的发展，将会有更多的网上金融业务出现。本模块以证券业和保险业为对象，系统地介绍了网上证券交易的含义、比较优势、交易模式、操作流程以及发展现状与发展趋势等内容；介绍了网上保险的含义、比较优势、经营模式、主要内容、操作流程、发展现状与发展趋势。

应知目标

◎ 了解网上证券交易与网上保险的含义。

◎ 了解网上证券、网上保险的交易、经营模式。

◎ 熟悉网上保险业务功能。

◎ 了解网上证券交易与网上保险的发展现状与发展趋势。

应会目标

◎ 能够完成网上证券交易申请及相关业务功能的操作。

◎ 能够完成网上保险的申请及相关业务功能的操作。

单元一　网上证券交易

情境导入

作为社会经济发展的"晴雨表"和资本市场的"起搏器"，证券业在为网络经济发展输血加油的同时，其自身也渐渐脱离原有的业务形式，成为网络信息技术实践的急先锋。20世纪90年代，一种被称为"网上证券"的新兴证券交易模式开始兴起，这种新型的交易模式打破了时空限制，降低了券商的经营成本，减少了交易环节，提高了交易效率，加快了证券市场信息流动速度，提高了资源配置效率，优势十分明显。正是看到了网上证券的诸多优势，全球的许多证券机构，尤其是发达国家的证券机构纷纷推出网上证券业务，并取得了良好的业绩。在我国，这种新型的交易模式也逐渐为国内证券机构和广大股民所接受，并且网上证券用户在证券交易总体用户中的比重越来越大。网上证券交易的发展已是全球证券经纪业务发展的一大趋势。那么，网上证券的交易模式有哪些？网上证券的交易流程如何实现？本单元我们将学习网上证券的相关知识与操作方法。

随着互联网技术的发展，网上证券交易取得了快速的发展，成为券商经纪业务发展的热点，也已经成为我国最有发展前景的电子商务领域。本单元将对网上证券的一些基本知识进行详细介绍，以便为读者进行网上证券相关业务功能的熟练操作打下坚实的基础。

一、网上证券交易的基本知识

1. 证券的含义

证券一般是指有价证券，是载有一定金额、代表财产所有权或债权的一种凭证，一般分为商品证券、货币证券和资本证券。常见的商品证券有提货单、运货单等；支票、汇票等代表货币所有权的被称为货币证券；而资本证券则是证明证券持有者已投资的数额，并有权据此获得收益的所有权和债权的证书。证券从大类别来说，可以分为股票、债券、期货等。

2. 网上证券交易的含义

网上证券交易就是应用信息技术和网络技术对证券公司传统业务体系中的各类资源及业务运作流程进行重组，使用户和工作人员通过Intranet和Internet就可查询上市公司的历史资料及相关券商的分析资料；还可查询交易所公告，进行资金划拨、网上实时委托下单、电子邮件委托下单；通过网上查询交易结果实现网上核账等业务；同时可以进行网上交易，交易的品种包括股票、债券、基金以及指数的期权等金融产品。

网上证券交易建立于证券市场网络化的基础之上，作为一种交易方式，网上证券交易将使原来集中、固定的信息获取方式被开放灵活的信息获取方式所取代，使证券交易从营业部走向家庭。网上证券交易的资金支付，离不开银行后台的支持，通常需要通过银证转账系统来具体实施。银证转账系统是运用计算机技术、语音处理技术、电话信号数字化技术和通信网络等手段，为客户提供的多通道的银行账户和证券保证金账户之间资金互转的系统。

3. 网上证券交易的优势比较

网上证券交易之所以得到发展，根本原因是网上证券交易能够给券商和投资者双方带来显著的利益。

（1）对券商而言网上证券交易的优势表现。

1）有助于券商扩张市场，突破现有的地域限制。在互联网上，传统地理上的边界与距离的概念基本消失，给券商带来了突破地域、时空的限制，达到扩张市场、拓展经纪业务目的的最佳手段；通过网上证券交易，券商可以进入其他券商占有的市场进行竞争，还可以把市场拓展到证券业务发展速度较慢的市场，如农村乡镇等。

2）有助于券商削减成本。网上证券交易由于不需要修建昂贵的营业厅，可以减少对固定资产的投资；网上证券交易把部分业务转移到网上进行，也可以减轻营业部的工作负荷，从而减少营业部的人力投资。

（2）对投资者而言网上证券交易优势的表现。

1）信息灵通。互联网提供了最有效的信息传播途径，投资者可以轻松获得自己关心的股票行情、企业基本情况、盘面走势等诸多实用、实时信息，进而以最便捷的方式参与交易。

2）全天候服务。网上证券24小时全天候的服务是传统证券所不能提供的。在国际证券交易中，还可以克服由时差带来的交易障碍。

3）没有地域限制。网上证券交易突破了地域限制，农村乡镇的居民也可以通过网络进行交易，和大城市的投资者同步了解各种信息、新闻；普通股票投资者在全球任何一个国家只要能上网，就可以参与股市的交易。

4）低成本。网上委托相对传统的电话查询、委托，可以节省大量交易成本，特别是对远离营业厅的农村乡镇的股民来说，更是如此。

5）得到更好的服务。网上证券交易使得普通散户也可以方便地进行信息检索，享受功能强大的信息咨询服务，查阅丰富的金融信息，掌握全面的背景资料，享受到过去只有大户才能享受的服务。

网上交易与传统交易方式最大的区别就是：投资者发出的交易指令在到达证券营业部之前是通过公共网络即互联网传的。这种交易方式相对于传统交易方式有诸多好处，例如：无时空限制，可以减少投资者进行证券交易的中间环节，从而使交易更加方便快捷地进行；同时也能降低证券交易的成本，加速资金的利用和信息的传递。网上证券交易顺应了知识经济的发展趋势，具有传统方式所不可比拟的优越性，代表了证券业的发展方向。随着越来越多的家庭拥有计算机及上网越来越普及，在家利用互联网进行证券交易，成为越来越多的投资者的选择。而在交易方式上，网上交易与传统交易方式相比有许多不同之处。

二、我国网上证券交易的模式

我国从 1996 年开始出现网上交易以来，经历了观望、开发、试用和发展阶段，尤其是 21 世纪初期网络的普及和相关条例的颁布，使网上交易资格和运作方式得以明确下来，我国网上证券交易才开始迅速发展。我国网上证券交易模式可以分为四大类。

1. 通过 IT 公司网站或者财经网站提供服务的交易模式

IT 公司包括网上服务公司、资讯公司和软件系统开发商等，它们负责开设网站，为客户提供资讯服务，券商则在后台为客户提供网上证券交易服务。这种模式开始于 1997 年，这个时期的网上证券交易以营业部为中心，以 IT 厂商软件产品开发为依托，是一种初级网上交易方式，虽然提供实时行情、委托交易等服务，但只是作为一种新渠道的开发，所以很少有增值服务。

这种模式利用现有的浏览器 / 服务器（Browser/Server）的 SSL 平台，交易数据在券商内部传输，安全性好，并且无须下载软件，便可实现网上委托交易、行情服务、信息查询等功能，快捷便利。

2. 券商自建网站提供服务的模式

这是一种券商占网上证券交易主导地位的模式。券商建立自己的网站，并在此基础上创建网上证券交易系统，通过与互联网的链接，券商在网站上开发出网上模拟操作、国内外宏观信息报道、证券分析等各种特色化功能，并为客户提供个性化的服务；客户可以通过券商网站上的网上证券交易系统直接进行下单、委托交易、行情查询分析等相关活动。

这种模式下券商拥有自己的网站，并开发自己网站的网上交易系统；券商提供个性化服务，注重投资者不同的服务需求；券商提供自己机构的研究成果，增值服务能力有所提高。

3. 券商与银行合作的模式

券商与银行之间建立专线，在银行设立转账服务器，可用于网上证券交易资金查询，资金账户与储蓄账户合二为一，实现银行账户与证券保证金之间的及时划转。采用这种方式，投资者只要持有关证件到银行就可办理开户手续，通过银行柜台、电话银行、网络银行等方式进行交易。

4. 银行 + 券商 + 证券网合作模式

这种模式使投资者一次交易由三方合作完成，银行负责与资金相关的事务，券商负责证券网上委托交易、信息服务等有关事务，证券网负责信息传递和交易服务等事务。这种模式下形成了三个独立系统：资金系统，资金在银行系统流动；股票系统，股票在券商那里流动；信息系统，信息在网站上流动。这种模式不仅提高了效率，降低了成本，而且可以最大限度地满足证券交易对安全性的要求。

三、网上证券交易的程序

相对于传统交易方式，网上交易具有成本低廉、突破地域限制、信息广泛、快捷等诸多好处。而在交易方式上，与传统交易方式相比，网上证券交易有许多不同之处。网上证券投资的交易过程一般主要包括开户、下单委托、清算交割，具体流程如下：

1. 开户

证券交易开户方式包括营业部开户、网上自助开户、手机开户、电话预约等。本部分着重介绍网上自助开户流程。

采用网上自助开户方式，客户（目前仅自然人）不需要再到营业部现场，通过互联网即可向证券公司申请办理开立证券账户、资金账户，以及开通第三方存管等业务。客户需事先准备好本人身份证、手机和银行借记卡，通过身份验证、开通账户、签署协议、回访问卷等步骤，即可在线开立账户，开户成功后客户即可使用账户进行交易。

2. 下单委托

我国证券市场上股票委托的方式很多，可以通过柜台委托、电话委托、磁卡（自助）委托、网上委托等，网上委托是最具发展潜力的方式。我国证券公司的网上交易操作流程是：首先要登录互联网，然后双击桌面上的网上交易系统图标，弹出对话框，单击"确定"进入系统。交易过程的重要部分说明如下：

（1）查看个股行情。可直接输入证券代码，通常网上报价是实时报价，但有时因为网络拥挤，数据不能及时更新会产生时滞，屏幕显示为历史报价。投资者在看报价时应当确认报价时间，否则会带来投资风险。

（2）下单操作。单击"系统工具"中的"下单"，弹出对话框，输入资金账号、交易密码以及登录密码，单击"确定"。买入操作，在输入证券代码后，把价格输入"委托价格"项，并填入委托数量，单击"确定"。出现确定对话框，单击"是"，则委托买入，如果正确将返回一个合同编号。卖出操作，在输入证券代码或双击出现的股票余额中的股票后，把价格填入"委托价格"，并填入委托数量，单击"确定"，出现确认对话框，单击"是"，卖出委托，返回合同编号。

（3）撤单操作。选择已申报的委托，双击则决定是否进行撤单，若撤单成功则返回"撤单成功"信息。注意：投资者撤单时，必须确定原先发出的委托尚未执行。交易确认的传送有时会出现延误，以致出现委托无法撤回现象。遇到上述情况时，投资者应向证券公司查询，切勿盲目发出指令。

3．清算交割

委托执行后，证券公司会把最新情况传送给客户，可及时查询自己的交割单和对账单。款项的收付在证券的交易过程中逐笔结算，从网上资金账户中直接转账。

四、网上证券交易操作实例

华泰证券是一家在上海、香港、伦敦三地上市的中国金融机构，以金融科技引领业务创新，为投资者提供专业、多元的金融服务，包括财富管理、机构服务、投资管理和国际业务。

（1）在浏览器地址栏中输入"http://htsc.com.cn"，登录华泰证券网站，单击在线服务—下载中心，如图 7-1 所示，即可进入软件下载页面。

图 7-1　华泰证券下载中心

可以选择手机客户端下载或电脑客户端下载，如图 7-2 所示。

图 7-2　手机客户端下载或电脑客户端下载

（2）单击手机客户端下载，有两种下载方式可供选择，分别是扫描二维码下载和输入手机号免费获取短信下载。下载完成后，即可打开手机客户端，首页如图 7-3 所示，并可浏览行情，如图 7-4 所示。

图 7-3 手机客户端首页

图 7-4 手机客户端行情页面

（3）点击"我的"，即可进入交易登录页面，如图 7-5 所示。登录后即可完成买入、卖出交易，买入交易页面如图 7-6 所示。

图 7-5 交易登录页面

图 7-6 买入交易页面

五、网上证券交易的发展现状与存在的问题

网上证券交易是建立在计算机和网络技术基础上的业务手段创新，既可以把它看成是对证券市场传统业务方式的延伸，也可以说是对传统业务方式的变革。从具体过程看，网上证券交易就是将数字化手段渗透到证券活动的各个环节，如信息采集、加工处理、信息发布、信息检索、交易、货币支付、清算、交割等一系列过程。

1. 网上证券交易的发展现状

近年来，受益于证券市场总体规模增长、移动端技术进步，以及新生代投资者对线上渠道的偏好，全球主要证券市场线上交易额快速增长。智研咨询发布的《2020—2026年中国证券投资行业市场深度评估及投资决策建议分析报告》显示：2012年到2018年，全球线上证券市场交易额从12.3万亿美元提升至37.7万亿美元，年均复合增长率为20.6%。

美国证券市场发展较为成熟，且以机构投资者为主，线上交易规模增速相对缓慢。2018年美国证券市场线上交易额为11.6万亿美元。

我国网上证券交易起步晚于美国，而且主要是由IT技术厂商和中小型券商的营业部推动发展的。网上交易可以降低券商的成本、突破地域和时间的限制，在全国甚至全球拓展客户，但投资者从一开始并不像券商那样积极投入。1997年中国华融信托投资公司湛江营业部推出"视聆通"多媒体公众信息网上交易系统，标志着我国网上证券交易的开始。我国网上证券交易经过了以下几个发展阶段：

（1）起步阶段（1996～1997年）。部分证券公司与IT公司开始最基本的合作，因为网络基础设施不完善，导致了只有极少数券商为极少数客户提供网上交易服务，这个时期的网上交易系统一般只能提供简单的行情浏览和股票交易等服务。

（2）初步发展阶段（1998～2000年）。网上证券交易开始注重交易数据的安全性，并采用PKI、X.509等标准电子商务安全体系，部分证券公司已采用数字证书进行身份认证，安全技术的发展为网上证券交易提供了安全保障。1999年年底，国内有25万证券投资者使用互联网交易，网上交易额占总交易额的1%；2000年4月，证监会《网上证券委托暂行管理办法》的发行，对网上证券交易做出政策规范。

（3）快速发展阶段（2001～2008年）。2001年开始，我国网上证券交易进入快速增长时期，网上证券交易占沪深两市总成交量的比重在逐年增长。2001年，已有200多家证券经营机构实验性地开展了网上委托业务，网上开户数达到40万；2001年，证监会正式批准首批23家证券公司开展网上证券交易；2002年4月，证监会联合国家计委和国家税务局制定颁布了《关于调整证券交易佣金收取标准的通知》，进一步促进了网上证券交易的发展；2003年，已有73家证券公司获得网上证券交易资格。

（4）调整阶段（2009～2017年）。2008年金融危机使全球经济不景气，我国股票指数大幅下跌，在国家经济发展模式由粗放型向集约型转变的背景下，网上证券交易也

面临结构性的调整。2013～2014年多部门出台政策支持互联网证券业务开展，多家传统券商相继获互联网证券业务试点资格。2017年，中国证券登记结算有限责任公司取消"一人一户"限制。

（5）成熟阶段（2018年至今）。传统券商的互联网化程度提升，聚焦垂直细分领域的新兴互联网券商蓬勃发展，2019年老虎证券、富途证券成功在境外上市。

近年我国证券行业线上化程度持续上升，在线券商经纪服务逐渐成为金融服务业务的重要组成部分，互联网证券行业快速发展。iiMedia Research（艾媒咨询）数据显示，2019年我国证券类App用户规模达到1.11亿人，2020年增至1.29亿人。

我国互联网证券行业中主要包括三类竞争者：以线下业务为基础并引入线上平台的传统券商，特点是发展历史较长、处于稳定增长期、立足于A股市场，以华泰证券为代表；单纯发展线上业务的纯互联网券商，特点是发展历史较短、速度较快、多立足于美股市场和港股市场，以老虎证券及富途证券为典型代表；发展了证券业务的互联网企业，特点是以互联网平台为基础、提供一站式服务，以东方财富为代表。

随着网上证券用户数和网上证券交易量的不断增长，网上证券交易从最初"搭平台"的热潮向更高的服务层次转化，个性化服务的理念和移动证券迅速普及。

2. 我国网上证券交易存在的问题

国内的投资者正在接受网络交易这种便捷、高效的交易方式，但就总体而言，我国的网上证券交易仍然处于较低的阶段，主要存在以下问题：

（1）安全问题。安全性是网上证券交易中最受关注的问题，网上证券交易的安全是赢得客户信赖的基石。网上证券交易所涉及的大量信息和数据都是以电子的形式在Internet上传输的，因此在网上证券应用中不可避免地存在着由Internet的自由、开放所带来的信息安全隐患。通过Internet进行网上证券交易，交易的参与者几乎可以不受时间、空间的限制，而且网上证券交易的参与者可以匿名。因此，会发生交易者否认参与已发生的交易、身份鉴别、个人资料的保密等问题。此外，证券公司的服务器也可能会遭到非法侵入、窃取投资者信息、篡改交易信息、恶意攻击、出现服务器故障，给投资者造成经济损失。如何确保交易者信息的安全性、保密性和交易行为的不可否认性，在网上证券交易方式下显得相当重要。国际上保护信息安全采取的方式较多，有防火墙、加密和生物技术等手段，主要采用数字签名技术来实现对交易者信息的保密性和不可否认性，也就是通过建立认证中心进行网上数字化的签名来取代书面签名，以此来确保网上证券交易的保密性及不可否认性。为了规范我国的网上证券业务，防范网上证券交易安全风险，我国证券行业的权威管理机构中国证监会颁布了《网上证券委托暂行管理办法》，该办法明确规定："在互联网上传输的过程中，必须对网上委托的客户信息、交易指令及其他敏感信息进行可靠的加密。""证券公司应采用可靠的技术或管理措施，正确识别网上投资者的身份，防止仿冒客户身份或证券公司身份；必须有防止事后否认的技术或措施。"

（2）法律问题。网上证券作为证券市场全球化的重要推动力和主要体现方式，客观上要求要有适应该交易方式的法律和全球化的监管。而我国网上证券交易的立法显得相对滞后。在一些业务领域立法还是空白状态，增加了证券公司经营的不确定性。例如，对消费者权益的保护规则是否可适用于网上交易的投资者、网上交易协议的法律效应、信息披露和用户信息隐私的保护等，这些都需要由相关法律法规进行明确，以此减少纠纷的产生，公平投资者和证券公司的责任承担。此外，在网上证券交易中，如何制定调整参与电子合同各方之间的法律关系，如何规范数字签名行为，都需要制定相应的法律法规加以确认。合同签订地和合同履行地往往是管辖权确定的基础，网上证券交易是通过缔结电子合同来达成的，合同签订地和履行地都有别于传统的含义。而且，交易者来自世界各地，如何确定合同签订地和合同履行地，以便确定管辖权也对现有的法律提出了挑战。恰当地解决法律问题已成为发展网络证券必需的重要环节之一。

（3）监管问题。证券市场向国际资本开放，是我国经济发展的客观要求，也是我国金融业走向世界的必然选择，而网络证券正提供了这样一个全球化的市场平台。为此我国的证券业要根据这一发展趋势进行改革，提高自己的竞争能力，这对我国的监管部门提出了新的要求。此外，在网上证券交易带来方便、快捷、成本低等种种便利的同时，也极大地增加了交易的风险，这也要求我国的监管部门不仅要加强本国的监管，而且要根据网上证券交易的特点加强与世界各国监管部门的合作，尽可能采取各种措施来防止风险的发生。

（4）网上证券交易服务个性化程度低。我国的网上证券交易在提供个性化的网站信息服务等方面还明显落后于发达国家。国内网上交易只是开辟了一个交易手段，一些软件在设计方面也没有加强客户服务功能，其服务方式也没有多大优势。例如，有些网上交易仅提供证券交易的实时行情分析、实时个股表现，但缺乏个性化服务，诸如实时个股评论、实时个股咨询、实时大盘研判等内容，同时也没有提供互动性服务。

完全的网上经纪业务，应具有多元化和多功能；有个性化服务，即对不同偏好和需求的客户有不同的策略和定位；要有较高的服务质量，即较高的安全性、稳定性、信息资料的丰富性和咨询服务的及时性；同时应当引入保险机制，开发对应的险种，消除投资者对网上交易安全性的担心；推动银证合作来完成全方位的资金清算、划转等金融业务和网上开户等服务。由于绝大多数国内证券网站都能够提供丰富、全面、及时的证券信息，因此券商在这个方面下功夫的意义已经不大。而相比之下，个性化服务虽还处于初级阶段，但个性化服务将是网上交易的主要发展方向。通过提供个性化服务，不仅可以吸引大量的投资者，还能够使券商在未来实施自由佣金制度时能够迅速完成转型，及时提供多种服务——收费组合而抢占市场。此外，券商还需要通过建立创新机制来实现公司业务的持续增长。由于网上交易的创新大多数是非技术性的，而创新一旦不具有技术上的垄断性，极易被模仿与改进。只有不断创新，才能够在竞争环境下保持公司的竞争优势。这就要求证券公司必须建立一套能够不断实现金融服务创新的机制，甚至有必要为此成立专门的机构进行负责。建立一整套这样的服务体系，需要经历一个艰难的发展过程。

六、网上证券交易的发展趋势

1. 集中式网上交易成为一种发展趋势

我国证券行业正在向集中交易、集中清算、集中管理以及规模化和集团化的经营方式转换。网上交易采用这一经营模式，更有利于整合券商的资源，实现资源共享，节约交易成本与管理费用，增强监管和风险控制能力。可见，集中式网上交易模式符合未来券商经营模式的发展方向。

2. 有形营业部与虚拟证券部网上网下融合的服务模式

机构投资的发展和个人投资者知识水平提高使得网上证券交易变得更加成熟理性，对证券交易的差异化要求也变得越高，越来越偏向对信息质量和增值服务的高要求。一方面，券商将有形营业部与虚拟证券部整合混合运营，可以充分利用公司研究资源和人力资源；另一方面通过网上网下资源的融合，网上资源的运用可以提供全方位、个性化信息服务，直面的服务可以增加信任感、真实感；我国目前处于缺乏信用机制的时代，网上网下的结合既符合网络经济的潮流，又照顾了现实利益的需要。

3. 网上证券交易实现方式趋向于多元化

据资料显示，我国家庭拥有计算机、电视机和手机的比例不断升高，突破"Web＋PC"的网上交易模式，使投资者可以借助计算机、手机、机顶盒、手提式电子设备等多种信息终端进行网上证券交易，通过各种终端上的专业炒股软件，不仅能让广大证券投资者随时随地关注市场行情和相关资讯，而且还能给交易客户提供包括证券买卖、账户查询和银证转账等及时的理财服务。

4. 网上证券交易将以更快的速度向农村和偏远地区发展

网上交易的普及、交易网络的无限延伸，将使占中国85%以上的小城市和农村居民变成潜在的股民，使很多本来没有条件进行股票买卖的人拥有条件，加入股民的队伍中来。

5. 券商转换经营理念，以客户需要为中心，提供个性化的市场信息服务

互联网的出现使证券服务的方式和服务内容发生了重大变化。以高层次、智能化、个性化服务为特征的信息咨询服务已成为券商之间竞争的关键。跨越价格竞争阶段，提前进入网上服务和差别信息竞争，以客户需要为中心、提供个性化的市场信息服务是必然的选择。券商不仅要在信息咨询上可以向客户提供一对一的个性化服务，还要在理财

服务上为客户定做产品。例如，建立客户关系管理系统，积极拓展与客户的关系，强化全方位的理财服务。通过客户关系管理建立客户关系档案，只要客户一上网，经纪人就可以根据其家庭背景、投资历史品种、财力和投资偏好，为其量身定制一套投资计划或组合；依据网上交易特点对原有业务流程进行重新设计，如开拓客户应答中心、24小时全天候服务、实时大势分析；根据客户的不同层次，设计多元化的产品，提供个性化服务，满足不同客户的需要。

6. 引入保险机制，保障投资者切身利益

尽管券商的网上交易系统采用了多项安全措施，但投资者对网上交易仍然存有诸多担心。为此，我们应在依靠技术进步，不断强化安全保密手段，打击利用互联网进行证券犯罪的同时，与保险公司合作，开发对应的险种，为投资者投保，通过保险机制的配套工程来消除投资者的疑虑，树立投资者对网络安全的信心，建立保障投资者切实可行的运行机制。2017年6月26日，国内安全企业安恒信息与国内首家互联网保险公司众安保险在上海签订战略合作协议，宣布将共同致力于为政府、企事业单位等组织机构提供信息安全保障以及综合性的风险控制和风险转移的解决方案与手段，双方联合推出国内第一款网络信息安全综合保险。国外保险公司也早就意识到开拓网络安全保险市场的重要性，在一些发达国家和地区，包括互联网保险在内的高科技保险业务正成倍增长。英国和美国的一些保险公司已经推出了"黑客保险"业务，网上证券经纪商 ETrade 为每个交易账户提供高达1亿美元的保险，这项措施极大地增加了投资者通过 ETrade 网站进行网上交易的信心。

7. 新兴技术助力互联网证券行业发展，券商需加快建立核心优势

近年来，人工智能、大数据、云计算等新兴技术的发展都为互联网券商的转型变革提供了技术支撑。互联网券商应加快发展金融科技，进一步推进产品的研发创新，以在竞争日趋激烈的互联网证券市场中巩固自身优势。

8. 收入结构优化，向证券业务综合体发展

互联网券商虽然发展迅速，但业务总体体量仍然较少、业务结构较为单一。互联网券商突破体量瓶颈应加快转型，突破点在于业务延展，发展成为业务综合体。券商平台需通过优化业务结构，实现盈利模式多元化，并找准新的收入增长点，降低自身营收对佣金收入的高依赖性。

9. 树立企业品牌形象，积累用户口碑

投资者群体非常重视交易资金的安全性，因而部分用户更愿意信任资质和知名度更高的互联网券商平台。互联网证券行业中，传统券商依靠线下积累的知名度，更容易在线上化转型中获取用户。而纯互联网券商平台发展时间较短，品牌建设仍需要提高，未来该类企业更应提高品牌的知名度，同时优化用户的体验，增强用户信心，积累良好的

口碑，以进一步扩大用户群体，加强用户黏性。

随着我国网络信息技术的普及和在证券业的广泛运用，有关证券电子商务发展的法律法规的完善和各证券公司的大力推动及投资者的积极响应，我国证券电子商务发展具有很好的市场潜力和广阔前景。

单 元 小 结

网上证券交易是指证券市场的组成主体、发行主体、中介机构和投资主体及其他相关主体以互联网为手段进行的与证券交易相关的活动。这些活动通常包括证券的网上发行、证券信息发布和查询、网上理财经纪服务和网上委托交易等。随着更多的家庭拥有计算机并连通了互联网，在家利用互联网进行证券交易，成为越来越多的投资者的选择。通过对本单元的学习，大家对网上证券交易的含义、交易模式、交易流程以及国内外网上证券的发展现状等有了一个全面的认识。

课堂训练与测评

（1）简述网上证券交易的基本流程有哪些。
（2）分析我国网上证券交易存在的问题。

知 识 拓 展

登录中国证券业协会网站（https://www.sac.net.cn），查看证券公司集中交易安全管理技术指引。

单元二 网上保险服务

情境导入

坐在家里，通过互联网，直接购买意外险，不仅方便，还可以获得优惠价。长假来临前，保险公司备战节前市场，为投保者提供便利的购买渠道。现在越来越多的人喜欢在节假日或周末和家人、朋友短途旅行，由于节假日出行的人较多，交通拥堵，增加了意外伤害事故发生的概率。平安财险开通网上通保服务，消费者登录平安保险网上商城就可在网上直接投保交通工具意外伤害保险和旅行意外伤害保险。除了外出旅游前可以通过网络买一份旅游保险，私家车保险到期了，也可以通过网络续保。

一般保险公司在网上推出的产品，大多是比较简单的卡式保险，如一年期交通工具意外险、家庭财产保险、短期旅行保险等，这些产品对服务的需求相对较小。一般来说，网上销售成本较低，保险公司通常会定出较低的价格。以中国人民保险集团股份有限公司（以下简称"中国人保"）"航空意外伤害年度保险"为例，全年80万元的保障金额，以普通方式购买，保费是100元，如果在网上购买，则只要90元；再如车险，如果在网上向保险公司投保，保险公司通常会有10%～15%的折扣。这是因为，通过传统代理渠道每做一笔业务，保险公司都要给代理中介一笔不菲的手续费，而通过网上、电话投保等方式，则省去了这部分费用，因此保费相对会下降。

外贸公司通过人保财险的货运险电子商务系统投保货运险，不会受到时间的限制，一张保单的平均出单时间只要1～3分钟，节假日也能出单，其他网上保单一般也能在5分钟内搞定。按照传统的货运险业务模式，外贸企业备好繁多的报关单证以后，还需要等保险公司送保单或者企业自己派人上门拿保单。而通过网上投保、核保，自己打印保单，既可以降低企业的投保成本和劳动强度，也可以减少人为的差错。

另外，网上也有保险顾问，厦门天地安保险代理公司是一家专门做网上保险业务的公司，他们的工作人员叫作网上保险顾问，这是保险代理人的一种网上存在形式。这些保险顾问不会像一般保险营销员一样到客户家里或者约见地点谈保险，而是通过QQ、微博、微信等新兴的互联网媒体宣传保险产品、提供保险服务。网上保险顾问通过传递保险信息、协助企业来获得协保佣金。

通过电子商务购买简易的保险产品，投保费用低、平均出单时间快，既优惠又便捷，网上保险的经营模式如何？如何购买网上保险？本单元我们将对网上保险的相关知识与操作方法进行介绍。

近几年，在世界网上保险业务蓬勃发展的同时，我国的网上保险也正在兴起。本单元将介绍网上保险的基本知识、优势、经营模式、主要内容、操作流程以及网上保险的发展现状与发展趋势，为读者进行网上保险相关业务功能的熟练操作打下坚实的基础。

一、网上保险的基本知识

1. 保险的含义

保险（insurance）是以契约形式确立双方经济关系，以缴纳保险费建立起来的保险基金，对保险合同规定范围内的灾害事故所造成的损失，进行经济补偿或给付的一种经济形式，分为广义保险与狭义保险。

（1）广义保险。无论何种形式的保险，就其自然属性而言，都可以将其概括为：保险是集合具有同类风险的众多单位和个人，以合理计算风险分担金的形式，向少数因该风险事故发生而受到经济损失的成员提供保险经济保障的一种行为。

（2）狭义保险。通常我们所说的保险是狭义的保险，即商业保险。《中华人民共和国保险法》明确指出："本法所称保险，是指投保人根据合同约定，向保险人支付保险费，保险人对于合同约定的可能发生的事故因其发生所造成的财产损失承担赔偿保险金责任，或者当被保险人死亡、伤残、疾病或者达到合同约定的年龄、期限等条件时承担给付保险金责任的商业保险行为。"

投保人向保险人支付的费用被称为"保险费"。大量客户所缴纳的保险费一部分被用来建立保险基金以应付预期发生的赔款，另一部分被保险人用作营业费用支出。如果自始至终保险人所支出的赔款和费用小于保险费收入，那么差额就成为保险公司的利润。

2. 网上保险的含义

网络是信息时代高度发展的产物，它的应用已涉及社会各个领域。互联网不仅能够及时快速地提供大量信息来满足人们强烈的求知欲，而且能够为用户提供一个进行各种交流活动的自由场所。保险作为一个需要多种专业部门协同工作、通信时效要求比较高的行业，更应在现有的基础上加强网络建设。

网络应用于保险业，便赋予了保险新的形式，从而产生了网上保险。所谓网上保险，就是通过互联网进行网上保险经营活动，也称保险电子商务。从狭义上讲，网上保险是指客户通过互联网完成全部投保流程，包括咨询、报价、出单和付费等；从广义上讲，网上保险是指利用互联网等电子手段作为保险公司日常经营和管理的后台支持，从而达到降低成本和提升效率的经营方式总和。因此，网上保险是指保险企业采用网络来开展一切活动的经营方式，它包括在保户、政府及其他参与方之间通过电子工具来共享结构化和非结构化的信息，并完成商务活动、管理活动和消费活动。

网上保险的最终目标是实现电子交易，即通过网络实现投保、核保、理赔、给付。客户通过公司网站提供的产品和服务项目的详细内容，选择适合自己的险种、费率等投保内容；依照网上设计表格依次输入个人资料，确定后通过电子邮件传至保险公司；经保险公司签发后的保单将由专人送达投保人，客户正式签名，合同成立；客户缴纳现金，或者通过网络银行的转账系统将保费转入保险公司，保单正式生效。因此，保险公司的电子商务平台不是企业从传统到网络的一次简单移植，而是为客户提供了产品、渠道和服务上的更多选择。

二、网上保险的优势

与传统的保险企业经营方式相比，利用互联网开展保险业务具有以下四大优势：

1. 扩大知名度，提高竞争力

迄今为止，发达国家的大部分保险公司已经通过设立主页、介绍保险知识、提供咨询、推销保险商品来抢占市场。

2. 简化保险商品交易手续，提高效率，降低成本

在 Internet 上开展保险业务缩短了销售渠道，大大降低了费用，从而能获得更高的

利润。通过网上保险业务的开展，投保人只要简单地输入一些情况，保险公司就可以接收到这些信息，并做出相应的反应，从而节省双方当事人之间进行联系以及商谈的大量时间，提高效率，同时降低了公司的经营成本。电子化的发展大大简化了商品交易的手续。申请者除了不能通过 Internet 在投保单上签名盖章外，其他有关事宜均可在 Internet 上完成，甚至保费也可以通过 Internet 来缴纳。

3. 方便快捷，不受时空限制

应用互联网，保险消费者可以在一天 24 小时内随时方便地上网比较保险产品，并向保险公司直接投保，这对于那些相对简单的险种尤为适用。

4. 为客户创造和提供更高质量的服务

互联网能够加快信息传递速度的优势可使保险服务质量得以大大提升。很多在线下不能获得或不易获得的服务，在互联网上变得轻而易举。保险消费者可以在毫无压力的情况下从容选择适合自己的产品和保险代理，获得投保方案，而无须不厌其烦地去和每家保险公司、保险代理打交道；在投保后轻松获得在线保单变更、报案、查询理赔状况、保单验真、续保、保单管理的服务，从而避免了烦琐的手续、舟车劳顿、长时间等待等不利因素。例如易保网，保险消费者可在网站上根据自己的要求搜索代理人，进行保险需求自测等。

三、网上保险的经营模式

网上保险通常有两种经营模式。

1. 完全基于网络的全新保险企业

这种模式下的保险企业，其所有业务的开展都是通过网络来进行，是一种较为纯粹的网上保险公司，也称为虚拟保险公司。这类保险公司直接在网上经营销售保险，提供一系列个性化的服务，具有较高的灵活性，如美国的 E-Coverage 公司。

2. 传统保险公司通过网络来开展保险业务

按照这类模式开展网上保险业务的公司，又可分为三种模式。

（1）保险公司在自家网站自建销售平台。例如：太平洋保险公司成立全资子公司太平洋保险在线服务科技有限公司；中国人寿推出新版互联网电子商务平台，服务范围涵盖了寿险、财险、企业年金等综合业务。

（2）保险公司与各大电子商务网站合作，建立网上保险门店。平安保险、泰康人寿、昆仑健康险、阳光保险、华泰保险和太平洋保险都在天猫上开设有旗舰店。保险公司与购物网站通过宣传造势、打折促销、优化服务，吸引消费者转换商品购买渠道，互联网保险业务以其特有的便捷性和所谓的价格优势，迎合了特定人群快速消费的偏好，呈现出方兴未艾的发展势头。

（3）以中介身份建立专门的保险电子商务平台，如泛华保网、新一站、大家保、慧保网、易保网、中国保险网等。利用第三方平台的保险公司，往往会在相应的第三方平台建立自己的交易内容，以此来为客户提供服务。以中国保险网（http://www.china insurance.com）为例，这是一个典型的第三方平台，拥有大量的加盟会员，客户只要进入保险网的网站，就相当于进入了一个保险超市，可以方便地进行产品比较，选择适合自己的产品。

四、网上保险业务的主要业务内容

无论采用哪种模式，网上保险的业务内容都是类似的。通常，保险公司开展网上保险的主要业务内容有在线宣传、在线销售、在线客户服务和在线合作。

1. 在线宣传

利用网络进行在线宣传，对于保险公司而言，不仅成本低廉，而且可以有效地针对客户需求进行互动宣传。同时，通过在一些重要的保险中介机构、保险监管机构、相关学术机构上建立连接，能够有效地将公司的产品、服务理念、经营理念等予以宣传。

2. 在线销售

通常，投保人的网上保险流程为浏览网站、选择产品和服务、填写投保意向书、核保承保、订立合同、缴纳现金、保单生效。在线销售可以使投保人在任何时候都能登录保险网站，完成浏览、咨询、比较、选择等环节，经过在线填写保单，保险公司核保无误后，投保人就可以利用网上支付方式缴纳保费，保险公司在收到保费后，可以给客户出具电子保单，或者通过邮寄方式，将保单递交到客户手中，至此保单的在线销售过程即宣告完成。

3. 在线客户服务

客户服务是保单售后的一项重要工作。网上保险的开展过程中，保险公司可以通过网络、邮件等方式维护与客户的关系，来了解客户的需求和意见，从而可以更好地做好客户服务。

4. 在线合作

保险公司的网站可以通过与保险代理机构网站、保险经纪网站、银行网站、汽车销售公司网站、房产销售网站、证券公司网站等相互合作，提供一系列的在线销售服务，以此来延伸保险公司的业务范围，同时又可以与有关机构形成资源共享，实现共赢。

五、网上保险操作流程实例

中国平安保险（集团）股份有限公司（以下简称"中国平安"）是中国第一家以保险为核心的，融证券、信托、银行、资产管理、企业年金等多元金融业务为一体的紧密、高效、多元的综合金融服务集团。该公司成立于 1988 年，总部位于深圳。中国平安建立了以电话中心和互联网为核心，依托门店服务中心和专业业务员队伍的 3A（Anytime、Anywhere、Anyway）服务模式，为客户提供全国通赔、定点医院、门店"一柜通"等差异化的服务。

中国平安网上投保流程分为自定义报价、填写并确认投保信息、支付三个步骤，下面以平安短期意外险为例，对网上投保操作流程进行演示。

1. 自定义报价

打开中国平安官方网站（https://baoxian.pingan.com），浏览保险产品"意外保险"板块，选择"平安短期意外保险"，如图 7-7 所示。

图 7-7　平安短期意外保险选择页面

在平安短期意外保险详情页单击"立即投保"（如图 7-8 所示），进入投保页面。

图 7-8　平安短期意外保险详情页

在投保页面，选择出行人数、时间，选择保额额度，自定义报价结束后，单击"立即投保"，如图 7-9 所示。

图 7-9 投保页面

此时弹出官方网站登录对话框，如图 7-10 所示。输入手机号码和验证码，单击"登录"，即可进入"填写并确认投保信息"页面。

图 7-10 登录对话框

2. 填写并确认投保信息

在此页面填写报价明细、投保人、被保险人、受益人、保单及发票信息，如图 7-11 所示。

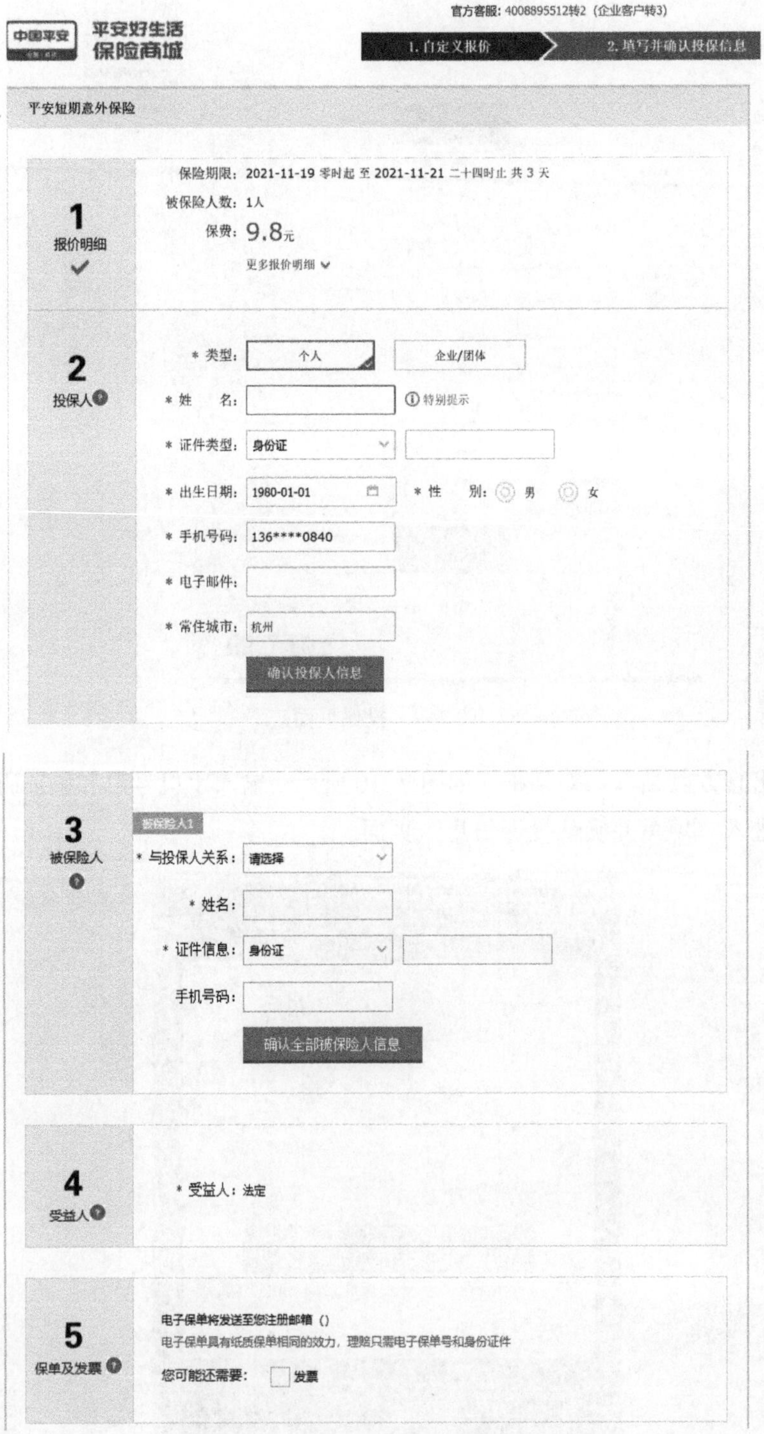

图 7-11 填写并确认投保信息页面

填写好以上投保信息，阅读"投保声明"及"平安短期意外保险适用条款"，勾选"我已阅读并同意"，单击"同意全部条款立即支付"，如图 7-12 所示。

图 7-12　同意全部条款立即支付页面

3. 支付

进入选择支付方式页面，平安保险提供扫码支付、银行卡支付、个人网银、企业网银、第三方支付、线下 POS 缴费六种支付方式。图 7-13 为扫码支付页面。

图 7-13　扫码支付

选择以上任一种支付方式，均可完成支付。支付成功页面如图 7-14 所示。

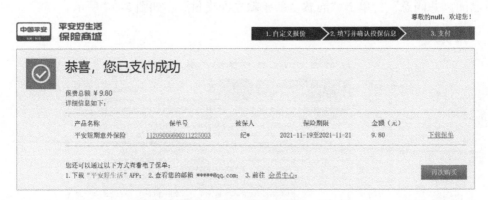

图 7-14　支付成功页面

六、网上保险的发展现状与发展趋势

1. 网上保险的发展现状

随着互联网金融的兴起，保险业也开始借助互联网寻求新的发展空间。在西方发达国家，随着互联网的高速发展，近几年来网上保险逐渐被人们所接受。美国由于在网络用户数量、普及率等方面有着明显的优势，成为发展网络保险的先驱者。美国国民第一证券银行首创通过互联网销售保单，营业仅一个月就销售了上千亿美元的保单。现在美国几乎所有的保险公司都已上网经营。与西方发达国家相比，我国的网上保险起步比较晚，1997 年 11 月，中国保险信息网（2000 年 7 月正式更名为中国保险网）正式上线，成为我国最早的保险行业第三方门户网站，该网站涉及保险业的培训、咨询、销售、投诉等内容。在信息网开通的当天，新华人寿保险公司通过该网站收到了客户的第一份投保意向书，由此诞生了我国第一张互联网保单。随后各商业性保险公司纷纷推出了自己的网站来介绍产品、公司的背景，并与客户进行网上交流，宣传扩大影响。2000 年 5 月，中国人保推出了网上保险业务，客户可以选取自己需要的险种投保。2000 年 8 月，泰康在线成功上线，成为我国第一家由保险公司投资建设，能够实现在线投保的网站。2001 年 3 月，太平洋保险北京分公司开通了"网神"，推出了 30 余个险种，开始了真正意义上的保险网上营销。该公司当月保费达到 99 万元，让业界看到了保险业网上营销的巨大魅力，也预示了网上保险业在我国发展空间的巨大。2012 年，全国原保险保费收入 15 488 亿元，比 2011 年增长 8%。2013 年全年实现原保险保费收入 1.72 万亿元，同比增长 11.2%。2014 年全国保费收入达 2.02 万亿元，同比增长 17.5%。其中，互联网保险业务发挥了积极的作用。随着近年来互联网科技的不断发展，传统保险公司不断创新销售渠道，发力互联网保险业务，积极开发新型保险产品。2014 ～ 2019 年，互联网保险业务保费收入总计 11 853.4 亿元。从年度保费收入数据情况可以看出，互联网保险经历了上升发展、下滑萎缩、调整回暖的不同阶段。2019 年，互联网保险保费收入 2 696.3 亿元，同比增长 42.8%，远高出保险市场同期增长率近 10 个百分点。

我国目前在互联网保险方面的实践主要是从两个方面展开的：一是新渠道的搭建，即保险公司官方网站平台和第三方网销保险平台的建设；二是互联网保险创新，即基于互联网的保险产品、服务和经营管理方面的创新。

我国互联网保险业务按参与主体可分为保险公司、保险专业中介机构（如中民保险网、慧择保险网）、电子商务企业（如淘宝、京东、苏宁）、互联网门户网站（如和讯、网易），以及其他互联网保险服务网站（如优保网、大家保网）等；按照业务开展形式可分为保险公司官方网站及官方网上商城、第三方保险销售和服务平台，而后者又可细分为专业中介机构第三方保险销售平台、传统电子商务企业第三方保险销售平台、其他互联网企业第三方保险服务平台等。

从我国目前情况看，互联网保险主要是由保险机构主导、通过互联网平台开展的保险活动，但不排除未来非传统保险机构通过互联网提供保险产品和服务的可能性。随着网络金融的飞速发展，我国网上保险呈现以下新特点：

（1）投保方式多样化。各个保险公司都在探索网络投保的新方式。中国平安在其官方微博平台发布了全新的"微博版车险计算器"，天平车险也有微博报价的功能。泰康人寿率先推出了首个集"手机投保、保费测算、报价"等功能于一体的在线手机服务平台"泰康口袋"。友邦中国与多媒体终端提供商"安欣生活"合作，推出了自助保险销售机，消费者能通过放置在上海轨道交通各站台的 500 台多媒体自助终端机体验友邦保险提供的保险服务。太平洋寿险与中国移动、联动科技公司共同开发推出了手机短信投保服务，并在杭州萧山国际机场试行，受到客户欢迎。

（2）产品形式多样化。在互联网销售的保险产品，除主流的短期意外险之外，还出现了保障期限较长的医疗保障保险、定期寿险、投资理财产品等。新华人寿网上商城推出了少儿疾病保障计划，趸交和期交产品均有，保障期限长、保费高；泰康人寿在京东商城上线的近 10 款保险产品包含综合意外险、旅游意外险、交通意外险、母婴险、女性疾病险、住院医疗险等险种。

（3）保险网络团购更加理性。2013 年，淘宝理财频道首次参与"双十一"，保险产品成为其中的主角。在一般的团购网站上，保险产品与其他产品一样，先标上一个较高的原价，再给出非常低的折扣。但是，保险产品的性质跟其他产品不一样，它的定价需要考虑保险条款的变化、被保险人的不同，以及在历史损失数据基础上对未来损失率的估算等。因此，团购网站上给出的保险产品原价存在着猫腻，有可能是价格虚高，也有可能是其合同本身缩小了承保范围，增加了除外责任。消费者很难判断其真实价格。随着越来越多的消费者意识到这一点，人们在面对保险网络团购时也变得更加理性。

（4）保险公司与网络公司深度合作。中国平安与阿里巴巴、腾讯积极接触，合作探讨互联网保险业务新模式。由阿里巴巴和腾讯提供客户群和网络平台，平安保险提供保险产品。

（5）政策监管逐步完善。中国银行保险监督管理委员会（简称"银保监会"）于 2020 年 12 月 14 日发布《互联网保险业务监管办法》，旨在规范互联网保险业务，有效防范风险，保护消费者合法权益，提升保险业服务实体经济和社会民生的水平。该监管办法根据《中华人民共和国保险法》等法律、行政法规制定，自 2021 年 2 月 1 日起施行。该办法的颁布实施，对于进一步规范和促进保险代理、经纪公司互联网保险业务的健康发展，防范网络保险欺诈风险，切实保护投保人、被保险人和受益人的合法权益，具有重要意义。该办法实施后，将直接利好保险公司、中介、银行类保险兼业代理机构，以及依法获得保险代理业务许可的互联网企业；对不具备资质的机构负面影响最大；或将改变保险机构间的合作模式，开发产品力度将会加大，互联网保险发展环境更加多元和健康。

2. 我国网上保险的发展趋势

我国网上保险快速发展中仍存在一定的问题，但作为一个新兴的营销渠道，网上保险在我国还是体现出了十分广阔的发展前景。

（1）强大的网民后盾和网购热潮激发了网上保险的潜力。庞大的网民规模为网上保险的发展提供了坚实的潜在消费群基础，而相对滞后的网上保险消费意味着更大的市场潜力。

（2）网上保险的监管环境日益规范。鉴于网上保险业务的巨大潜力和发展过程中暴露出的一些不规范经营行为，2020 年 12 月 14 日，银保监会网站发布《互联网保险业务监管办法》，共五章 83 条，具体包括总则、基本业务规则、特别业务规则、监督管理和附则。《互联网保险业务监管办法》自 2021 年 2 月 1 日起施行，该监管办法出台，为建立保险业互联网化生产关系的宏观环境提供了有利条件，为保险业加快数字化和线上化转型奠定了坚实基础。

（3）网上保险个性化的发展趋势符合年轻消费群体的喜好。互联网的交互性使得客户由传统营销方式中的被动接受者转变为主动参与者。网上保险具有兼顾保单的标准化和差异化的优点，它允许客户在标准化合同的基础上提出个人的差异化需求，这不仅迎合了年轻消费者的喜好，也有助于保险公司更好地了解客户需求，更有针对性地开发保险产品。

（4）实现真正意义上的网销是未来发展的趋势。目前，网销产品在传统渠道也能买到，放在网上只是购买方式存在不同。而真正意义上的保险网上销售则需要实现保险信息咨询、保险计划书设计、投保、缴费、保单信息查询以及基本保全变更等功能，以及实现投保人需求信息和保险公司承保政策及监管规定三方信息的无缝对接。虽然这些功能与要求的实现并不容易，但并不妨碍其成为未来的发展趋势。

▶ **拓展阅读**

树立正确消费观，远离"校园贷"

大学时期是人生中既有依赖性又有独立性的特殊阶段，部分大学生缺乏自控能力，难以做到真实地评估自己的可支配收入水平与消费水平，或者明知可支配收入无法匹配预期消费水平，但被盲目攀比、拜金主义等冲昏头脑，不负责任地选择了信用贷款来满足自身消费需求。

据媒体报道，一些网贷平台无视国家规定，仍悄悄从事非法"校园贷"业务，给大学生的利益造成了严重损害，甚至让他们的家庭背上了沉重的债务负担。面对层出不穷的非法网络借贷平台，以及打着各种名号吸引眼球的贷款信息，大学生一定要提高警惕，强化自我保护意识。

　　大学生要有自强自立的精神和自律能力，不要攀比使用名牌手机、计算机，也不要攀比穿名牌、吃大餐，要科学消费、理性消费，合理安排生活支出，量入为出，把时间和精力用在学习知识和提高本领上。

单 元 小 结

　　通过对本单元的学习，大家可以对网上保险的基本知识、经营模式、操作流程以及网上保险的发展现状与发展趋势等有一个全面的认识。

课堂训练与测评

　　登录中国平安网、中国保险网，比较其业务功能与操作流程的不同。

知 识 拓 展

　　（1）登录中华人民共和国中央人民政府网（http://www.gov.cn），浏览政策板块，了解互联网保险业务监管办法。

　　（2）登录中国银行保险监督管理委员会网站（http://www.cbirc.gov.cn）了解并体验"互联网＋政务服务"大厅的保险许可证、产品等在线信息查询服务。

实 战 训 练 项 目

网络金融实践

↶ 实训目的

1. 能够完成网上证券交易申请及相关业务功能的操作。

2. 能够完成网上保险的申请及相关业务功能的操作。

↶ 实训安排

实训地点：实训室

实训课时：2 课时

↶ 实训条件

具备网络条件的校内实训室。

↶ 实训内容

1. 网上证券、网上基金交易操作与调研

2．网上保险交易操作与调研

⚷ 实训步骤

1．网上证券、网上基金交易操作与调研

（1）登录叩富网，首页如图 7-15 所示，完成注册，进行模拟炒股。

图 7-15　叩富网首页

注册成功后，进入个人中心，单击"参加大赛"，如图 7-16 所示。

图 7-16　参加大赛

选择比赛项目后，单击"进入交易"，如图 7-17 所示。

图 7-17　进入交易

进入交易后，打开交易页面，可单击"买入"，如图 7-18 所示。

进入交易页面后，填写买入股票的号码、买入价格、买入数量，单击"买入下单"即可完成下单，如图 7-19 所示。

图 7-18　买入操作

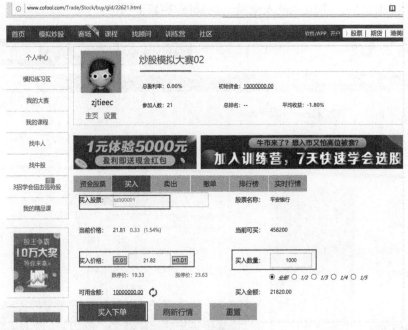

图 7-19　买入下单

买入完成后，在成交状态显示"未成交"时，可以单击"撤单"，如图 7-20 所示。

当日委托						
证券名称(代码)	买入/卖出	委托价格	委托数量	委托时间	成交状态	操作
平安银行(000001)	买入	21.82	1000	2021-03-15 11:53:49	未成交	撤销

图 7-20　撤单操作

也可以在已成交页面单击"卖出"，完成卖出操作，如图 7-21 所示。

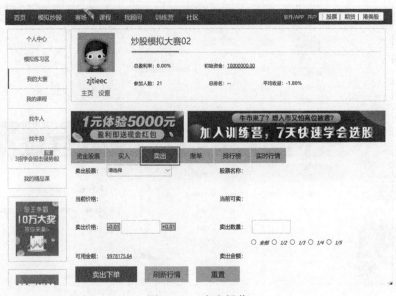

图 7-21　卖出操作

（2）登录易方达基金官网（如图 7-22 所示）或华安基金官网（如图 7-23 所示）调研网上基金账户的注册流程，了解网上基金的操作。

图 7-22　易方达基金官网

图 7-23　华安基金官网

（3）证券类网站调研。登录以下证券类网站了解其业务功能服务。

1）证券之星。

2）国泰君安。

3）大智慧。

2．网上保险交易操作与调研

（1）登录中国平安官网，完成注册并登录，了解网上投保流程。

（2）中国保险网、易保网等网上保险类网站调研。

� 实训考核

1．实训结束后要求每位同学完成并上交实训报告。

2．实训指导老师将实训报告、实训态度及实训操作的表现结合起来，对学生本次实训科目给予考评。要求学生掌握网上证券与网上保险的操作，并且流程正确。

参 考 文 献

[1] 柯新生，王晓佳. 网络支付与结算 [M]. 3 版. 北京：电子工业出版社，2016.

[2] 中国电子商务协会，《第三方电子支付探索与实践》编委会. 第三方电子支付探索与实践 [M]. 北京：中国标准出版社，2008.

[3] 张宽海. 网上支付与结算 [M]. 2 版. 北京：高等教育出版社，2014.

[4] 汪蕾. 网上支付与结算 [M]. 2 版. 杭州：浙江大学出版社，2020.

[5] 金桂兰. 电子交易与支付 [M]. 北京：中国电力出版社，2004.

[6] 甘嵘静，陈文林. 电子商务概论 [M]. 北京：电子工业出版社，2006.

[7] 宋沛军. 电子商务概论 [M]. 3 版. 西安：西安电子科技大学出版社，2016.

[8] 荆林波，梁春晓. 中国电子商务服务业发展报告 [M]. 北京：社会科学文献出版社，2013.

[9] 中华人民共和国商务部. 中国电子商务报告（2012）[M]. 北京：清华大学出版社，2013.

参 考 网 址

[1] http://www.baike.baidu.com

[2] http://www.icbc.com.cn

[3] http://www.abchina.com

[4] http://www.ccb.com

[5] http://www.cmbchina.com

[6] http://www.bankcomm.com

[7] http://www.cgbchina.com.cn

[8] http://www.cmbc.com.cn

[9] http://www.ca365.com

[10] http://www.alipay.com

[11] http://www.tenpay.com

[12] http://www.paypal.com

[13] http://pay.qq.com

[14] http://www.umpay.com

[15] http://www.yeepay.com

[16] http://www.95579.com

[17] http://www.pingan.com

[18] http://www.analysys.com.cn

[19] http://www.iresearch.cn

[20] http://www.cnnic.net.cn